DIDÁTICA DA MATEMÁTICA

Aviso ao leitor

A capa original deste livro foi substituída por esta nova versão. Alertamos para o fato de que o conteúdo é o mesmo e que esta nova versão da capa decorre da alteração da razão social desta editora e da atualização da linha de *design* da nossa já consagrada qualidade editorial.

P258d   Parra, Cecilia
         Didática da matemática: reflexões psicopedagógicas / Cecilia Parra, Irma Saiz ... [et. al.] ; tradução Juan Acuña Llorens. – Porto Alegre : Artmed, 1996.
         VI, 258 p. ; 23 cm.

         ISBN 978-85-7307-162-7

         1. Psicopedagogia – Matemática – Didática. I. Saiz, Irma. II. Título

                                                        CDU 37.015.3:510.1

Catalogação na publicação: Mônica Ballejo Canto – CRB 10/1023

Cecilia Parra
Irma Saiz
Organizadoras

Delia Lerner
Grecia Gálvez
Guy Brousseau
Luis A. Santaló
Patricia Sadovsky
Roland Charnay

DIDÁTICA DA MATEMÁTICA
Reflexões Psicopedagógicas

Hilda Wissmann
(Coordenação do projeto de Didáticas Especiais)

Tradução:
Juan Acuña Llorens

Consultoria, supervisão e revisão técnica desta edição:
Maria Celeste Machado Koch
Professora na Faculdade de Educação da UFRGS
Pós-graduada em Aprendizagem pela UNIJUI e GEEMPA

Reimpressão 2009

1996

Obra originalmente publicada sob o título:
Didáctica de matemáticas: aportes y reflexiones

© Editorial Paidós SAICF.

Capa:
Ângela Fayet Programação Visual

Preparação do original:
Leda Kiperman, Eunice Gruman

Supervisão editorial:
Letícia Bispo de Lima

Editoração eletrônica:
VS Digital

Reservados todos os direitos de publicação, em língua portuguesa, à
ARTMED® EDITORA S.A.
Av. Jerônimo de Ornelas, 670 - Santana
90040-340 Porto Alegre RS
Fone (51) 3027-7000 Fax (51) 3027-7070

É proibida a duplicação ou reprodução deste volume, no todo ou em parte, sob quaisquer formas ou por quaisquer meios (eletrônico, mecânico, gravação, fotocópia, distribuição na Web e outros), sem permissão expressa da Editora.

SÃO PAULO
Av. Angélica, 1091 - Higienópolis
01227-100 São Paulo SP
Fone (11) 3665-1100 Fax (11) 3667-1333

SAC 0800 703-3444

IMPRESSO NO BRASIL
PRINTED IN BRAZIL

Autores

Luis A. Santaló

Espanhol, matemático, doutor em Ciências Exatas.

Reside na Argentina desde o fim da guerra civil espanhola. Tem realizado significativas contribuições no campo dos conhecimentos matemáticos, sendo permanentemente convocado para foros nacionais e internacionais sobre educação matemática por sua constante preocupação e pela clareza da exposição de suas ideias.

Atualmente, é professor emérito da Universidade de Buenos Aires.

Grecia Gálvez

Chilena, psicóloga, doutora em Ciências.

Atualmente, integrante do Programa de Melhoramento da Qualidade das Escolas Básicas de setores pobres, Ministério da Educação, Chile.

Roland Charnay

Francês, professor de matemática, membro da Equipe de Investigação em Didática do INRP (Instituto Nacional de Investigação Pedagógica), França. Professor no IUFM (Instituto Universitário de Formação de Mestres) de Bourg-en-Bresse.

Guy Brousseau
    Francês, professor de matemática, doutor em Ciências.
    Atualmente, professor da Universidade de Bordeaux, pesquisador do IREM de Bordeaux (Instituto de Pesquisas no Ensino de Matemática).

Delia Lerner
    Argentina, licenciada em Ciências da Educação.
    Atualmente, é supervisora acadêmica de Projetos na área de línguas na Direção de Currículo da Prefeitura da Cidade de Buenos Aires, e assessora das pesquisas nas áreas de língua e matemática na Direção de Educação Especial do Ministério de Educação, Venezuela.

Patricia Sadovsky
    Argentina, professora de matemática.
    Atualmente, integrante da equipe de Matemática da Direção de Capacitação da Prefeitura da Cidade de Buenos Aires e da equipe de pesquisa em Didática da Matemática na Faculdade de Ciências Exatas, UBA.

Irma Saiz
    Argentina, licenciada em matemática, mestre em Ciências na especialidade de Matemática Educativa, México.
    Atualmente, assessora na área de Matemática do Conselho Geral de Educação da Província de Corrientes, supervisora acadêmica em projetos da área de matemática na Direção de Currículo da Prefeitura da Cidade de Buenos Aires e professora da Universidade Nacional de Misiones.

Cecilia Parra
    Argentina, licenciada em Ciências da Educação.
    Atualmente, diretora do Projeto de Pesquisa em Didática da Matemática na Direção de Currículo da Prefeitura da Cidade de Buenos Aires.

Susana Wolman
    Argentina, licenciada em Ciências da Educação, licenciada em Psicologia. Atualmente, chefia trabalhos práticos da cátedra de Psicologia e Epistemologia Genética da Faculdade de Psicologia da UBA.

Sumário

Prefácio 9

1 Matemática para não matemáticos 17
   Luis A. Santaló

2 A didática da matemática.. 32
   Grecia Gálvez

3 Aprendendo (com) a resolução de problemas 42
   Roland Charnay

4 Os diferentes papéis do professor.. 54
   Guy Brousseau

5 O sistema de numeração: um problema didático 79
   Delia Lerner e Patricia Sadovsky

6 Dividir com dificuldade ou a dificuldade de dividir 162
   Irma Saiz

7 Cálculo mental na escola primária... 192
   Cecilia Parra

8 A geometria, a psicogênese das noções espaciais e o ensino
   da geometria na escola primária 242
   Grecia Gálvez

Prefácio

A obra que aqui apresentamos faz parte de uma coleção de Didáticas por Áreas, didáticas que remetem a uma disciplina (Língua, Matemática, Ciências Naturais, Ciências Sociais), "didáticas orientadas pelo conteúdo", como em algum momento as chamou Vergnaud.

Isto não é casualidade nem se reduz a uma decisão editorial, mas expressa um amplo movimento que se acentuou ao longo dos últimos 20 anos, originando, entre outros fatores, o reconhecimento da especificidade dos conteúdos no processo de aprendizagem. Sobre esta base formada pelos importantes desenvolvimentos das teorias de aprendizagem, particularmente a teoria genética da construção do conhecimento, houve condições de abordar novos problemas, com novas hipóteses. O avanço se produziu inclusive na raiz do reconhecimento dos limites de uma teoria geral da aprendizagem, para dar conta de um fenômeno complexo que é a transmissão e aquisição de conhecimentos no interior do sistema educativo.

Esta coleção permitirá ao leitor um panorama dos níveis de desenvolvimento alcançado por cada uma das didáticas. Em nosso caso, parece-nos necessário apresentar alguns rápidos referenciais sobre o desenvolvimento da Didática da Matemática e sobre a situação em que se encontra a Argentina, com o objetivo de contextualizar os aportes de cada um dos autores incluídos nesta obra.

A Didática da Matemática desenvolve-se atualmente em vários países, porém é na França que se tem formulado o corpo principal de conceitos teóricos próprios, a partir dos quais reclama-se atualmente seu reconhecimento como disciplina autônoma no campo científico.

Esta disciplina é definida da seguinte maneira na "Enciclopaedia Universalis":

> A Didática da Matemática estuda o processo de transmissão e aquisição de diferentes conteúdos desta ciência, particularmente na situação escolar e universitária. Propõe-se a descrever e explicar os fenômenos relativos às relações entre seu ensino e aprendizagem. Não se reduz somente a buscar uma boa maneira de ensinar uma noção fixa, mesmo quando espera, ao finalizar, ser capaz de oferecer resultados que lhe permitam melhorar o funcionamento do ensino.

Michèle Artigue contextualiza da seguinte maneira a emergência deste campo científico:

> A Didática da Matemática nasceu na França no contexto de um amplo movimento do ensino científico nos anos 60, porém, de certo modo, rompendo com o ponto de vista que subjazia às reformas.
>
> Todo o período anterior tinha sido marcado por uma focalização exclusiva sobre os conteúdos: tratava-se de diminuir a distância entre o saber da disciplina e o saber ensinado, de determinar processos de elementarização desse saber que permitissem melhorar o ensino desta transformação que, no decorrer de um século, tinha abalado a edificação matemática.
>
> Do ponto de vista pedagógico, reinava a ideia segundo a qual "é suficiente saber matemática para saber ensiná-la", considerando alguns princípios pedagógicos gerais.
>
> Do ponto de vista psicológico, a matemática moderna devia ser viva, tanto em seu conteúdo como em seu ensino; colocava-se ênfase no papel da atividade do aluno, desenvolvendo uma pedagogia da ação e da descoberta (por exemplo, os trabalhos de Z. Dienes, N. Picard e G. Papy).
>
> As desilusões, que não tardaram a ocorrer, colocaram em evidência a insuficiência destes pontos de vista: a matemática não havia convertido milagrosamente em algo fácil de aprender. Alguns objetos de ensino introduzidos, mal-adaptados, sofriam transformações não previstas pelos autores das reformas; as múltiplas inovações realizadas não permitiram constituir um corpo de conhecimento confiável.
>
> Foi a partir desta tomada de consciência que nasceu de algum modo a Didática da Matemática, distanciando-se ao mesmo tempo da Matemática e da Pedagogia para desenvolver um campo teórico especi-

ficamente adaptado à sua problemática e aos métodos de pesquisa que estava em condições de utilizar.[1]

A produção neste campo já é muito vasta e sólida. Os leitores encontrarão, no capítulo "A Didática da Matemática" da doutora Grecia Gálvez, referências mais explícitas dos conceitos que estruturam esta disciplina.

A SITUAÇÃO NA ARGENTINA

Na Argentina, como em outros países da América Latina, as reformas sucessivas têm provocado mudanças mais ou menos profundas no ensino e aprendizagem da matemática.

A ausência de políticas educativas coerentes e sustentadas, a respeito da pesquisa, capacitação, processos curriculares, etc., tem provocado uma difusão de ideias altamente dependente de situações circunstanciais, provocando desenvolvimentos diferentes em diversos lugares do país e a coexistência de teorias ou concepções didáticas contraditórias, e inclusive superadas umas pelas outras em suas gêneses históricas.

Porém, ao redor de pessoas ou de instituições se tem constituído grupos de trabalho ou pesquisa que, ainda que em situações muito desfavoráveis, têm preservado as condições de discussão próprias da produção de conhecimentos.

As pesquisas e elaborações teóricas produzidas em diferentes lugares do mundo constituem-se na busca de respostas adequadas à problemática local.

As produções destes grupos e instituições, necessariamente heterogêneas, situam-se em diferentes níveis: prescritivos (documentos curriculares), propositivos (materiais de apoio, livros de texto), de difusão ou de pesquisa de base; porém, sua escassa ou instável inserção nas estruturas educativas impede uma difusão coerente e sistemática que produza um melhoramento sensível e duradouro da qualidade da educação.

A escassez ou desatualização da bibliografia específica dirigida aos mestres ou professores é uma variável de forte incidência na situação descrita. Dos textos em circulação, muitos foram editados há muitos anos atrás, e ainda alguns mais atuais transmitem concepções amplamente revisadas e questionadas em outros países do mundo e em alguns espaços de discussão locais.

Apesar desta situação, os professores ao longo de todo o país realizam importantes esforços para capacitar-se e defender condições de trabalho propícias para o avanço e melhoramento de sua tarefa.

---

[1] Artigue, M.: "Une introduction à la Didactique des Mathematiques", conferência, 1986.

A constituição de equipes docentes nas escolas, de equipes de trabalho e pesquisa nos diferentes níveis da gestão educativa, nas instituições de educação, formação, universidades, etc., apresenta-se como uma condição fundamental para que seja possível dar respostas organizadas e refletidas aos múltiplos problemas que nosso sistema educativo atual enfrenta.

Além disso, é necessário que sejam realizados intensos e contínuos debates, seja em relação às prioridades de ação sobre o sistema educativo, como também a respeito dos meios de ação mais eficazes para intervir no sistema. Entre outros aspectos, devem ser incorporadas práticas de avaliação dos projetos que são desenvolvidos, que ofereçam bases mais racionais para a tomada de decisões.

O desenvolvimento das didáticas de áreas específicas a que nos referimos no início abre a possibilidade de abordar alguns problemas em sua especificidade, e ao mesmo tempo converter-se em exigência e procura de formação.

Temos certeza de que, ao menos em nossos países, a pesquisa em Didática não pode conformar-se com desenvolvimentos teóricos sem preocupar-se com a relação pesquisadores-professores, em uma perspectiva de resposta à demanda social de transformação da escola, para uma melhor formação e para a elevação do nível de todos.

A respeito dos materiais produzidos para os professores, consideramos que devem ser incluídos itens como:

— a fundamentação teórica necessária para que o professor conheça o significado de suas opções e se comprometa com elas, tanto na teoria como na prática; conheça as dimensões epistemológicas do que está formulando, assim como reflita sobre a relação dos alunos com o conhecimento e a função do saber;
— a análise didática suficiente para que o professor se aproprie da situação e mantenha controle sobre ela. Devem ser explicitadas as variáveis didáticas que modificam a situação, que são ao mesmo tempo o "objeto" sobre o qual o professor pode atuar e que permite analisar e, eventualmente, explicar o que sucede;
— mais conhecimentos de matemática, que permitam ao professor explicitar sua relação com o saber e interpretar, em termos mais específicos, o que acontece na aula.

Compartilhamos destas convicções com os autores integrantes desta obra, ainda que em alguns aspectos representem mais algo pelo qual se trabalha do que metas alcançadas.

APRESENTAÇÃO DA OBRA

Procuramos, ao convocar os autores, que houvesse neste livro aportes teóricos relativos ao avanço da Didática da Matemática e também às perguntas e problemas que estão impulsionando as pesquisas atuais. Uma imagem que não pode ser mais do que parcial, pelas condições anteriormente mencionadas.

Serão necessários múltiplos esforços para conseguir também a difusão de outros autores, nacionais ou estrangeiros, não incluídos nesta obra, porém fundamentais para o desenvolvimento da Didática da Matemática. Difusão que será tanto mais proveitosa quanto seja pedida e assumida a partir do trabalho e da problemática de grupos locais que busquem avançar na análise da realidade do ensino da matemática e na provisão de respostas válidas e viáveis em cada contexto.

Procuramos, também, que os conteúdos sobre os quais estruturam-se os trabalhos fossem representativos, seja porque são assinalados pelos professores como problemáticos ou conflitivos, seja porque resultem prioritários para a pesquisa e desenvolvimento na área.

Os artigos desta obra são muito diversos entre si, porém compartilham preocupações e enfoques. São diversos inclusive quanto a seu nível de complexidade. Concretamente, o trabalho do doutor Brousseau, sem dúvida, requer um grande esforço para sua compreensão, porém existem ali tantos elementos riquíssimos para a discussão que nos pareceu uma empresa que valia a pena propor.

Iniciamos este volume com um trabalho do doutor Santaló, matemático de prestígio internacional e formador de gerações de matemáticos e professores em nosso país.

Seu trabalho se destaca dos demais ao assumir o amplo e central problema de definir qual matemática deve ser ensinada na educação obrigatória. Pleno de conhecimentos e com o olhar posto na entrada do terceiro milênio, o doutor Santaló indica tanto o que deve fazer parte de uma educação matemática propriamente dita, como também focaliza o que tem perdido o seu sentido diante da atual e futura realidades.

Convida também a estabelecer qual matemática pode ser útil aos profissionais não matemáticos do terceiro grau, e dá múltiplos exemplos de conhecimentos matemáticos que têm resultado úteis a outras ciências. Estas contribuições são interessantes para qualquer leitor que deseje ter uma representação atualizada do desenvolvimento da Matemática e da potencialidade de sua aplicação a serviço de problemas definidos por outras disciplinas.

O primeiro capítulo sobre Didática da Matemática corresponde a um capítulo da tese de Doutorado em Ciências de Grecia Gálvez, sobre a aprendizagem da orientação no espaço urbano.

A doutora caracteriza a Didática da Matemática, descreve seus princípios fundamentais e define o estudo das situações didáticas como seu objeto central.

A metodologia de análise das situações didáticas é descrita a partir da definição de "situação didática", de "contrato didático", de "análise a priori" e da "classificação das situações".

Indicando que a finalidade da Didática da Matemática é o conhecimento dos fenômenos e processos relativos ao ensino da Matemática para controlá-los e, através desse controle, otimizar a aprendizagem dos alunos, descreve resumidamente a metodologia de investigação conhecida pelo nome de Engenharia Didática.

Como compiladoras, solicitamos à doutora Gálvez a autorização para incluir esta apresentação da Didática da Matemática, realizada em 1985, porque facilita um primeiro contato com os conhecimentos didáticos, ainda que alguns conceitos já tenham sido revisados ou reformulados pelos pesquisadores em Didática nos anos seguintes e se tenham produzido novos desenvolvimentos teóricos. O doutor Brousseau, em seu trabalho, refere-se a algumas destas revisões.

Roland Charnay, em seu capítulo "Aprendendo (com) a resolução de problemas", a partir da definição do sentido de um conhecimento matemático, objetivo essencial do ensino, descreve três modelos de aprendizagem: normativo (centrado no conteúdo), incitativo (centrado no aluno) e aproximativo (centrado na construção do saber por parte do aluno).

O estudo desses modelos fornece um investimento de análise das situações de aula e de reflexão para os professores em formação.

O autor analisa o papel outorgado à resolução de problemas em cada um dos modelos e apresenta argumentos para justificar a escolha do terceiro deles.

Finalmente, caracteriza os problemas, o desenvolvimento da ação pedagógica e as relações aluno-professor-problemas.

O objetivo central deste livro de dar a conhecer os avanços da Didática da Matemática não seria alcançado e estaríamos em evidente dívida com os leitores, se não incorporássemos ao menos um trabalho de Guy Brousseau, que se encontra entre os fundadores da Didática francesa nos anos setenta e é frequentemente citado pelos autores dos capítulos deste livro.

Durante 20 anos, o doutor Brousseau se dedicou a experimentos com os objetos de ensino que ele mesmo produziu — dentro do quadro geral de sua teoria da transmissão dos conhecimentos matemáticos —, teoria que constantemente submete à revisão e que dia a dia se enriquece com novos aportes, seus ou de membros da comunidade didática, que nos últimos anos se tem configurado em diferentes lugares do mundo.

No capítulo "Os diferentes papéis do professor", ele centra sua discussão nas devoluções e institucionalizações, principais intervenções do professor sobre a dupla aluno-situação, destinadas a fazer funcionar as situações adidáticas e as aprendizagens que elas provocam.

As professoras Delia Lerner e Patricia Sadovsky apresentam um trabalho de interesse tanto pelo problema que abordam como pelo processo de pesquisa que expõem e que o leitor pode seguir no diálogo entre as perguntas, as indagações, as reflexões e as propostas.

Definido que o acesso das crianças ao sistema de numeração constitui um problema, as autoras procuram estabelecer como é que elas se aproximam deste conhecimento, e quais são as conceitualizações que elaboram a respeito deste sistema de representação.

Elas realizam uma análise crítica das propostas de ensino vigentes e compartilham as primeiras explicações de situações didáticas, através das quais buscam dar oportunidade aos alunos de colocar em prática suas conceitualizações, ao mesmo tempo em que propiciam que os alunos questionem e reformulem suas ideias para aproximar-se progressivamente da compreensão da notação convencional.

Em "Dividir com dificuldade ou a dificuldade de dividir", a licenciada Irma Saiz apresenta os resultados de um trabalho levado a cabo junto a professores que participaram de um curso de aperfeiçoamento na Assessoria Técnico-pedagógica do Conselho Geral de Educação, de Corrientes.

A análise realizada, tanto sobre a resolução de problemas como sobre a execução do algoritmo da divisão, mostra as dificuldades que os alunos de 5ª e 6ª séries ainda enfrentam e não resolvem em sua totalidade, a respeito deste tema tão clássico e de tanto interesse na escolaridade primária.

Ela fornece linhas de trabalho e de reflexão para começar a repensar a aprendizagem da divisão, assim como também recursos de análise para interpretar as representações das crianças.

A licenciada Cecilia Parra aborda a discussão do significado e do papel do cálculo mental na escola primária.

Sua análise inclui a perspectiva das demandas sociais atuais, porém busca, sobretudo, desenvolver argumentos relativos à exigência matemática para o ensino do cálculo mental, assinalando algumas das relações deste conteúdo com outros aspectos centrais da aprendizagem da matemática.

Definidas as finalidades do ensino do cálculo mental, fornece orientações didáticas para levar adiante o trabalho proposto nos distintos ciclos da escola primária.

O capítulo intitulado "A geometria, a psicogênese das noções espaciais e o ensino da geometria na escola primária", de Grecia Gálvez, também faz parte de sua tese de doutorado sobre a orientação no espaço urbano.

Na primeira parte, apresenta o desenvolvimento histórico da geometria como parte da matemática desde seu início, fortemente ligada a problemas práticos, até sua "morte", absorvida pela teoria das estruturas de natureza algébrica.

Logo após expor a psicogênese das noções espaciais baseada nos trabalhos de Piaget, apresenta uma breve análise do ensino da geometria na escola primária mexicana, a partir de informações obtidas em textos e programas.

A semelhança entre os fenômenos descritos em seu estudo e os identificados na Argentina ou em outros da América Latina, acrescenta maior interesse na inclusão deste artigo nesta obra.

A reflexão sobre o ensino da geometria leva-a a formular uma série de problemas acerca da medição e das representações gráficas das formas geométricas, da passagem da *geometria da observação* à *geometria dedutiva*, e da *linguagem natural*, espontânea nos alunos, à *linguagem matemática,* sem rupturas violentas e sem perdas de significado.

Cecilia Parra e Irma Saiz

1

Matemática para não matemáticos[1]

Luis A. Santaló

A missão dos educadores é preparar as novas gerações para o mundo em que terão que viver. Isto quer dizer proporcionar-lhes o ensino necessário para que adquiram as destrezas e habilidades que vão necessitar para seu desempenho, com comodidade e eficiência, no seio da sociedade que enfrentarão ao concluir sua escolaridade.

Por isso, como o mundo atual é rapidamente mutável, também a escola deve estar em contínuo estado de alerta para adaptar seu ensino, seja em conteúdos como em metodologia, à evolução destas mudanças, que afetam tanto as condições materiais de vida como do espírito com que os indivíduos se adaptam a tais mudanças. Em caso contrário, se a escola descuida-se e se mantém estática ou com movimento vagaroso em comparação com a velocidade externa, origina-se um afastamento ou divórcio entre a escola e a realidade ambiental, que faz com que os alunos se sintam pouco atraídos pelas atividades de aula e busquem adquirir por outros meios os conhecimentos que consideram necessários para compreender à sua maneira o mundo externo, que percebem diretamente ou através dos meios massivos de comunicação.

Como a educação informal desses meios extraescolares segue seu curso de maneira cada vez mais forte, se a escola não os leva em consideração e pensa unicamente em uma educação para um mundo ideal que se vai distanciando da realidade, o resultado é o que tem sido chamado de "o paradoxo

---
[1] Conferência inaugural do I Congresso Íbero-Americano de Educação Matemática, Sevilha, Espanha, setembro de 1990.

de Ícaro", que consiste em que os alunos se afastam dos ensinamentos do professor para acreditar mais no mundo simplificado da ciência-ficção que encontram nas historinhas das revistas ou nos filmes do cinema e da televisão, com o qual, ao querer atuar na sociedade, se espatifarão assim como Ícaro ao ver derretidas pelo sol suas asas de cera, por falta da base firme de um conhecimento organizado, que precisamente é o que a escola deve proporcionar-lhes.

Isto significa, primeiramente, que os educadores devem ter um bom conhecimento do mundo exterior e de sua possível evolução nos próximos anos, para depois verem como seus ensinamentos podem ajudar uma melhor maneira de atuar neles, o que será proveitoso não só para os alunos, futuros interessados, mas para todo o conjunto da sociedade. O ideal seria que a escola pudesse ter influência sobre esse mundo exterior para moldá-lo segundo critérios bem estruturados científica e moralmente; porém, seu conhecimento prévio é indispensável, e o pior que se pode fazer é ignorá-lo e seguir educando para um mundo diferente do real. Convém, portanto, analisar brevemente como é e como caminha esse mundo exterior.

Não há dúvida de que, devido aos progressos científicos do século atual, os conhecimentos do homem de hoje são muito superiores aos de poucas décadas atrás. Através da televisão, do rádio e graças aos satélites artificiais, hoje podemos ver o que ocorre em qualquer lugar da Terra a milhares de quilômetros de distância, e através de fotografias e diagramas enviados por sondas que viajam pelo espaço, podemos também ver objetos de outros planetas e analisar fenômenos procedentes de estrelas ou nebulosas situadas a milhões de quilômetros de nós. Pelo extremo do infinitamente pequeno, os físicos têm elementos para medir e registrar dimensões atômicas de milionésimos de milímetro e também tempos de milionésimos de segundo. Entre os dois extremos, a nível humano, dispõe-se também de dispositivos que permitem ver sobre uma tela qualquer detalhe do coração, do cérebro ou de uma parte qualquer do corpo humano, órgãos até pouco tempo inobserváveis. Por outro lado, os radiotelescópios permitem registrar sons procedentes de espaços longínquos, como uma ampliação imensa de nossas possibilidades auditivas. Parece que a harmonia dos mundos ou a música das estrelas de que falava Kepler (1571-1630) e que segundo ele poder-se-ia captar pela razão, porém não pelos ouvidos, atualmente podem-se captar por meio desses receptores sonoros especiais de que dispõe a astronomia moderna. Inclusive o raio de ação até onde é possível apanhar com as mãos aumentou fora de todo limite com os atuais robôs, capazes de trazer-nos materiais de outros planetas.

Todas estas possibilidades fazem com que, para sua atuação no mundo e para aumentar seu conhecimento, o homem de hoje disponha de uma plataforma básica e de arquivos culturais muito mais poderosos do que os do homem grego e o homem do princípio do século. Mesmo nas tarefas cotidianas, as comunicações de hoje ultrapassam em velocidade e distância o imaginável de algumas décadas atrás, e os computadores atuais permitem armazenar e fornecer informações em quantidade e rapidez que têm deixado obsoletas as bibliotecas e demais fontes de informação tradicionais.

O problema reside em decidir "como" educar esse homem informático, que tem poderosas bases e tão grandes possibilidades e que vai se adaptando a uma tecnologia que lhe permite potentes e variadas maneiras de agir, porém que lhe exige também diferente comportamento e diferente preparação das suas habilidades e destrezas. A vida tem-se tornado mais difícil, e a escola deve evoluir para preparar indivíduos com capacidade para atuar neste mundo complexo e diversificado.

Não se trata de que, ao incorporar à sua maneira de viver uma técnica refinada da qual já não poderá prescindir, o homem vá se robotizando, passando a ser uma máquina que atue por reflexos programados. É seguro que o homem conservará sempre o impulso que lhe foi dado pelo seu criador e continuará tendo uma alma e um espírito, com seus sentimentos, seus medos, suas paixões e suas crenças, talvez distintas das atuais, porém regendo igualmente sua conduta e igualmente devendo de ser considerados e estar presentes em todo o sistema educativo.

Da mesma ou análoga maneira pela qual Platão, quatro séculos antes de nossa era, tentava esboçar como devia ser o ensino para os futuros dirigentes de sua República, os educadores de hoje devem formular-se o problema de como educar o homem deste fim do segundo milênio, para que possa entrar com pé direito e justificado otimismo no terceiro, cheio de incógnitas, mas, também, de esperanças.

No que diz respeito à matemática, Platão expõe boas razões para prescrever como primordial o ensino do cálculo e da geometria, observando que "nenhuma arte e nenhum conhecimento podem prescindir da ciência dos números" e que "há uma diferença absoluta entre a pessoa perita em geometria e a que não o é, e mesmo os que não o são, quando exercitados no cálculo, ainda que disto não surja nenhuma outra vantagem, obtém ao menos tornar-se mais sutis do que eram antes". Platão assinala motivos transcendentes para ensinar a matemática, como "aproximar a alma da verdade" e "elevar nossos olhares às coisas das alturas, fazendo passar das trevas à luz", motivos que convenceram todas as gerações sucessivas e fez com que a matemática tenha figurado sempre em todos os sistemas educativos.

Na atualidade, os motivos talvez não sejam os transcendentais que assinalava Platão, mas sim as necessidades práticas de poder entender e utilizar com proveito as tecnologias modernas. Devido a isso, parece unanimemente aceito que o ensino da matemática deve continuar prescrito para todos, tanto nos níveis superiores, para os criadores no mundo das ideias ou na esfera tecnológica, como também nos níveis inferiores, para o homem comum, que sem ser criador necessita de conhecimentos matemáticos para sua atuação no campo do trabalho e para compreender, ainda que superficialmente, as bases e as possibilidades da moderna tecnologia, sem necessidade de recorrer à crença em mitos ou milagres.

Platão faz distinção entre o que hoje chamamos matemática pura, que "facilita para a alma os meios de elevar-se desde a esfera da geração até a verdade e a essência", e a matemática aplicada, "a matemática dos comerciantes e negociantes, que é utilizada com o objetivo das compras e vendas", e recomenda para sua Academia unicamente a primeira. Porém hoje pensamos em educar o pensamento e também fornecer regras para a ação, e opina-se que a matemática que necessitam todos os cidadãos deve ser uma mistura combinada e bem equilibrada de matemática pura e aplicada, ou de matemática como filosofia e de matemática como instrumento de cálculo. Nenhum dos dois aspectos é prescindível, entre outras coisas porque a vida é pensamento e é ação, exige raciocinar para dirigir as aplicações e exige atuar para não se perder em virtuosismos ideais, afastados da realidade em torno. Temos que ter em conta que as aplicações da matemática têm invadido campos que antes eram considerados alheios a ela, principalmente na biologia e nas ciências humanas, e por esta razão a escola não pode ignorar essas aplicações tanto por seu valor informativo como motivador.

Quando se fala de matemática e da necessidade de seu ensino, é importante indicar a que matemática nos referimos. Na época dos gregos, podia-se falar do cálculo e da geometria como partes únicas de um corpo de conhecimentos bem delimitado e não muito extenso. Hoje em dia, porém, a quantidade de matemática que se conhece é imensa e cresce constantemente, tornando-se difícil decidir qual deve ser a matemática que se aconselhe ensinar e como deve ser apresentada para sua melhor compreensão e sua melhor utilidade para o futuro dos alunos.

A revista *Mathematical Reviews*, que registra e comenta todos os trabalhos de matemática que são publicados no mundo e que pretendem ser originais, iniciou-se em 1939 e em 1989 chegou ao milhão de trabalhos registrados. Quer dizer que, supondo uma extensão média de cinco páginas por trabalho e se agrupados todos eles em volumes de 1000 páginas cada um, resultaria que nos últimos 50 anos ter-se-ia produzido no mundo 5000 de tais volumes. É uma produção gigantesca, que apresenta grandes problemas de armazenamento e ordenação para poder encontrar o que a cada pessoa possa interessar dentro de tão abrangente quantidade de novos conhecimentos adquiridos pela humanidade.

Aos professores de matemática compete selecionar entre toda a matemática existente, a clássica e a moderna, aquela que possa ser útil aos alunos em cada um dos diferentes níveis da educação. Para a seleção temos de levar em conta que a matemática tem um valor formativo, que ajuda a estruturar todo o pensamento e a agilizar o raciocínio dedutivo, porém que também é uma ferramenta que serve para a atuação diária e para muitas tarefas específicas de quase todas as atividades laborais. Quer dizer, como já dissemos anteriormente com outras palavras, o sentido da matemática deve ser um constante equilíbrio entre a matemática formativa e a matemática informativa. A primeira, mais estável, e a segunda, muito variável segundo o tempo, o lugar e a finalidade perseguida pelos alunos. É preciso formar, porém, ao mesmo tempo, informar das coisas úteis adequadas às necessidades de cada dia e de cada profissão. Por outro lado, cada aspecto informativo tem um substrato formativo, de maneira que a regra pode ser "formar informando" ou "informar formando".

A escolha da matemática para aqueles que vão ser matemáticos profissionais é relativamente fácil, pois basta mostrar as grandes linhas gerais e ensinar a aprender, deixando que cada aluno vá selecionando segundo seu gosto e sua vocação a matemática que mais seja de seu interesse, pois tem toda a vida pela frente para ir completando a formação recebida na escola.

O problema reside na seleção da matemática para a educação daqueles que não têm interesse particular por ela e só a aceitam como uma necessidade que ajuda a desempenhar melhor suas tarefas e a entender seu substrato básico. Para estes é fundamental que os encargos de projetar os planos de estudo tenham em conta o valor formativo da matemática e também as temáticas sobre as quais é necessário informar em cada ciclo do ensino e em cada carreira profissional específica.

Pensemos primeiro na matemática para todos, quer dizer, na matemática da escola obrigatória, que devem estudar todos os cidadãos. Até poucos anos atrás este ensino abrangia na maioria dos países os alunos entre 5 a 10 ou 12 anos de idade, e a matemática consistia essencialmente e de maneira universal nas operações com os números inteiros e racionais, com muita prática dos decimais, e depois iniciar e insistir nas proporções em seus diversos aspectos de regra de três, porcentagens, semelhança de figuras planas, escalas e interpretações de mapas e gráficos, sistema métrico decimal, definições e propriedades simples das figuras geométricas mais usuais. Atualmente, em função da complexidade crescente da sociedade, considera-se que estes conhecimentos são insuficientes e, na maioria dos países, o ensino obrigatório se tem estendido entre os 5 e os 15 anos de idade, quer dizer, incluindo nele o primeiro ciclo de três anos que fazia parte do ensino secundário (ensino médio). Com isso aumentaram os conhecimentos matemáticos que podem ser incluídos no ensino para todos.

É muito importante refletir e experimentar sobre estes conhecimentos que supostamente todos os cidadãos vão adquirir e que, para muitos deles, serão os únicos que o ensino formal vai fornecer-lhes, na suposição de que eles possam ser suficientes para atuar no mundo com que se defrontarão ao sair da escola. É preciso decidir a respeito dos conteúdos e também sobre a metodologia mais conveniente. Além dos conteúdos tradicionais, já mencionados, é muito o que pode e deve ser acrescentado, suprimindo em compensação muitos temas que costumeiramente têm continuado a fazer parte dos programas, mas que hoje são inúteis. Falta criar organismos que se ocupem de analisar constantemente os conteúdos e metodologias adequadas, introduzindo as novidades necessárias e suprimindo os temas que estejam se tornando obsoletos. Em outras épocas, os programas e livros de texto duravam séculos, enquanto que na atualidade rapidamente ficam fora de uso e necessariamente precisam ser trocados por outros mais de acordo com as necessidades do meio.

Como regra geral, pode-se recomendar que sempre é preferível saber pouco e bem, que muito e mal. É mais recomendável fazer cabeças "bem feitas" do que cabeças "bem cheias", ainda que na atualidade, com os modernos mecanismos computacionais e de memória, seja possível conseguir cabeças "bem cheias" e que ao mesmo tempo sejam "bem feitas". Os conceitos fundamentais devem repetir-se a partir de diferentes enfoques, indicando o caminho para suas possíveis extensões e aplicações que o aluno terá que buscar no futuro por conta própria, quando as necessitar. Já que a aprendizagem vai ser permanente, visto que o campo do conhecimento não se detém, é importante ensinar a aprender, coisa que o aluno terá que fazer por si só quando concluir seu ensino na escola, e se liberar do professor. Há conteúdos que atualmente figuram nos programas e que em suas ideias gerais devem continuar sendo ministrados, porém de maneira muito simplificada. Por exemplo, é importante instruir o quanto antes acerca das manipulações simples do cálculo literal e na interpretação e manipulação de fórmulas, porém basta limitar-se a expressões simples de uso comum, sem necessidade de entediar os alunos com cansativos cálculos que envolvam monômios, polinômios e expressões algébricas complicadas. A função exponencial e os logaritmos são importantes, porém estes últimos com poucos decimais e através de calculadoras de bolso, mais que com as clássicas tabelas, que passaram a ser referências históricas. Os sistemas de equações lineares e quadráticas devem dar-se através de sua representação gráfica, e suas soluções, em geral, por meio de métodos aproximados, com o uso de calculadoras simples.

Ainda que em muitos países já tenham sido introduzidos, vamos mencionar alguns temas que obrigatoriamente devem figurar entre aqueles acerca dos quais todo cidadão deve ter sido informado durante o período da escola obrigatória e que, no entanto, até recentemente se consideravam pertencentes a níveis superiores do ensino. Talvez algum dos conteúdos que vamos mencionar não seja fácil de expor em nível de escola primária, porém certamente seja este o desafio atual para os educadores, e constitui o principal problema que deve ser estudado nos centros de pesquisa pedagógica, para breve experimentação em escolas-piloto convenientemente preparadas para isso.

Em primeiro lugar, há que introduzir as ideias básicas da probabilidade e da estatística. A matemática na escola tem sido pensada sempre como determinista, na qual os problemas deviam resolver-se com exatidão, até qualquer algarismo decimal. Deve-se mudar esta forma de pensar determinista pelo pensar probabilista ou estatístico, baseado em valores médios, grandes números, extrapolações e inferências, pois os fenômenos e as situações aleatórias são os que mais aparecem na natureza e na vida cotidiana. A respeito desta questão são muito interessantes as sugestões e experiências que figuram na revista inglesa *Teaching Statistics* (Universidade de Scheffield) e nos atos das *Conferências Internacionales sobre la Enseñanza de la Estadistica* (ICTS), que são realizados a cada quatro anos desde 1982, a última delas na Nova Zelândia, em agosto de 1990. O problema do ensino das probabilidades e da estatística em níveis cada vez mais baixos da educação preocupa em todos os países e tem havido um grande avanço a esse respeito.

Para citar só um exemplo, mencionaremos a importância didática e prática das tabelas de números aleatórios. Elas ajudam a simular problemas e a compreender o papel do acaso, e a importância de saber escolher um modelo adequado para o tratamento de cada problema. É a base do método de Monte Carlo, de muito interesse conceitual e prático. Também há que pensar na maneira mais conveniente de apresentar problemas de pesquisa operacional e programação linear. Uma ideia sobre a maneira de abordar problemas de filas de espera, baseada na simulação e confecção de estatísticas é muito importante e de aplicação muito generalizada, pelo que deve incluir-se no ensino obrigatório.

Outro tema essencial é a introdução o mais cedo possível da computação, não somente quanto ao cálculo, mas também quanto ao uso de calculadoras como computadores e fontes de informação. Isto significa que é preciso educar também no pensar informático, já que não é o mesmo atuar em um mundo sem computadores se no mundo atual, cheio de botões e teclados para apertar e telas para ver, é mais do que de livros, catálogos ou formulários para ler.

É muito provável que o homem informático perca em precisão de raciocínio e capacidade para a análise detalhada dos problemas, por estar obrigado a atuar com muita velocidade em suas decisões e atos. Portanto, a educação atual deve encontrar a maneira de ajudar as simbioses homem-máquina do futuro, despertando e educando os reflexos necessários para uma ação quase automática em muitas situações da profissão e da vida diária. É preciso educar para a formulação dos problemas em programas calculáveis, sem muita preocupação com economizar o número de operações ou a quantidade de parâmetros, já que a velocidade das máquinas modernas torna inúteis tais preocupações. Esta mesma velocidade torna praticável, muito mais do que anteriormente, o método de ensaio e erro, testando soluções até encontrar e ajustar a verdadeira, com suficiente aproximação e sem pretensões de exatidão inútil.

Desde as primeiras séries, é preciso ir educando não só na matemática propriamente dita, mas também no raciocínio lógico e dedutivo, que é a base da matemática, porém que também é imprescindível para ordenar e assimilar toda classe de conhecimento. Significa que precisamos educar o aluno na linguagem adequada para compreender a nomenclatura e funcionamento da tecnologia atual, assim como na base científica que o sustenta.

Portanto, há certos conhecimentos de lógica que devem ser usados com frequência na aula, para que sejam assimilados como parte natural da linguagem e do pensar cotidiano, mais do que como um conceito adquirido através de um aprendizado especial. Não é tão necessário incluir nos programas uma parte de lógica, com silogismos, quantificadores e tabelas, com conhecimentos básicos a que se fará referência quando chegar o momento. Mais importante é ir aprendendo as leis do raciocínio de maneira natural, como algo inerente à linguagem, da mesma maneira que se aprende a falar sem conhecer a etimologia das palavras. Por exemplo, as ideias de indução, demonstração pelo absurdo, condição necessária e suficiente ou "se... e somente se...", têm que ser aprendidas com exemplos referidos a situações concretas na medida em que vão aparecendo, sem pretender filosofar acerca de seu significado abstrato.

O mesmo pode ser dito da teoria de conjuntos, que a este nível do ensino, voltado para todos, deve ser tão só uma linguagem, de aplicação contínua sobre o decorrer do curso e muito útil para melhor compreender e expressar raciocínios e resultados. Porém, por se tratar de um meio e não de um fim, a parte teórica de conjuntos que não vai ser utilizada pode e deve suprimir-se. Outra coisa é, naturalmente, para os estudos de nível terciário (terceiro grau) e para alunos de carreiras matemáticas, para os quais a teoria de conjuntos é essencial em si mesma.

Outros pontos que devem ser incluídos no ciclo do ensino para todos, são os seguintes: a) elementos da teoria de amostragem, para que o aluno possa entender as bases das pesquisas de opinião pública ou dos graus de audiência de determinados programas de televisão *(rating)* e apreciar seu grau de confiabilidade; b) já que a vida é uma contínua sequência de decisões, que cada pessoa deve tomar frequentemente e que influi ou pode influir muito no seu futuro, a escola deve informar sobre a existência de uma teoria da decisão, construindo algumas matrizes simples referentes a problemas elementares que chamem a atenção do aluno; c) também deve ser de uso generalizado a medida da quantidade de informação das mensagens (entropia, códigos, ruído) e, portanto, sem pretender formar técnicos especializados, a ideia da unidade de informação *(bit)* e sua aplicação a exemplos simples devem incluir-se entre os conteúdos do ensino obrigatório.

Seria preciso buscar outros temas possíveis de serem tratados matematicamente que sejam de atualidade e uso no mundo de hoje, para estudar sua possível exposição elementar, e então introduzi-los no ciclo de ensino básico. É uma tarefa para educadores e matemáticos, que deve ser encorajada e estimulada.

No que diz respeito à didática, seja no nível que for, o ensino da matemática deve estimular a criatividade, mostrando que a matemática é como um edifício em construção, sempre necessitando de modificações e adaptações. Atualmente, insiste-se muito na metodologia embasada na resolução de problemas. Mas isto não é nenhuma novidade, pois a verdadeira matemática sempre consistiu na solução de problemas: jamais pode ser um sistema de definições e de descrições de propriedades. De qualquer forma, não é demais reiterar muitas vezes para que a importância não diminua. Contudo, além disso, pensando na criatividade que convém desenvolver, a matemática não somente deve resolver problemas, mas, o que é mais significativo, propor problemas. Deve fazer com que os alunos aprendam a executar matematicamente situações reais ou fictícias e, em seguida, levar o resultado obtido, como um problema proposto, à consideração da aula. Em matemática, a proposição de problemas é tão importante quanto a solução daqueles propostos pelos demais. Por meio de uma ação alternada propor/resolver é que a matemática avança, desenvolve-se e cresce.

Temos nos referido ao problema de decidir a respeito da matemática necessária para todos, como parte integrante de uma cultura geral para os membros da sociedade atual. Trata-se possivelmente do problema mais importante que se tem formulado à educação matemática hoje em dia e no qual estão envolvidos matemáticos, educadores, psicólogos e sociólogos.

Porém, resta outro problema, também importante, que consiste na matemática necessária para aquelas profissões nas quais a matemática não é um fim, mas um meio para seu melhor exercício. Quer dizer, averiguar qual é a matemática que pode ser útil aos profissionais não matemáticos de terceiro grau. Pode-se supor que eles já tenham o conhecimento básico do ciclo obrigatório e inclusive é possível que tenham realizado estudos matemáticos preparatórios para seu ingresso no terceiro nível. Supõe-se que todos estes conhecimentos adquiridos estejam em sua memória (como seria o caso nos computadores) para o momento em que os necessitem. Porém, a partir desta plataforma de conhecimentos, é necessário analisar quais podem ser os novos conhecimentos que os matemáticos podem oferecer-lhes para sua melhor formação superior.

Desde logo, destaca-se a parte da matemática clássica (essencialmente as noções de cálculo infinitesimal) já tradicional e sobre a qual somente temos que decidir acerca de seu maior ou menor interesse e sobre a influência de sua presença nos atuais meios computacionais. Porém, atualmente, entre a grande produção matemática dos últimos anos à qual já fizemos referência, é seguro que devam ter surgido novos resultados e novas idéias que poderiam ser de utilidade em algumas áreas do saber, como física, engenharia, biologia, economia, ciências sociais e muitas outras, mas seus usuários não têm tempo de conhecer sua existência. Seria urgente que as universidades e os centros de investigação envolvidos se dedicassem a organizar cursos ou seminários para divulgação das novas aquisições e considerassem a possibilidade de incorporá-las nos programas das disciplinas de matemática do curso correspondente, em substituição a muitos pontos obsoletos que, sem nenhum prejuízo para os estudantes, podem ser suprimidos. É preciso simplificar os detalhes técnicos, que devem ser deixados para os matemáticos profissionais, e procurar que os resultados, uma vez assegurada sua validade por estes últimos, cheguem a tornar-se intuitivos e compreensíveis para as pessoas que os necessitem.

As seguintes palavras de Ortega y Gasset em sua "Misión de la Universidad" (1930) recuperam plena atualidade para a matemática de hoje:

> Tudo tende para que se tente uma nova integração do saber que hoje anda feito em pedaços pelo mundo... É urgentíssimo e indesculpável que a humanidade não invente uma técnica para enfrentar adequadamente a acumulação do saber que hoje possui. Se não encontrar maneiras mais fáceis para dominar essa "vegetação exuberante", o homem ficará afogado por ela... O movimento que leva a pesquisa a dissociar-se indefinidamente em problemas particulares, a pulverizar-se, exige uma regulação compensadora — como acontece em todo organismo saudável — mediante um movimento de direção inversa que retenha os saberes em um rigoroso sistema de ciência centrífuga.

Podemos citar alguns exemplos relativamente recentes de conhecimentos matemáticos que têm resultado úteis a outras ciências e que, portanto, valeria a pena colocar ao alcance das disciplinas de determinados cursos não matemáticos, ainda que como matérias optativas para determinados grupos ou especialidades.

Em múltiplas áreas das ciências sociais e da biologia, medicina (diagnóstico por computadores), engenharia (segurança nas estruturas) e outros cursos, têm resultado de interesse os chamados *conjuntos nebulosos*, os conjuntos para os quais a pertinência ou não de um elemento está definida com certa probabilidade. Trata-se em geral de chegar a resultados com algum grau de confiabilidade a partir de resultados imprecisos. Sua importância tem sido discutida muitas vezes, porém seu conhecimento parece ser útil.

A biologia é a ciência que mais tem assimilado parte da matemática contemporânea, dando surgimento à biologia matemática, cujos praticantes não são em geral biólogos nem matemáticos, donde as dificuldades que costumam encontrar para que seus trabalhos sejam valorizados. Seria necessário conseguir que a matemática utilizada fosse conhecida pelos biólogos clássicos, de maneira análoga a como os físicos experimentais acodem à física teórica para justificar e melhor compreender seus resultados. Uma obra importante é a de René Thom, *Estabilidad estructural y morfogénesis* (1972), seguida da teoria muito discutida do mesmo autor sobre *catástrofes*, na qual buscaram aplicações a economia e outras ciências, assim como a teoria da *bifurcação*, com análogas finalidades. São teorias cujo futuro ainda é incerto, porém, que seria interessante buscar nas mesmas exposições básicas que as fizeram compreensíveis aos possíveis usuários, sem os conhecimentos matemáticos utilizados em seu tratamento original. Os matemáticos profissionais devem ter o máximo cuidado com o rigor das teorias, porém para as pessoas que as necessitam unicamente por suas aplicações, basta uma compreensão intuitiva que permita-lhes ver claramente em que casos e de que maneira podem aplicar-se.

Outros exemplos podem ser a teoria de *grafos*, muito útil em diversas áreas da ciência, e a teoria da forma *(shape)* com aplicações na arquitetura, na engenharia e na arte. No apêndice, mencionaremos alguma bibliografia a respeito, a partir da qual pode-se obter muito mais informações.

Unicamente queremos referir-nos, para finalizar, aos chamados *fractais* introduzidos por Mandelbrot, como exemplos de objetos geométricos relativamente novos cujo estudo tem despertado muito interesse pelo seu amplo espectro de aplicações, desde as artes plásticas até a física, a biologia e a astronomia, e que tem muitos vínculos com a computação e, também, com as teorias "caóticas" que estão se desenvolvendo conjuntamente a partir da física e da filosofia.

Desde sempre, a geometria tem estudado curvas regulares, constituídas por arcos que são imagens de um segmento de reta ou de uma circunferência, e por funções que admitem muitas derivadas, de maneira que respondam à ideia intuitiva da trajetória de um ponto em movimento. Assim foi com a reta, a circunferência, as cônicas e todas as curvas especiais estudadas na antiguidade e nos séculos sucessivos (cicloide, astroide, lemniscatas, catenoide...). Só no século passado, com o progresso da teoria de funções reais, consideraram-se curvas sem tangentes em nenhum ponto (Weierstrass) e curvas que preenchem áreas (Peano). Estas curvas, que eram imagens contínuas de um segmento e podiam ter pontos duplos, foram consideradas como exemplos patológicos, interessantes para os matemáticos, porém longe de qualquer possível aplicação. Um obstáculo para tanto era a dificuldade de sua construção aproximada para poder visualizar sua forma ou a forma de sucessivas aproximações. Depois, já nos anos 50 e 60 do atual século, viu-se que objetos geométricos desse estilo apareciam ao se estudar as interações sucessivas de transformações não lineares do plano sobre si mesmo, como fronteiras entre as zonas cujos pontos dão lugar a sucessões periódicas ou convergentes e às zonas cujos pontos, por interações sucessivas, não convergem. Resultaram objetos compostos por conjuntos de pontos para os quais cabe definir uma *medida*, ao estilo clássico, porém também uma *dimensão*, convenientemente definida, que vale 2 quando eles preenchem uma área, e vale 1 para curvas propriamente ditas, podendo tomar qualquer valor entre 1 e 2 para outros conjuntos do tipo considerado. Como muitas vezes a dimensão resulta ser um número fracionário, Mandelbrot chamou *fractais* a esses objetos. Com os computadores podem-se representar estes fractais e têm sido surpreendentes suas formas e possibilidades tipológicas, e a partir disto, têm surgido interessantes problemas, tanto do ponto de vista matemático como das aplicações à física e à biologia, entre outros ramos da ciência, e também, por intermédio de colorações especiais, se tem obtido quadros que competem com pinturas de artistas plásticos atuais.

É um campo interessante que com o auge dos computadores resulta de muito interesse por ajudar ao desenvolvimento da criatividade e à fantasia, só utilizando ao acaso transformações quadráticas do plano em si mesmo e estudando seu comportamento por repetições, o que sem computador conduz a cálculos impossíveis de serem realizados a mão, porém que com eles se faz rapidamente. Como tem observado Mandelbrot, os fractais aparecem na natureza com muito mais frequência que as curvas comuns, as quais aparecem somente ao se tomar a realidade em uma primeira aproximação. No movimento browniano, na distribuição das galáxias, nas formas do relevo terrestre, nos fenômenos de turbulência... aparecem os fractais de maneira natural. Segundo Mandelbrot, "a geometria da natureza é caótica e está mal-representada pela ordem perfeita das formas usuais de Euclides ou do cálculo infinitesimal".

Trata-se de um exemplo típico na evolução das realizações matemáticas: primeiro, aparecem casos isolados como germes de novas ideias, cujo alcance não se conhece; surgem, depois, novos conhecimentos ou novas técnicas que permitem o desenvolvimento do germe e sua maior compreensão; finalmente, aparecem as aplicações que permitem uma melhor compreensão dos fenômenos naturais. A missão dos matemáticos é ajudar os especialistas de outras áreas para quem as novas concepções possam ser úteis, simplificando as dificuldades para sua compreensão, podendo assim ser percebidas e utilizadas sem maiores dificuldades.

Como os fractais, seguramente existem na matemática atual muitos conhecimentos prontos para serem aplicados das maneiras mais diversas, que só esperam ser identificados e colocados à disposição dos cientistas não matemáticos para que possam ser aplicados com êxito.

BIBLIOGRAFIA

Mencionaremos algumas obras referentes a diversas temáticas da matemática atual que têm se mostrado de interesse em outras áreas das ciências naturais ou humanas.

Conjuntos nebulosos

Azirín, F.: *Algunas aplicaciones de los conjuntos borrosos a la Estadística,* Madrid, Institute Nacional de Estadística, 1979.

Kaufmann, A.: *Introduction à la théorie des sous ensembles flous,* Tomos I e II, Paris, Masson, 1075.

Zimmermann, H. J.: *Fuzzi set theory and its applications,* Boston, Kluwer Nijhoff Publishing, 1985.

Aplicações à biologia e ciências afins

Roberts, F. (comp.): *Applications of Combinatories and Graph theory to the biological and social sciences,* The I M A Volumes in Mathematics and its Applications, Berlin, Springer, 1989. *Mathematics in Biology and Medicine,* Lecture Notes in Bimathematics nº 57, Berlin, Springer, 1985.

Teoria das catástrofes e da bifurcação

Structural stability, the theory of catastrophes and applications in the sciences, Lecture Notes in Mathematics, 525, Berlin, Springer, 1976

Lu, Yung Chen: *Singularity theory and introduction to Catastrophes,* Berlin, Springer, 1976.

Wiggins, S.: *Global bifurcation and chaos; analytical methods,* Berlin, Springer, 1988.

Chow, S. N. e Hale, J. K.: *Methods of bifurcation theory,* Berlin, Springer, 1982.

Poston, T. e Stewart, J.: *Catastrophe Theory and its applications,* Londres, Pitman, 1978.

Teoria de grafos

Berge, C.: *Graphs,* Amsterdam, North Holland, 1985

Chen, Wai Kai: *Applied Graph theory,* Amsterdam, North Holland, 1971.

Harary: *Graph theory,* Reading, Mass, Addison Wesley, 1969. *Random graphs* 85, Amsterdam, North Holland, 1987.

Fractais-caos

Mandelbrot, B.: *Los objetos fractales,* Barcelona, Tusquets, 1987.

Chaos and fractales, Proceedings Symposia in Applied Mathematics, vol. 39, American Mathematical Society, 1988.

Proceedings International Conference honouring B. Mandelbrot on his 65 th birthday, Amsterdam, North Holand, 1989.

Barnskey, M. F. e Demko, S. G. (comps.): *Chaotic dynamics and fractals,* Orlando, Academic Press, 1986.

Devaney, R. L.: *An introduction to chaotic dynamical systems,* Menlo-Park, Benjamin, 1986.

Estereologia e tomografia computadorizada

O objetivo é averiguar o interior de um corpo a partir de suas secções por planos ou retas. A *estereologia* é de um caráter mais elementar, enquanto se refere à matemática, e tem aplicações na metalúrgica, petrografia, fisiologia, botânica... Como técnica, usa a microscopia. A *tomografia* é usada principalmente na medicina e sua base é uma matemática mais elevada e delicada.

Underwood, E., E.: *Quantitative stereology,* Reading, Addison Wesley, 1970.

Acta Stereologica, vol. 6, Proceedings of the 7th International Congress for Stereology, J. L. Chermant (comp.), Caen, 1987.

Stoyan, D., Kendall, W. S. e Mecke, J.: *Stochastic Geometry and its applications,* Berlin, Akademie Verlag, 1987.

Computed Tomography, Proceedings of Symposia in Applied Mathematics, American Mathematical Society, L. A. Shepp (Comp.), 1983.

Teoria da decisão

Lindley, D. V.: *Marking decision,* Londres, John Wiley, 1985.

Rios, S.: *Análisis de decisiones,* Madrid, Ediciones ICE, 1976.

Rios, S. e outros: *Processo de decisión multicritério,* Madrid, Eudema, 1989.

Teoria da informação

Gil Alvarez, P.: *Teoria matemática de la información,* Madrid, Ediciones ICE, 1981.

Raisbeck, G.: *Théorie de l'information,* Paris, Masson, 1964.

Teoria da forma

Shaping Spaces, Proceedings of the Conference held in Northampton Mass., Boston, Birkhauser, 1988.

Kendal, D. G.: "Shape manifolds, Procrustean metrics and complex projective space", *Bulletin London Mathematical Society*, 16, 1984, 81-121.

Disciplinas várias

Advances in Cryptology, Lecture Notes in Computer Science, Berlin, Springer, 1988.

Applied Cryptology, Cryptographic Protocols and Computer Security Moldels, American Mathematical Society, Proceedings of Symposia in Applied Mathematics, 1983.

Current trends in geomathematics, New York, Plenum Press, 1988.

Mazundar, J.: *An introduction to mathematical physiology and biology*, Cambridge University Press, 1989.

Glass, L. e Mackey, M. C.: *From Cloks to Chaos*, Princeton University Press, 1988.

Ortega y Gasset: *Misión de la Universidad*, 1930.

2

A didática da matemática[1]

Grecia Gálvez

Nosso trabalho se insere em uma perspectiva teórica que propõe o desenvolvimento de uma área do conhecimento relativamente autônoma, designada como didática da matemática. Esta proposta teve sua origem a partir da atividade desenvolvida basicamente por matemáticos, nos Institutos de Investigação acerca do Ensino das Matemáticas (IREM), criados na França logo após a Reforma Educativa do final dos anos 60, com a qual se deu impulso ao ensino da "matemática moderna".

Inicialmente, os IREM dedicaram-se a complementar a formação matemática dos professores, incidindo tanto na reciclagem dos que se encontram em serviço como nos programas e na preparação de novos professores, nas escolas primárias. Outro âmbito importante de sua atividade foi a produção de materiais de apoio para o trabalho dos professores na sala de aula: textos de matemática, fichas de trabalho para os alunos, jogos e brinquedos didáticos, coleções de problemas e de exercícios, seqüências de lições, etc. A produção destes materiais costumava ser acompanhada de uma experiência rudimentar, concebida como prova de sua

---

[1] Capítulo I da tese de doutorado "A aprendizagem da orientação no espaço urbano. Uma proposta para o ensino da geometria na escola primária", apresentada pela autora para obter o grau de doutor em Ciências na Especialidade de Educação no Departamento de Inovações Educativas do Centro de Pesquisas e Estudos Avançados do Instituto Politécnico Nacional, México, em 1985. O Coordenador da tese foi o professor Guy Brousseau.
A bibliografia correspondente a este capítulo está incluída no Capítulo 8 "A geometria, a psicogênese das noções espaciais e o ensino da geometria na escola primária", da mesma autora.

possibilidade e como antecedente para introduzir ajustes mínimos, antes de proceder à sua difusão dentro do sistema educativo, urgentemente requerida.

As práticas descritas anteriormente têm sido rotuladas como "inovação", termo que gera perigosas confusões, como o faz notar Chevallard (1992), com os processos de socialização de aquisições científicas e técnicas que ocorre em outros âmbitos da atividade humana. Em educação, qualquer transformação das normas em vigência pode ser catalogada como "inovação", mesmo quando seu único aval seja o prestígio social de quem a propõe. Chevallard atribui este fenômeno à ausência de uma história do domínio educativo, de um tempo endógeno que permita constituir em progressão a simples sucessão cronológica dos fatos, o que equivale a mencionar a ausência de tradição na elaboração científica dos problemas.

A partir da reflexão sobre a validade das ações desenvolvidas, foi surgindo, dentro dos IREM, outra classe de atividades, não só destinadas à produção de meios para atuar sobre o ensino, como também à produção de conhecimentos para controlar e produzir tais ações sobre o ensino. Pode-se, em outros termos, trazer a pesquisa científica para os processos que têm lugar no domínio do ensino escolar da matemática.

Um dos pesquisadores que vem liderando tanto a promoção como o desenvolvimento deste projeto, é Guy Brousseau, professor e pesquisador do IREM de Bordeaux. Brousseau propõe o estudo das condições nas quais são constituídos os conhecimentos; o controle destas condições permitiria reproduzir e otimizar os processos de aquisição escolar de conhecimentos.

Parte-se do pressuposto de que o conhecimento dos fenômenos relativos ao ensino da matemática não seja resultado da simples fusão de conhecimentos provenientes de domínios independentes, como a matemática, a psicologia e a pedagogia, mas algo que exige pesquisas específicas. Jean Brun (1980) defende a ideia de que aplicar modelos gerais dos processos de aprendizagem ou desenvolvimento intelectual para organizar tanto a aquisição de conhecimentos matemáticos como a de quaisquer outros conteúdos escolares, indistintamente, acarreta um isolamento dos modelos psicológicos da realidade a partir da qual foram construídos. Assim, acontece a transposição destes modelos a outra realidade, como se fossem entidades autônomas, atribuindo-lhes um funcionamento ideológico e não científico. Em outro texto, o mesmo Brun (1981) contestando a aplicação dedutiva de uma teoria psicológica à educação, afirma:

Não se trata de uma simples preocupação, pois isto constitui o centro do problema, dado que o ensino da matemática se tem mostrado particularmente sensível à confusão de níveis, com frequência provocada por uma concepção estruturalista, na qual a matemática e a psicologia encontram-se misturadas.

Por outro lado, a pesquisa dos fenômenos relativos ao ensino da matemática também não pode reduzir-se à observação e análise dos processos que ocorrem cotidianamente nas aulas, já que seu objetivo é a determinação das condições nas quais se produz a apropriação do saber por parte dos alunos, e para isto é necessário exercer um certo grau de controle sobre tais condições, o que determina que o pesquisador deve participar da produção (ou projeto) das situações didáticas que analisa. Daí a necessidade de constituir modelos experimentais ou, na terminologia de Chevallard (1982), de desenvolver uma "engenharia didática" subordinada à pesquisa, em Didática da Matemática.

O controle de nosso conhecimento do fenômeno passa pelo projeto de sua produção, e esta produção compromete nossa teoria do fenômeno em uma técnica de sua produção.

O objeto de estudo da didática da matemática é a situação didática, definida por Brousseau (1982b) como

> um conjunto de relações estabelecidas explícita e/ou implicitamente entre um aluno ou um grupo de alunos, um determinado meio (que abrange eventualmente instrumentos ou objetos) e um sistema educativo (representado pelo professor) com a finalidade de conseguir que estes alunos apropriem-se de um saber constituído ou em vias de constituição.

Estas relações estabelecem-se através de uma negociação entre professor e alunos cujo resultado tem sido denominado contrato didático. Este contrato, com componentes explícitos e implícitos, define as regras de funcionamento dentro da situação: distribuição de responsabilidades, determinação de prazos temporais a diferentes atividades, permissão ou proibição do uso de determinados recursos de ação, etc.

A presença de um contexto escolar não é essencial na definição de uma situação didática; o que realmente é essencial é seu caráter intencional, o fato de haver sido construída com o propósito explícito de que alguém aprenda algo.

O objetivo fundamental da didática da matemática é averiguar como funcionam as situações didáticas, quer dizer, quais das características de cada situação são determinantes para a evolução do comportamento dos alunos e, consequentemente, de seus conhecimentos. Isto não significa que só seja de interesse analisar as situações didáticas exitosas. Inclusive, se uma situação didática fracassa em seu propósito de ensinar alguma coisa, sua análise pode constituir um aporte à didática, se permitir identificar os aspectos da situação que se tornaram determinantes de seu fracasso.

Sendo as situações didáticas o objeto de estudo da didática da matemática, tornou-se necessário desenvolver uma metodologia para analisá-las.

É frequente que os pesquisadores que chegam à experimentação educativa com uma formação prévia em psicologia, projetem situações didáticas, as ponham à prova em uma ou várias aulas, e logo centrem seu interesse nos comportamentos manifestados pelos alunos, dentro da situação experimental. Não tentam explicar estes comportamentos, ou sua evolução, em função das características particulares da situação na que se produziram. Ignoram se, alterando algumas condições da situação, voltariam a aparecer os mesmos comportamentos.

Para Brousseau, no entanto, um momento fundamental da investigação em didática se constitui na análise a priori da situação. O pesquisador em didática deve ser capaz de prever os efeitos da situação que elaborou, antes de colocá-la à prova em aula; só posteriormente poderá comparar suas previsões com os comportamentos observados.

Para analisar as situações didáticas, Brousseau as modeliza, utilizando elementos da teoria dos jogos e da teoria da informação. Para uma situação didática determinada identifica-se um estágio inicial e o conjunto dos diversos estágios possíveis, entre os quais se encontra o estágio final que corresponde à solução do problema envolvido na situação. Explicitam-se as regras que permitem passar de um estágio a outro. A situação é descrita, então, em termos das decisões que os jogadores (alunos) podem tomar a cada momento e das diferentes estratégias que podem adotar para chegar ao estágio final.

Outro aspecto que facilita a análise das situações didáticas é sua classificação. Brousseau distingue, entre as situações que produz para seu estudo experimental, quatro tipos, cuja sequência, nos processos didáticos que organiza, é a seguinte:
    1. As situações de ação, nas quais se gera uma interação entre os alunos e o meio físico. Os alunos devem tomar as decisões que

faltam para organizar sua atividade de resolução do problema formulado.
2. As situações de formulação, cujo objetivo é a comunicação de informações entre alunos. Para isto, devem modificar a linguagem que utilizam habitualmente, precisando-a e adequando-a às informações que devem comunicar.
3. As situações de validação, nas quais tenta-se convencer a um ou vários interlocutores da validade das afirmações que são feitas. Neste caso, os alunos devem elaborar provas para demonstrá-las. Não basta a comprovação empírica de que o que dizem é certo; é preciso explicar porque, necessariamente, deve ser assim.
4. As situações de institucionalização, destinadas a estabelecer convenções sociais. Nestas situações busca-se que o conjunto de alunos de uma aula assuma o significado socialmente estabelecido de um saber que foi elaborado por eles mesmos, em situações de ação, de formulação e de validação.

Uma parte importante da análise de uma situação didática consiste na identificação das variáveis didáticas e no estudo, tanto teórico como experimental, de seus efeitos. O que interessa são os intervalos de valores destas variáveis que resultam determinantes para a aparição do conhecimento que a situação didática pretende ensinar. Trata-se de determinar as condições das quais depende que seja esse o conhecimento que intervém e não outro. Entre as variáveis que intervêm em uma situação há as denominadas variáveis de comando, que podem ser manipuladas pelo professor para fazer evoluir os comportamentos dos alunos. Sua identificação resulta particularmente importante. Artigue (1984) destaca o papel da manipulação de variáveis em didática, com relação ao estudo do desenvolvimento psicogenético da criança:

> Para o especialista em didática, determinar como o uso de variáveis de comando da situação pode provocar, na aula, mudanças de estratégia e como poder-se-ia controlar no interior de um processo, pela manipulação destes comandos, uma gênese escolar do conceito, parece ser muito mais importante do que tentar precisar em seus menores detalhes as etapas do desenvolvimento psicogenético.

A análise de uma situação didática passa por sua comparação com outras situações didáticas, obtidas por meio de transformações da primeira. Por exemplo, o esforço de modelização de uma situação didática está subordinado ao propósito de identificar os elementos que poderiam ser mudados para conseguir efeitos didáticos diferentes dos que seriam obtidos com a situação original. Constitui-se, assim, toda uma família de situações didáticas, relativas ao conhecimento específico que se quer ensinar, na hipótese de que cada uma delas faça funcionar tal conhecimento sob uma modalidade diferente. Postula-se que entre estas situações existe uma, designada como fundamental, que é capaz de gerar todas as demais, através da distribuição de diferentes estágios de variação ou escalas de valores particulares às variáveis que a caracterizam. Uma situação é fundamental quanto ao conhecimento que interessa ser ensinado, quando é possível, por meio do jogo das variáveis nela presentes, fazê-la coincidir com qualquer situação na qual intervenha esse conhecimento.

Como já tem sido assinalado, a finalidade da didática da matemática é o conhecimento dos fenômenos e processos relativos ao ensino da matemática para controlá-los e, através deste controle, otimizar a aprendizagem dos alunos. Não se postula, de maneira alguma, promover *a priori* um determinado tipo de pedagogia, por razões ideológicas, sem aval dos resultados experimentais correspondentes. No entanto, as situações didáticas projetadas e submetidas à experimentação obedecem a determinadas características em função dos pressupostos epistemológicos que estão por trás de sua produção.

De fato, considera-se que todo conhecimento seja uma resposta, uma adaptação da humanidade diante de situações que tem enfrentado ou frente a problemas que tem formulado para si. Os conhecimentos que surgiram em contextos funcionais, como ferramentas ou instrumentos para a adaptação, são transformados posteriormente com o propósito de relacioná-los a outro tipo de conhecimentos, de conservá-los e de transmiti-los, adotando a modalidade de objetos culturais. Um saber cultural que se encontre desligado de sua gênese constitui um produto descontextualizado e despersonalizado. É a partir desta modalidade que os conhecimentos ingressam nos programas escolares.

A maneira como os sistemas educativos organizam o ensino dos temas incluídos nos currículos envolve uma determinada concepção dos processos de aquisição dos conhecimentos. Até agora, tem predominado uma concepção segundo a qual basta decompor um saber, em sua modalidade cultural, em pequenos pedacinhos isolados, e então organizar sua ingestão por parte dos alunos, em períodos breves e bem delimitados, segundo sequências determinadas sobre a base da análise do próprio saber. Esta maneira de organizar o ensino não atribui importância ao contexto específico em que os conhecimentos são adquiridos, nem à sua significação e valor funcional, durante sua aquisição.

Brousseau demonstrou a importância da situação para a atualização e funcionalidade dos conhecimentos escolares. Por exemplo, há crianças que, no início da escola primária, sabem contar até determinado número e que, no entanto, são incapazes de utilizar este conhecimento para constituir uma coleção de objetos equipotenciais a uma coleção determinada, a partir de um enunciado do tipo: "vai até o fundo da sala procura as tampas que faltam para fechar todas estas garrafas" (De Villegas, 1983). Estas crianças sabem determinar um termo de uma série ordenada a cada objeto de uma coleção, sem repetir nem omitir nenhum: possuem um saber cultural do cômputo numérico. Não obstante, não aprenderam a utilizar este saber como meio para controlar uma situação ou para resolver um problema (não o tem funcionalizado).

Brousseau coloca que é preciso criar situações didáticas que façam funcionar o saber, a partir dos saberes definidos culturalmente nos programas escolares. Esta formulação apoia-se na tese de que o sujeito que aprende necessita construir por si mesmo seus conhecimentos por meio de uma processo adaptativo (Piaget, 1975), semelhante ao que realizaram os produtores originais dos conhecimentos que se quer ensinar. Trata-se, então, de produzir uma gênese artificial dos conhecimentos, em que os alunos aprendam fazendo funcionar o saber ou, melhor, em que o saber apareça, para o aluno, como um meio de selecionar, antecipar, executar e controlar as estratégias que aplica à resolução do problema formulado pela situação didática.

Peres (1982) caracteriza esta gênese artificial da seguinte maneira:

> O caminho que temos seguido consiste em construir um processo de aprendizagem no qual o conhecimento não seja nem diretamente nem indiretamente ensinado pelo professor, mas que se forme progressivamente na criança a partir de múltiplas condicionantes estruturais: seja o resultado de confrontações com certo tipo de obstáculos encontrados durante a atividade. São as múltiplas interações no seio da situação que devem provocar as modificações no aluno e favorecer o surgimento dos conceitos desejados... Se o conhecimento que se quer que os alunos aprendam deve aparecer na exata medida em que chega a ser um instrumento necessário para adaptar-se a uma situação problemática (as estratégias utilizadas espontaneamente se revelam ineficazes), todo o esforço da análise didática deve concentrar-se nesta situação.

A ênfase na interação sujeito-situação corresponde, em um primeiro estágio dos trabalhos realizados ou dirigidos por Brousseau, à experimentação de situações quase isoladas, nas quais os alunos enfrentam-se com uma situação-problema enquanto o professor praticamente não intervém.

As principais características destas situações são:

- Os alunos responsabilizam-se pela organização de sua atividade para tentar resolver o problema proposto, isto é, formulam projetos pessoais.
- A atividade dos alunos está orientada para a obtenção de um resultado preciso, previamente explicitado e que pode ser identificado facilmente pelos próprio alunos. Os alunos devem antecipar e a seguir verificar os resultados de sua atividade.
- A resolução do problema formulado envolve a tomada de decisões por parte dos alunos e a possibilidade de conhecer diretamente as consequências de suas decisões com a finalidade de modificá-las, para adequá-las ao objetivo perseguido. Quer dizer, se permite que os alunos tentem resolver o problema várias vezes.
- Os alunos podem recorrer a diferentes estratégias para resolver o problema formulado, estratégias que correspondem a diversos pontos de vista a respeito do problema. É indispensável que, no momento de formular o problema, os alunos disponham ao menos de uma estratégia (estratégia de base) para que possam compreender o enunciado e dar início a sua atividade de busca da solução.
- A manipulação das variáveis de comando permite modificar as situações didáticas bloqueando o uso de algumas estratégias e gerando condições para o surgimento e estabelecimento de outras (subjacentes ao conhecimento que se quer ensinar).
- Os alunos estabelecem relações sociais diversas: comunicações, debates ou negociações com outros alunos e com o professor, etc.

Em síntese, trata-se de colocar os alunos diante de uma situação que evolua de forma tal, que o conhecimento que se quer que aprendam seja o único meio eficaz para controlar tal situação. A situação proporciona a significação do conhecimento para o aluno, na medida em que o converte em instrumento de controle dos resultados de sua atividade. O aluno constrói assim um conhecimento contextualizado, em contraste com a sequenciação escolar habitual, em que a busca das aplicações dos conhecimentos antecede a sua apresentação, descontextualizada.

Um exemplo de situação didática projetada por Brousseau (1981) com as características que acabamos de enumerar é apresentado adiante.

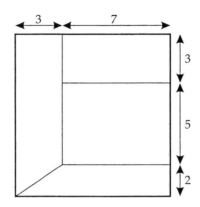

Enunciado: "Este é o desenho de um quebra-cabeça com algumas medidas de suas partes. É preciso fabricar um quebra-cabeça que seja igual a este, porém maior, de maneira tal que um lado que neste quebra-cabeça mede 3 centímetros, no outro meça 5 centímetros".

O enunciado é facilmente compreendido pelas crianças da última série da escola primária e utiliza, em primeira instância, a estratégia de base que consiste em adicionar 2 centímetros (sendo que 2 + 3 = 5) a cada um dos lados das figuras que compõe o quebra-cabeça dado. O fracasso desta estratégia constitui uma grande surpresa para as crianças. Voltam a insistir nela, procurando efetuar as medições com maior precisão. Por fim se dão conta que devem procurar outra estratégia, cujo desenvolvimento contribuirá para a construção do conceito de número racional (já que 3 x [5/3] = 5). Uma variável de comando desta situação é a relação numérica entre os tamanhos dos quebra-cabeças. Se pedimos que aumentem o lado de 3 centímetros, grande parte dos alunos recorrerá a um modelo multiplicativo (3 x 2 = 6) em vez do modelo aditivo que empregaram na situação anterior (3 + 3 = 6), porque, neste caso, o fator desconhecido é um número inteiro.

Pensamos que a breve caracterização que fizemos de situações didáticas quase isoladas é suficiente para dar uma ideia de sua complexidade. Este tipo de situação não é encontrada frequentemente ao observar aulas organizadas de maneira tradicional, nas quais o professor provoca, recebe, corrige e interpreta todas as respostas significativas de cada um dos alunos. Justifica-se, assim, o trabalho do pesquisador em didática na produção e implementação experimental das situações didáticas que necessita estudar. Uma consequência direta do anteriormente exposto é a dificuldade para propor aos professores as situações utilizadas na experimentação didática. A identificação e reprodução de uma situação didática específica, diferenciando-a de outros membros de uma mesma família de problemas, requer um alto grau de compreensão das condições variáveis que exercem influência sobre o saber produzido. A gestão destas situações, por parte do professor que conduz as aulas experimentais, é difícil, na medida que representa o abandono de práticas fortemente arraigadas em sua atividade cotidiana. Observamos, por exemplo, que quando um professor conduz uma mesma situação didática durante vários anos sucessivos, sua gestão piora, porque realiza trocas sutis na situação para reproduzir a história dos comportamentos dos alunos, obstaculizando assim o curso natural dos processos intelectuais subjacentes a estes comportamentos. Este fenômeno tem sido descrito como "obsolescência". Ultimamente, tem-se experimentado recorrer a um microcomputador para apresentar uma situação didática aos alunos, com a finalidade de facilitar a reprodução da situação.

Um comentário que nos parece conveniente fazer refere-se à difusão dos resultados da didática da matemática entre os professores. Já que o estudo das situações didáticas tem por finalidade conhecer e controlar os fenômenos relativos ao ensino da matemática, é a comunicação de seus resultados o que permitirá ao professor uma maior compreensão de sua prática no trabalho e um incremento de seu controle. No entanto, é certo que a difusão passa também pela tentativa de repetir as situações didáticas que foram construídas com finalidade experimental. É válido, neste momento, aludir à distinção entre a experimentação de laboratório, em física, e a inovação dos processos produtivos, na indústria. Ninguém se atreveria a criticar, na atualidade, um projeto experimental realizado em um laboratório, argumentando que isto não pode ser levado à prática na indústria.[2] No entanto, é frequente pensar que tudo o que se faz na sala de aula com caráter experimental deve poder repetir-se em uma "aula qualquer".

Nosso ponto de vista a respeito é estimular a réplica das situações broussonianas em condições o mais controladas possíveis e utilizá-las como modelo para fomentar a reflexão dos professores sobre as condições que influem no aprendizado dos alunos. Evidentemente, estas situações coexistirão, durante longo tempo, com outras situações organizadas de uma maneira tradicional, que possibilitarão o alcance de programas e normas instituídas oficialmente no sistema educativo, independentemente dos juízos sobre sua eficácia que nós possamos dar, a partir de uma perspectiva técnica.

---

[2] Há um par de séculos, no entanto, os trabalhos de Newton sobre a decomposição da luz foram criticados pelo seu elevado custo, já que precisavam de espaços muito amplos. Afirmou-se que Newton fazia "física para ricos".

3

Aprendendo (com) a resolução de problemas[1]

Roland Charnay

> *Para um espírito científico todo conhecimento é uma resposta a uma pergunta. Se não existe pergunta não pode haver conhecimento científico. Nada vem sozinho, nada é dado. Tudo é construído.*
>
> Bachelard, *A formação do espírito científico*

LIÇÕES DA HISTÓRIA?

A história da matemática na complexidade de sua evolução e de suas revoluções ilustra muito bem a citação de Bachelard. A matemática tem se construído como resposta a perguntas traduzidas em outros tantos problemas. Tais perguntas tem tido variações em suas origens e em seu contexto: problemas de natureza doméstica (divisão de terras, cálculos de créditos...); problemas formulados em estreita vinculação com outras ciências (astronomia, física...); especulações aparentemente "gratuitas" a respeito de "objetos" pertinentes à própria matemática, necessidade de organizar elementos já existentes, de estruturá-los, por exemplo, pelas exigências da exposição (ensino...), etc.

Seria desnecessário dizer que a atividade de resolução de problemas tem estado no próprio coração da elaboração da ciência matemática. "Fazer matemática é resolver problemas!", é o que muitos não temem afirmar.

---

[1] Em *Grand N*, revista de matemática, ciências e tecnologia para os professores da escola primária e pré-primária, número 42, janeiro de 1988, Documento CRDP, Grenoble, França. Tradução do Francês de Santiago Ruiz em colaboração com Gema Fioriti e Maria Elena Ruiz, e publicada com autorização do CRDP ("Centre Regional de Documentation Pédagogique").

Porém, esta elaboração não é realizada sem dificuldade. Os problemas frequentemente oferecem resistência; as soluções são quase sempre parciais, ainda que ideias geniais provoquem avanços espetaculares... que muitas vezes não são reconhecidos desde o começo. "No uso frequente de textos originais e também no de obras gerais — soma de saberes historicamente acumulados neste domínio — temos descoberto um esquema complexo e difuso feito de conjecturas, de dúvidas, de gafes, de modelos concorrentes, de brilhantes intuições e também de momentos de axiomatização e sínteses", é o que escrevem A. Dahan-Dalmedico e J. Peiffer no prefácio de seu livro.

Podem estas considerações (muito esquemáticas) sobre a origem do conhecimento matemático e sobre as condições de sua elaboração encontrar eco na reflexão sobre a questão de aprendizagem matemática no contexto escolar? A resposta deve ser prudente e cuidadosa: as ferramentas ou noções elaboradas em uma determinada época ocorrem com efeito, em um contexto cultural, socioeconômico..., que não é aquele em que vivem nossos alunos. Resta dizer que são os problemas que lhes deram origem (e os que pediram continuidade), os que têm dado sentido à matemática produzida. Esta é, talvez, a principal lição que deve ser levada em conta no ensino.

CONSTRUINDO O SENTIDO...

Um dos objetivos essenciais (e ao mesmo tempo uma das dificuldades principais) do ensino da matemática é precisamente que o que se ensine esteja carregado de significado, tenha sentido para o aluno.

Para G. Brousseau (1983),

o sentido de um conhecimento matemático se define:

— não só pela coleção de situações em que este conhecimento é realizado como teoria matemática; não só pela coleção de situações em que o sujeito o encontrou como meio de solução,
— mas também pelo conjunto de concepções que rejeita, de erros que evita, de economias que procura, de formulações que retoma, etc.

Acrescentemos que a construção da significação de um conhecimento deve ser considerada em dois níveis:

- um nível "externo": qual é o campo de utilização deste conhecimento e quais são os limites deste campo?
- um nível "interno": como e por que funciona tal ferramenta? (por exemplo, como funciona um algoritmo e por que conduz ao resultado procurado?)

A questão essencial do ensino da matemática é então: como fazer para que os conhecimentos ensinados tenham sentido para o aluno?

O aluno deve ser capaz não só de repetir ou refazer, mas também de ressignificar em situações novas, de adaptar, de transferir seus conhecimentos para resolver novos problemas.

No princípio é desvendando as noções matemáticas como ferramentas para resolver problemas, que se permitirá aos alunos construir o sentido. Só depois estas ferramentas poderão ser estudadas por si mesmas.

ESTRATÉGIAS DE APRENDIZAGEM

Delega-se, portanto, ao professor a escolha de uma estratégia de aprendizagem. Esta escolha (que cada professor faz ao menos implicitamente) é influenciada por múltiplas variáveis: o ponto de vista do professor a respeito da disciplina ensinada (o que é a matemática?, o que é fazer matemática?), seu ponto de vista a respeito dos objetivos gerais do ensino e a respeito dos objetivos que considera específicos da matemática, seu ponto de vista a respeito dos alunos (suas possibilidades, suas expectativas), a imagem que faz das demandas da instituição de ensino (explícitas, implícitas e supostas), da demanda social e também dos pais dos alunos...

Para descrever alguns modelos de aprendizagem, podemos apoiar-nos na ideia de "contrato didático", tal como Brousseau o definiu:

> conjunto de comportamentos (específicos) do professor que são esperados pelo aluno, e conjunto de comportamentos do aluno que são esperados pelo professor, que regulam o funcionamento da aula e as relações professor-aluno-saber, definindo assim os papéis de cada um e a repartição das tarefas: quem pode fazer o quê?, quem deve fazer o quê?, quais são as finalidades e os objetivos?...

Assim, uma situação de ensino pode ser observada através das relações que se movimentam entre estes três polos: professor, aluno, saber,

Didática da Matemática **45**

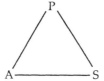

analisando:
— a distribuição dos papéis de cada um,
— o projeto de cada um,
— as regras do jogo: o que é permitido, o que é que realmente se propõe, o que é esperado, o que se deve fazer ou dizer para "mostrar que se sabe"...?

Muito esquematicamente serão descritos três modelos de referência:

1. *O modelo chamado "normativo" (centrado no conteúdo)*
Trata-se de transmitir, de comunicar um saber aos alunos. A pedagogia é então a arte de comunicar, de "fazer passar" um saber.

— O professor mostra as noções, as introduz, fornece os exemplos.
— O aluno, em primeiro lugar, aprende, escuta, deve prestar atenção; a seguir imita, treina, se exercita e, ao final, aplica.
— O saber já está finalizado, já construído.

Aí se reconhecem os métodos às vezes chamados dogmáticos (da regra às aplicações) ou maiêuticos (perguntas/respostas).

2. *O modelo chamado "incitativo" (centrado no aluno)*
Para começar, pergunta-se ao aluno a respeito de seus interesses, suas motivações, suas próprias necessidades, o meio que o rodeia.

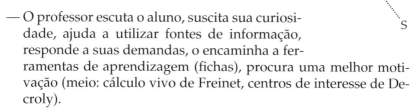

— O professor escuta o aluno, suscita sua curiosidade, ajuda a utilizar fontes de informação, responde a suas demandas, o encaminha a ferramentas de aprendizagem (fichas), procura uma melhor motivação (meio: cálculo vivo de Freinet, centros de interesse de Decroly).

— O aluno busca, organiza, e então estuda, aprende (frequentemente de maneira semelhante ao que é o ensino programado).
— O saber está ligado às necessidades da vida, do ambiente (a estrutura própria deste saber passa para segundo plano).

São reconhecidas ali as diferentes tendências chamadas "métodos ativos".

3. *O modelo chamado "aproximativo" (centrado na construção do saber pelo aluno)*
Propõe-se partir de "modelos", de concepções existentes no aluno e "coloca-as à prova" para melhorá-las, modificá-las ou construir novas.

— O professor propõe e organiza uma série de situações com diferentes obstáculos (variáveis didáticas dentro destas situações), organiza as diferentes fases (investigação, formulação, validação, institucionalização).
— Organiza a comunicação da aula, propõe no momento adequado os elementos convencionais do saber (notações, terminologia).
— O aluno ensaia, busca, propõe soluções, confronta-as com as de seus colegas, defende-as e as discute.
— O saber é considerado dentro de sua lógica própria.

Notemos que nenhum professor utiliza exclusivamente um dos modelos; que o ato pedagógico em toda sua complexidade utiliza elementos de cada um deles..., porém, apesar de tudo, cada professor faz uma escolha, consciente ou não e de maneira privilegiada, de um deles.

Acrescentemos que o estudo destes modelos fornece um bom instrumento e análise das situações didáticas e de reflexão para os professores em formação.

Três elementos da atividade pedagógica mostram-se privilegiados para diferenciar estes três modelos e refletir acerca de sua colocação em prática:

— O comportamento do professor diante dos erros de seus alunos: que interpretação faz deles, como intervém, para fazer o quê, o que pedirá então a seus alunos?
— As práticas de utilização da avaliação: para que serve a avaliação, em que momentos intervém no processo de aprendizagem, sob que formas?

— O papel e o lugar que o professor dá à atividade de resolução de problemas: o que é para ele um problema, quando utiliza problemas, em que momentos da aprendizagem, com que finalidade?

A seguir, nos concentraremos essencialmente neste terceiro ponto. Para isto, propomos um esquema, inspirado em um artigo de R. Champagnhol (Revue Française de Pédagogie) que resume as diversas posições a respeito da utilização da resolução de problemas em relação aos três modelos de aprendizagem descritos anteriormente.

1) *O problema como critério de aprendizagem* (modelo chamado "normativo")

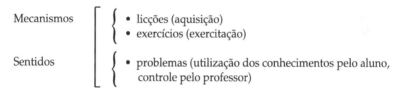

Mecanismos
- licções (aquisição)
- exercícios (exercitação)

Sentidos
- problemas (utilização dos conhecimentos pelo aluno, controle pelo professor)

— conduz com frequência a estudar tipos de problemas: confrontado com um novo problema, o aluno pergunta-se se já resolveu um do mesmo tipo.
— é o modelo de referência de numerosos manuais, tendo como ideia subjacente que é necessário partir do fácil, do simples, para ter acesso ao complexo, e que um conhecimento complexo pode ser, para a aprendizagem, decomposto em uma série de conhecimentos fáceis de serem assimilados e que, finalmente, toda aprendizagem deve ir do concreto ao abstrato.

2) *O problema como motor da aprendizagem* (modelo chamado "incitativo")

Motivação
- situação baseada na vivência

Mecanismo
- aporte de conhecimentos
- prática, exercícios

Ressignificação
- problemas

— inicialmente, se deseja que o aluno seja um "pesquisador ativo, ávido de conhecimentos funcionalmente úteis".

— porém, as situações "naturais" são com frequência demasiado complexas para permitir ao aluno construir por si mesmo as ferramentas e, sobretudo, demasiado dependentes do "ocasional" para que seja levada em conta a preocupação com a coerência dos conhecimentos.

3) *O problema como recurso de aprendizagem* (modelo chamado "apropriativo")

A resolução de problemas como *fonte, local e critério da elaboração do saber*	Ação	• situação-problema (o aluno busca um procedimento de resolução)
	Formulação Validação	• formulação-confrontação dos procedimento, testagem
		• nova situação com diferentes obstáculos: novos procedimento, etc.
	Institucionalização	• nova ferramenta • exercitação • síntese, linguagem convencional • problemas: avaliação para o professor, ressignificação para o aluno

— é principalmente através da resolução de uma série de problemas escolhidos pelo professor que o aluno constrói seu saber, em interação com os outros alunos.
— a resolução de problemas (e não de simples exercícios) intervém assim desde o começo da aprendizagem.

OPÇÕES A FAVOR DE UMA SELEÇÃO

Estas opções apoiam-se em resultados de pesquisa e dependem, por um lado, de escolhas ideológicas. Elas baseiam-se na pergunta "como os alunos aprendem?".

1. *Os conhecimentos não se empilham, não se acumulam,* mas passam de estados de equilíbrio a estados de desequilíbrio, no transcurso dos quais os conhecimentos anteriores são questionados. Uma nova

fase de equilíbrio corresponde então a uma fase de reorganização dos conhecimentos, em que os novos saberes são integrados ao saber antigo, às vezes modificado (cf. Piaget).

Assim, um novo saber pode questionar as concepções do aluno originadas por um saber anterior: por exemplo, o estudo dos decimais deveria conduzir o aluno a questionar a ideia de que a multiplicação "aumenta" sempre (ideia que ele pode elaborar quando estuda os números naturais).

Do mesmo modo, um saber adquirido pode ser levado ao fracasso facilmente, ainda diante de modificações mínimas das variáveis da situação: como G. Vergnaud (1981) demonstrou que a "noção de soma" ou as estruturas aditivas não serão totalmente dominadas ainda durante muito tempo...

2. *O papel da ação na aprendizagem*
Piaget também destacou o papel da ação na construção de conceitos. De fato, trata-se de uma atividade própria do aluno que não é exercida obrigatoriamente pela manipulação de objetos materiais, mas de uma ação com uma finalidade, problematizada, que supõe uma dialética "pensamento-ação" muito diferente de uma simples manipulação guiada, que tende frequentemente a uma tarefa de constatação por parte do aluno... É importante sublinhar aqui o papel da "antecipação": a atividade matemática consiste com frequência na elaboração de uma estratégia, de um procedimento que permite antecipar o resultado de uma ação ainda não realizada ou não atual, a respeito da qual se dispõe de determinadas informações.

3. *Só existe aprendizagem quando o aluno percebe que existe um problema para resolver...*
...quer dizer, quando reconhece o novo conhecimento como meio de resposta a uma pergunta. Aqui também podemos recorrer a Piaget, para quem o reconhecimento não é simplesmente empírico (constatações a respeito do meio) e nem pré-elaborado (estruturas inatas), mas o resultado de uma interação sujeito-meio (cf. acima, ponto 2). O que dá *sentido* aos conceitos ou teorias são os problemas que eles ou elas permitem resolver.

Assim, é a resistência da situação que obriga o sujeito a adaptar-se, a modificar ou perceber os limites de seus conhecimentos anteriores e a elaborar novas ferramentas (ideias de conflito cognitivo). Será necessário levar isto em conta para a escolha das situações.

Dentro da mesma ótica, tende-se a preferir a motivação própria da atividade proposta (dificuldade que se deseja transpor, franquear) à motivação externa (necessidades da vida cotidiana, observação do meio) cujo interesse, porém, não deve ser descartado: neste caso, o problema é percebido como um desafio intelectual.

4. *As produções do aluno são uma informação sobre seu estágio de conhecimento*

Em particular, determinadas produções errôneas (ainda mais quando persistem) não correspondem a uma ausência do saber, mas a uma maneira de conhecer (que por vezes serviu em outros contextos) contra a qual o aluno deverá construir o novo conhecimento. O aluno jamais tem a cabeça vazia: não pode ser considerado como uma página em branco sobre a qual será suficiente imprimir conhecimentos corretos e bem enunciados.

5. *Os conceitos matemáticos não estão isolados*

É necessário falar de âmbitos de conceitos entrelaçados e que se consolidam mutuamente: daí a ideia de propor aos alunos campos de problemas que permitam a construção destas redes de conceitos, que convém elucidar previamente (tarefa que passa a ser fundamental...).

6. A *interação social é um elemento importante na aprendizagem*

Trata-se tanto da relação professor-aluno como das relações aluno-aluno, colocadas em ação nas atividades de formulação (dizer, descrever, expressar), de prova (convencer, questionar) ou de conflito sociocognitivo, principalmente entre iguais.

O TRIÂNGULO PROFESSOR-ALUNO-PROBLEMA

Tentaremos precisar as características destas relações no contexto de uma aprendizagem que se apoie na resolução de problemas.

Relação entre a situação-problema e os alunos

— A atividade deve propor um verdadeiro *problema por resolver* para o aluno: deve ser compreendido por todos os alunos (quer dizer, deve ser possível para eles prever o que pode ser uma resposta do problema).

— Deve permitir ao aluno *utilizar os conhecimentos anteriores*, não ficar desarmado diante da situação.
— No entanto, deve oferecer uma *resistência suficiente* para fazer com que o aluno evolua dos conhecimentos anteriores, questione-os e elabore novos (problema aberto à pesquisa do aluno, sentimento de desafio intelectual).
— Finalmente, é desejável que *a validação não venha do professor, mas da própria situação*.

Relação professor-aluno

Que percepção tem o aluno das *expectativas do professor*? As relações pedagógicas devem levar os alunos a perceber que é mais conveniente estabelecer eles mesmos a validade do que lhes afirmam, do que solicitar provas de terceiros.

— Uma distinção clara deve ser estabelecida *entre as contribuições do professor e as provas com que os alunos contribuem*.

Relação professor-situação

— Corresponde ao professor colocar a situação proposta no contexto da aprendizagem apontada, *distinguir o objetivo imediato dos objetivos mais longínquos,* escolher determinados parâmetros da situação (ideia de "variáveis didáticas" da situação).
— *O conhecimento considerado deve ser o mais apto* para resolver o problema proposto (desde o ponto de vista do aluno).
— Corresponde-lhe, também, observar as incompreensões, *os erros significativos,* e levá-los em conta para a elaboração de novas situações.
— Corresponde-lhe, enfim, *provocar ou fazer a síntese*.

QUE PROBLEMAS E QUE AÇÃO PEDAGÓGICA ESCOLHER?

Inicialmente, uma explicação: o *termo "problema"*, que tem sido utilizado aqui, não se reduz à situação proposta (enunciado-pergunta). Define-se melhor como uma tríade: situação-aluno-meio. Só há problema se o aluno percebe uma dificuldade: uma determinada situação, que "provoca problema" para um determinado aluno pode ser resolvida imediatamente por outro (e então não será percebida por este último como sendo um problema). Há então, uma ideia de obstáculo a ser superado. Por fim, o meio é um elemento do problema, particularmente as condições didáticas da resolução (organização da aula, intercâmbios, expectativas explícitas ou implícitas do professor).

Sem dúvida, convém diferenciar *os objetivos da atividade de resolução de problemas:*

— Objetivos de ordem "metodológica": em uma palavra, "aprender a resolver problemas, a pesquisar". O objetivo está, de alguma maneira, na própria atividade (cf. prática do "problema aberto" descrito pelo IREM de Lyon);
— Objetivos de ordem "cognitiva": dirige-se a um conhecimento (noção, algoritmo) através da atividade de resolução de problemas. Pode-se então, deste ponto de vista, distinguir entre os problemas que se situam na fonte de uma nova aprendizagem e aqueles que são utilizados como problemas de ressignificação.

A partir desta última perspectiva, podem ser consideradas algumas questões que são formuladas ao professor a respeito de um determinado conhecimento:

— Escolha entre ensinar ou não uma determinada concepção do conhecimento considerado (problemas de transposição didática): quais são as concepções levadas em conta (estado atual deste conhecimento, de seu ensino, estados anteriores, evolução histórica, aspectos diferentes); assuntos de epistemologia; quais são as concepções possíveis, com alunos de um determinado nível de ensino, em relação aos níveis precedentes e seguintes, de que tipo de saber se trata (formal, descritivo ou operativo, funcional)?
— Escolha da situação, ou melhor, da série de situações a propor aos alunos. A ideia de obstáculo aqui é importante: sem os conhecimentos anteriores adequados para resolver o problema, não há interesse para motivar uma nova ferramenta. A escolha é difícil: é necessário não desmobilizar o aluno com uma dificuldade grande demais, nem dar a impressão de "derrubar portas com uma escavadora".
— Escolha de uma ação pedagógica. Não existem soluções-padrão ou típicas, porém se pode antecipar, como a maioria dos didatas atuais, uma estratégia de referência que envolva várias etapas: pesquisar individualmente e/ou em grupos, enunciar oralmente

ou por escrito, validar, institucionalizar (identificação do saber, convenções para a linguagem, as anotações ou os apontamentos), avaliar, num processo que pode estender-se a várias sessões ou aulas e inclusive utilizar várias situações-problema.

BIBLIOGRAFIA

Audigier, M. N. e Colomb J., "Enquête sur l' enseignement des mathématiques à l'école elementaire", Paris, INRP, 1979.

Brousseau, G.: "Les obstacles epistémologiques et les problémes d'enseignement", *Recherches en didactique des didactique des mathématiques* (La Pensée Sauvage), 1983, nº 4.2., p.170.

Dahan-Dalmedico, A., e Peiffer, J.: *Une historie des mathématiques*, Paris, Le Seuil, p. 9.

Equipe Math. INRP: "Comment font-ils? L' écolier et le problème de mathématiques", *Rencontres Pédagogiques*, Paris, 1984, nº 4.

ERMEL: "Apprentissages mathématiques à l'école elementaire", cycle moyen (SERMA-PHATIER), 3 tomos, 1982.

IREM de Lyon, "La pratique du problème ouvert", Universidad e Claude Bernard, Villeurbanne, s/f.

Vergnaud, G., "Quelques orientations theoriques et methodologiques des recherches françaises en didactique des mathématiques", *Recherches en didactique des mathematiques*. (La Pensée Sauvage), 1981, nº 22, p. 220.

4

Os diferentes papéis do professor[1]

Guy Brousseau

CONTEXTUALIZAÇÃO E DESCONTEXTUALIZAÇÃO DO SABER

O matemático não comunica seus resultados tal como os obteve, mas os reorganiza, lhes dá a forma mais geral possível; realiza uma "didática prática" que consiste em dar ao saber uma forma comunicável, descontextualizada, despersonalizada, fora de um contexto temporal.

O professor realiza primeiro o trabalho inverso ao do cientista, uma recontextualização do saber: procura situações que deem sentido aos conhecimentos que devem ser ensinados. Porém, se a fase de personalização funcionou bem, quando o aluno respondeu às situações propostas não sabia que o que "produziu" é um conhecimento que poderá utilizar em outras ocasiões. Para transformar suas respostas e seus conhecimentos em saber deverá, com a ajuda do professor, redespersonalizar e redescontextualizar o saber que produziu, para poder reconhecer no que fez algo que tenha caráter universal, um conhecimento cultural reutilizável.

Podem ser vistas aqui as duas partes, bastante contraditórias, do papel do professor: fazer viver o conhecimento, fazê-lo ser produzido por parte dos alunos como resposta razoável a uma situação familiar e, ainda, transformar essa "resposta razoável" em um "fato cognitivo extraordinário", identificado, reconhecido a partir do exterior.

---

[1] Corresponde ao texto de uma conferência pronunciada na UQAM, na quinta-feira, 21 de janeiro de 1988, Canadá. Tradução do francês de Maria Emilia Quaranta, reproduzido com autorização do autor.

Para o professor, é grande a tentação de pular estas duas fases e ensinar diretamente o saber como objeto cultural, evitando este duplo movimento. Neste caso, apresenta-se o saber e o aluno se apropria dele como puder.

DEVOLUÇÃO DO PROBLEMA E "DESDIDATIFICAÇÃO"

Considerar a aprendizagem como uma modificação do conhecimento que o aluno deve produzir por si mesmo e que o professor só deve provocar nos leva aos raciocínios seguintes.

Para fazer funcionar um conhecimento no aluno, o professor busca uma situação apropriada; para que seja uma situação de aprendizagem, é necessário que a resposta inicial que o aluno pensa frente à pergunta formulada não seja a que desejamos ensinar-lhe: se fosse necessário possuir o conhecimento a ser ensinado para poder responder, não se trataria de uma situação de aprendizagem. A "resposta inicial" só deve permitir ao aluno utilizar uma estratégia de base com a ajuda de seus conhecimentos anteriores; porém, muito rapidamente, esta estratégia deveria mostrar-se suficientemente ineficaz para que o aluno se veja obrigado a realizar acomodações — quer dizer, modificações de seu sistema de conhecimentos — para responder à situação proposta. Quanto mais profundas sejam as modificações dos conhecimentos, mais a situação deve "valer o que custa"; quer dizer, deve permitir mais ainda uma interação prolongada e ser visivelmente geral ou simbólica.

O trabalho do professor consiste, então, em propor ao aluno uma situação de aprendizagem para que elabore seus conhecimentos como resposta pessoal a uma pergunta, e os faça funcionar ou os modifique como resposta às exigências do meio e não a um desejo do professor. Há uma grande diferença entre adaptar-se a um problema formulado pelo meio e adaptar-se ao desejo do professor. A significação do conhecimento é completamente diferente. Uma situação de aprendizagem é uma situação onde o que se faz tem um caráter de necessidade em relação a obrigações que não são arbitrárias nem didáticas. No entanto, toda situação didática contém algo de intenção e desejo do professor.

É necessário que o professor consiga que o aluno esqueça os pressupostos didáticos da situação. Sem isso, entenderá a situação como justificada somente pelo desejo do professor. Entretanto, esta compreensão sempre existe.

Todos tendemos a compreender o que nos acontece na vida como algo organizado para nós, ou para dar-nos uma lição. Para que uma criança entenda uma situação como uma necessidade independente da vontade do professor, é necessária uma construção epistemológica cognitiva intencional. A resolução do problema se torna, então, responsabilidade do aluno, que deve procurar obter um determinado resultado. Não é fácil. É necessário que o aluno tenha um projeto e aceite sua responsabilidade.

Não basta "comunicar" um problema a um aluno, para que esse problema se converta em *seu* problema e ele se sinta o único responsável de resolvê-lo. Também não basta que o aluno aceite essa responsabilidade para que o problema que resolva seja um problema "universal", livre de pressupostos subjetivos.

Denominamos "devolução" a atividade por intermédio da qual o professor tenta alcançar ambos os resultados.

Um exemplo da devolução de uma situação adidática

Num jogo de microcomputador, crianças pequenas (5 anos) devem conduzir com a caneta ótica, um a um, coelhos a um prado e patos a uma lagoa. As regras de tal manipulação não apresentam dificuldades insuperáveis para tal idade. As crianças podem interpretar que o desaparecimento e logo reaparição de um animal em outro lugar corresponde a um deslocamento. Porém, logo formula-se algo mais que uma manipulação, segundo as regras do jogo: o professor quer que o aluno assinale *todos* os coelhos, um atrás do outro, de uma só vez, *antes* de levá-los ao prado, para desenvolver nele a enumeração de uma coleção. A série de operações a realizar não está presente no enunciado; fica a cargo do aluno. A devolução desta tarefa é levada a cabo em etapas.

Primeira etapa: abordagem puramente lúdica

Os alunos ainda não compreenderam que, entre os resultados do jogo, alguns são desejáveis — todos os coelhos vão ao prado e dançam em uma pequena roda — e outros não o são — os coelhos esquecidos ficam vermelhos e emitem grunhidos.

As crianças brincam, "cutucam" os coelhos e estão contentes de provocar um efeito, qualquer que seja.

Segunda etapa: devolução[2] de uma preferência

Os alunos compreenderam bem qual é o efeito desejado (por exemplo, foi eliminado todo efeito de falsas manipulações), porém atribuem os resultados, certos ou errados, a uma espécie de fatalidade ou azar.

Este tipo de interpretação é adequado para muitos jogos: na "batalha" ou na "corrida de cavalos" o prazer nasce de esperar o que a sorte oferece, enquanto que o jogador não toma nenhuma decisão.

Terceira etapa: devolução de uma responsabilidade e de uma causalidade

Para aceitar sua responsabilidade no que está acontecendo, o aluno deve considerar o que faz como uma escolha entre diversas possibilidades, para poder pensar em uma relação de causalidade entre as decisões que;tomou e seus resultados.

Nesta etapa, os alunos podem pensar *a posteriori* que o desenvolvimento do jogo poderia ter sido diferente. Isso supõe que podem lembrar algumas de suas ações e, mais precisamente, o que era pertinente ou não.

Esta devolução é delicada: a maioria das crianças aceita facilmente do professor a ideia de que são responsáveis pelo resultado do jogo, ainda que sejam incapazes de estabelecer, nesse momento, que teriam podido obter um melhor resultado, com uma escolha correta de sua parte. Portanto, unicamente o conhecimento dessa relação justifica a transferência de responsabilidade.

Se o aluno resolve rapidamente o problema, o fato de ter aceitado *a priori* o princípio de sua responsabilidade não é mais que um preâmbulo necessário para a aprendizagem. Esta última logo justificará tal responsabilização, dando ao aluno os meios para assumi-la e, finalmente, escapar da culpa.

Porém, para o aluno que não pode superar a dificuldade e relacionar, por intermédio do conhecimento, sua ação com os resultados obtidos, a responsabilidade deve ser renegociada sob pena de provocar sentimentos de culpa e injustiça, rapidamente prejudiciais para aprendizagens posteriores e para a própria noção de causalidade.

---

[2] A devolução era um ato pelo qual o rei — por direito divino — abandonava seu poder para remetê-lo a uma câmara. A "devolução" significa: "já não se trata de minha vontade, mas do que vocês devem querer, porém, eu lhes confiro este direito porque vocês não podem reivindicá-lo por si mesmos".

Quarta etapa: devolução da antecipação

A relação entre a decisão e o resultado deve ser pensada *antes* da decisão. O aluno se encarrega então das antecipações, que incluem toda intervenção oculta. Ainda que não tenha sido totalmente dominada, esta antecipação é considerada como responsabilidade cognitiva do jogador, e não só como sua responsabilidade social.

Quinta etapa: devolução da situação adidática

Para ter êxito no jogo dos coelhos, o aluno deve enumerar uma coleção. Porém, não basta que o faça uma vez "por acaso". Deve saber reproduzi-lo à vontade, em diferentes circunstâncias. É necessário que esteja consciente deste poder de reprodução e conheça, ao menos intuitivamente, as condições que lhe permitem boas possibilidades de êxito. O aluno deve reconhecer os jogos que acaba de aprender a jogar. Porém o que sabe fazer não lhe ficou denominado, identificado, nem, sobretudo, descrito como procedimento "estabelecido". Assim, a devolução não se faz sobre o objeto do ensino, mas sobre as situações que o caracterizam. Este exemplo foi escolhido por um distinguir bem os diferentes componentes da devolução. A enumeração não é um conceito matemático de muito peso cultural. Somente intervém no ensino, muito tempo depois, com linguagens e problemáticas diferentes, nem o vocabulário nem os conhecimentos formais vêm, pois, perturbar o objeto de ensino.

A criança, antes desta aprendizagem, podia "contar" coleções, movimentando os objetos ou marcando-os de maneira a ter sempre uma materialização fácil do conjunto que está por enumerar.

Porém aqui ela deve realizar a mesma tarefa mentalmente. Suas representações devem ampliar-se a um controle intelectual muito mais complexo: buscar um coelho fácil de encontrar, depois outro, de maneira a lembrar que esses dois já foram tomados; buscar outro, bastante perto dos primeiros e que forme com eles uma disposição (pequeno agrupamento, fila, etc.) que permita não perdê-los de vista enquanto procura um quarto coelho, que por sua vez entra no agrupamento para que não se volte a apanhar um coelho já pego e para poder saber quantos ainda faltam, etc.

Esta "tarefa" não pode ser descrita como um procedimento e nem mesmo mostrada, porque contar um agrupamento frente a uma criança não lhe oferece nenhuma ideia sobre os meios de controle que deve adquirir.

Neste exemplo, a devolução da situação adidática pode ser observada independentemente da devolução do objeto de ensino (que não pode ter lugar nesse momento). Nem o professor nem o aluno podem identificar o que está sendo ensinado, o que deve ser conhecido ou sabido, a não ser pelo êxito de uma tarefa complexa.

Um pouco mais tarde as enumerações, como também as produções, poderão tornar-se objetos de estudo para o aluno. Este poderá reconhecer as que são semelhantes ou diferentes, as corretas ou as que fracassa..., conceber e comparar métodos..., e conhecer — depois — o objeto de ensino vinculado ao jogo dos coelhos. Poderá abordar problemas de contas e combinações mais semelhantes aos problemas científicos, e definir, então, o que deve resolver e o que lhe é exigido saber. Estas devoluções de objetos de estudo, objetos de saber e objetos de ensino deveriam poder ser interpretadas como devoluções de situações adidáticas de outro tipo.

A ideia de que existiriam situações de aprendizagem que deveriam funcionar pelas próprias virtudes do aluno e da situação, sem que a intervenção do professor seja dirigida ao conteúdo da aquisição, é uma ideia estranha para os professores, como também para os alunos, e necessita ser construída. A "desdidatificação" das situações didáticas é uma atividade voluntária do professor.

Encontramos aqui outro paradoxo. Quanto mais o professor ocupa o lugar das crianças, mais contraria seu projeto. Não pode dizer aos alunos o que quer obter deles, já que se o diz e os alunos o fazem, não será porque o tenham pensado. Nesse caso, os alunos não se apropriaram da pergunta, simplesmente fizeram o que o professor desejava. O professor tenta obter algo que não pode dizer, por meios que não pode anunciar. E a dialética é a teoria desse funcionamento "ortogonal" de dois sistemas: o do aluno e o do professor.

O conhecimento deve permitir a antecipação. A situação, pois, deve "exigir" que o conhecimento funcione como meio de antecipação.

Tomemos um exemplo no qual se vê o docente encarregar-se de toda uma série de decisões que deveriam corresponder ao aluno: no nível inicial, realizam-se classificações de cartas que representam objetos de diferentes cores. A professora preparou um quadro e diz: "O que vamos colocar neste lugar? Está na fila dos barcos e na coluna dos amarelos"; "Um barco", diz o aluno; "Sim, mas que barco?"; "Um barco amarelo"; "Certo, quem tem o barco amarelo? Traz o barco amarelo". O que fez o aluno? Antecipou um resultado? Fez funcionar a vinculação? Propriedades? Quem realizou o trabalho?

Se uma situação leva o aluno à solução como um trem em seus trilhos, qual é a sua liberdade de construir seu conhecimento? Nenhuma.

A situação didática deve conduzir o aluno a fazer o que se busca, porém, ao mesmo tempo, não deve conduzi-lo. Isto porque se a resposta se deve exclusivamente às virtudes da situação, nada deve às "qualidades" do aluno. Dito de outra maneira, deve ser definida a distância que existe entre a determinação, por parte da situação, do que o aluno deve fazer e a determinação, por parte do aluno, do que deve acontecer.

Será necessário que o conhecimento intervenha como antecipação e não progressivamente como resposta. Ao contrário, se o professor não tem intenção, projeto, problema ou situação elaborada, a criança não fará nem aprenderá nada; e nem por isso se verá livre do peso do desejo do professor.

A didática não consiste em oferecer um modelo para o ensino, mas sim em produzir um âmbito de questões que permita colocar à prova qualquer situação de ensino, corrigir e melhorar as que forem produzidas, formular perguntas a respeito dos acontecimentos.

Os primeiros trabalhos permitiram distinções que considero muito úteis para aproximar-nos dos problemas do ensino em função de um caráter do conhecimento (caráter "explícito" ou não). Isto colocou a apresentação em termos de situações de ação, formulação e prova. A teoria das situações organiza uma leitura dos fatos didáticos, permite aperfeiçoar as aulas. Porém, existem casos em que organizar uma situação de ação para um problema criará um obstáculo para sua resolução. Não é necessário organizar ações sempre e para qualquer conhecimento. Uma situação de ação não é automaticamente benéfica para fazer avançar o raciocínio do aluno. Não rejeito de maneira alguma esta teoria, porém não gostaria que fosse utilizada de forma mecânica.

INSTITUCIONALIZAÇÃO

a) Os conhecimentos

Em primeiro lugar, lembremos nosso projeto inicial: a escolha das condições do ensino que acabamos de mencionar se justifica essencialmente pela necessidade de dar um sentido aos conhecimentos.

O sentido de um conhecimento se compõe:

— da trama de *raciocínios e provas* nos quais está inserido, incluindo, evidentemente, os vestígios das situações de prova que motivaram tais raciocínios;

— da trama de *reformulações e formalizações* com a ajuda das quais o aluno pode manipulá-lo, junto com uma determinada ideia das condições de comunicação que as acompanham;
— de *modelos implícitos* associados a ele — seja porque o conhecimento os produz ou porque resulta deles — e os vestígios das situações de ação que os fazem funcionar ou, simplesmente, os contextualizam;
— e das *relações mais ou menos assumidas* entre estes diferentes componentes, relações essencialmente dialéticas. Por exemplo, a concatenação "pergunta/resposta": as perguntas tendem a se articular entre si, independentemente das respostas recebidas, e as respostas fazem o mesmo por seu lado. Articular "boas" respostas com "boas" perguntas leva a reformular, alternativa e pertinentemente (diríamos dialeticamente), umas e outras.

Os diferentes tipos de situações cujas devoluções mencionamos, têm por objetivo fazer com que o próprio aluno confira sentido aos conhecimentos que manipula conjugando estes diferentes componentes.

Por um instante acreditamos haver considerado com elas todas as classes possíveis de situações. Porém, em nossas experiências nas escolas Jules Michelet, vimos que, em um determinado momento, os professores necessitavam reservar-se um espaço; não queriam passar de um assunto temático ao seguinte, e desejavam deter-se para "rever o que tinham feito", antes de continuar: "alguns alunos se perdem, isto não serve mais, é preciso fazer alguma coisa". Foi preciso um tempo para que nos déssemos conta de que os professores se viam realmente obrigados a fazer algo, por razões às quais era necessário dar uma explicação.

As situações adidáticas são as situações de aprendizagem nas quais o professor consegue fazer desaparecer sua vontade, suas intervenções, enquanto informações determinantes do que o aluno fará: são as que funcionam sem a intervenção do professor no nível dos conhecimentos. Temos criado situações adidáticas de todo tipo. O professor estava ali para fazer funcionar a máquina, porém, em relação ao próprio conhecimento, suas intervenções estavam praticamente anuladas. Tínhamos situações de aprendizagem no sentido dos psicólogos, e podíamos pensar que tínhamos reduzido o ensino a sucessões de aprendizagens. Agora, estávamos obrigados a nos perguntar o que justificava esta resistência dos professores a reduzir totalmente a aprendizagem aos processos que tínhamos pensado. Não se tratava de julgá-los, nem a eles nem aos métodos, mas de *compreender* o que legitimamente tinham necessidade de fazer e porque necessitavam fazê-lo um pouco às escondidas dos pesquisadores.

Foi assim que "descobrimos" (!) o que fazem todos os professores em suas aulas, mas que nosso esforço de sistematização tinha tornado inconfessável: devem tomar nota do que fazem os alunos, devem descrever o que aconteceu e o que tem relação com o conhecimento que se deseja obter, conferir determinado *status* aos acontecimentos da aula, como resultado do aluno e como resultado do docente, assumir um objeto de ensino, identificá-lo, relacionar estas produções com os conhecimentos dos outros (culturais, ou como parte do programa), indicar que eles podem ser reutilizados.

O professor tinha que constatar o que os alunos *deviam* fazer (e refazer) ou não, tinham aprendido ou deveriam aprender.

Esta atividade é iniludível: não se pode reduzir o ensino à organização de aprendizagens.

A consideração "oficial" do objeto do ensino por parte do aluno, e da aprendizagem do aluno por parte do professor, é um fenômeno social muito importante e uma fase essencial do processo didático: este duplo reconhecimento constitui o objeto da INSTITUCIONALIZAÇÃO.

O papel do professor também consiste em institucionalizar! A institucionalização se realiza tanto sobre uma situação de ação — reconhece-se o valor de um procedimento que se converterá em um recurso de referência — como também sobre uma situação de formulação. Há formulações que serão conservadas ("isto se diz assim", "aquilo deve ser lembrado"). O mesmo acontece com as provas: é necessário identificar o que será retido das propriedades dos objetivos que encontramos.

Naturalmente, tudo pode ser reduzido à institucionalização. As situações de ensino tradicionais são situações de institucionalização, porém sem que o professor se ocupe da criação do sentido: se diz o que se deseja que o aluno saiba, explica-se a ele e verifica-se o que aprendeu. No começo, os pesquisadores estavam um pouco perturbados pelas situações adidáticas, porque era o que mais faltava no ensino tradicional.

b) O sentido

Existe outro aspecto do qual demoramos a tomar consciência: nossa concepção inicial, implicitamente, sustentava que as situações de aprendizagem são o portador quase exclusivo do conhecimento dos alunos. Esta ideia surge de uma concepção epistemológica muito discutível, uma ideia empirista da construção do conhecimento: o aluno colocado diante de uma situação bem escolhida, em contato com certo tipo de realidade, deveria construir seu saber idêntico ao saber humano de sua época. Esta realidade pode ser uma realidade material em uma situação de ação, ou uma realidade social em uma situação de comunicação ou de prova. Sabe-se bem que é o professor que escolhe as situações que apontam para determinado conhecimento; porém este conhecimento poderia coincidir com o sentido "comum"? O aluno teria "construído um sentido", porém, era institucionalizável? Poder-se-ia proceder a uma institucionalização dos conhecimentos, porém não do sentido. O sentido, diante de determinada situação, não é recuperável pelos alunos: diante de uma mudança de professor, o novo professor não sabe o que foi feito. Se queremos retomar o que aconteceu, é necessário que tenhamos conceitos para isso, que esses conceitos sejam universais, e possam ser mobilizados junto com outros.

O sentido também deve ser um pouco institucionalizado. Logo veremos como. O mais difícil do papel do professor é dar um sentido aos conhecimentos e, sobretudo, reconhecê-lo. Não existe uma definição canônica do sentido. Por exemplo, há razões sociais que fazem com que os professores adiram ao ensino do algoritmo da divisão. Todas as reformas tentaram atuar sobre a compreensão e o sentido, porém em geral fracassaram, e o objetivo da reforma aparece como contraditório com o ensino dos algoritmos. Os professores voltam ao que é negociável, quer dizer, à aprendizagem formal e dogmática dos conhecimentos, porque é possível identificar o momento em que foi realizado na sociedade. Existe a ideia de que os conhecimentos podem ser ensinados, porém que a compreensão é de responsabilidade dos alunos. Assim, pode-se ensinar o algoritmo e os "bons professores" rapidamente tentam dar-lhe um sentido. Esta diferença entre forma e sentido faz com que seja difícil conceber não só uma técnica para ensinar o sentido, mas também um contrato didático a respeito. Dito de outra maneira, não podemos pedir aos professores que utilizem uma situação de ação, formulação ou prova se não encontrarmos um recurso que lhes permita negociar o contrato didático vinculado a esta atividade; isto é, se não podemos negociar em termos utilizáveis esta ação de ensino.

Um exemplo da geometria: suponhamos que queremos favorecer o domínio por parte do aluno de suas relações com o espaço. Será difícil negociar este objetivo, a não ser nas aulas dos alunos menores, pois aí ainda não existe a geometria como objeto de saber. Há uma confusão entre estes dois aspectos: não é verdade que a geometria se refere às relações com o espaço.

Existe um determinado número de conceitos matemáticos que não são de interesse para os matemáticos — porém seriam para a didática — e não têm, por isso, *status* cultural ou social: por exemplo, a enumeração de uma coleção não é um conceito matemático importante e, no entanto, é um conceito importante para o ensino. A didática tem o direito de introduzir no âmbito da matemática conceitos que lhe são necessários? É um assunto que deveria ser debatido com a comunidade matemática e com outras comunidades científicas.

A negociação por parte dos professores do ensino da compreensão e do sentido apresenta um verdadeiro problema didático: problema técnico e teórico de contrato didático. Como definir, negociar o objeto da atividade, com o público, com o professor, com o aluno, com os outros professores?

Por exemplo, vocês sabem que existem várias divisões, porém só possuímos uma palavra para nos referirmos a elas. De fato, a divisão nos números inteiros e a divisão nos números decimais... dependem de concepções diferentes, o que provoca muitos problemas. Os professores necessitam ter um objeto que seria denominado "o sentido da divisão", sobre o qual poderia dizer que estão trabalhando.

Nossa intenção é oferecer um modelo didático do sentido, negociável entre o professor e o aluno, e que permita fazer o aluno trabalhar sobre o significado da divisão, com um vocabulário com conceitos que sejam aceitáveis e desenvolvam realmente seu conhecimento; quer dizer, situações onde realizem divisões. Esse significado envolve classificações, recursos, terminologia. Porém, existe um risco em um trabalho desta natureza: desenvolver um espécie de pseudoconhecimento ou desconhecimento inútil.

Não devemos pensar que a didática consiste somente em apresentar como descobertas o que fazem as crianças pequenas. É necessário resolver problemas mediante conhecimentos teóricos e recursos técnicos. É necessário propor algo para atuar sobre alguns fenômenos de ensino; porém, primeiro, é necessário identificá-los e explicá-los. O trabalho de gestão do sentido do contrato didático, em relação ao sentido por parte do professor ou entre professores de níveis diferentes, é um problema teórico delicado e um dos principais desafios da didática. Atualmente, professores de diferentes níveis oferecem conclusões que tendem a produzir uma anulação das atividades do nível inferior em relação às atividades mais formais, porque não podem negociar outra coisa.

A recuperação por parte de um professor de conhecimentos anteriores não institucionalizados é algo muito difícil. Para fabricar conhecimentos novos, pode utilizar alguns conhecimentos que ele mesmo tentou introduzir. Não é fácil! Porém, quando estes conhecimentos não foram introduzidos por ele e começam a funcionar, os problemas se tornam quase insuperáveis: a única maneira de sair desse impasse é pedindo aos professores dos níveis inferiores que ensinem, de maneira basicamente formal, os saberes que o professor dos níveis superiores pode identificar e que possam servir-lhe explicitamente para construir o que quer ensinar.

Não sabemos muito a respeito das interações entre as situações didáticas; como são organizadas no tempo? Devemos, então, desenvolver nossa concepção da construção do sentido.

c) Epistemologia

Outro papel do professor consiste em assumir uma epistemologia; por exemplo, os pedagogos preconizam a busca de situações que permitam colocar a criança em contato com problemas reais. Porém, quanto mais esse contato com a realidade realiza a situação de ação, mais complexos são os problemas de *status* do conhecimento. Se o professor não tem um bom controle de suas concepções epistemológicas em relação a este tipo de situação, mais carregados de consequências estarão seus erros.

De fato, ao mesmo tempo que ensina um saber, o professor recomenda como usá-lo. Manifesta assim uma posição epistemológica, que o aluno adota muito mais rapidamente porque a mensagem permanece implícita ou ainda inconsciente. Infelizmente, essa posição epistemológica é difícil de ser identificada, assumida e controlada, e por outro lado, parece desempenhar um papel importante na qualidade dos conhecimentos adquiridos.

Para mostrar, ao mesmo tempo, a importância e a dificuldade do papel epistemológico do professor, vamos utilizar como exemplo a medição: quando trata-se de contar um conjunto finito ou calcular o preço de um campo, a maioria das atividades matemáticas na escola primária se utiliza de uma passagem pela realidade ou da ficção de uma medição. É, então, uma noção importante para a escolaridade obrigatória.

No entanto, a medição efetiva é uma prática complexa em que as manipulações de instrumentos, o emprego das estruturas numéricas e os conhecimentos matemáticos básicos necessários só podem justificar-se elucidando realmente problemas muito mais complexos como, por exemplo, a aproximação e os cálculos de erros.

A solução clássica consiste em não evitar, na relação didática, dificuldades alheias ao conhecimento que finalmente deve ser aprendido em determinado momento. É necessário ensinar, então, sucessiva e sobretudo separadamente, os diferentes conhecimentos necessários, começando pelos "mais simples". Por isso, nenhum conhecimento poderá ser justificado no momento da aprendizagem pelo problema amplo a resolver. As justificativas provisórias ou parciais, ainda incompatíveis, misturar-se-iam, se contaminariam sem modificar-se nem adaptar-se realmente. Mesmo que os conhecimentos explícitos possam permanecer sob a vigilância epistemológica dos matemáticos, seu sentido, em particular suas possibilidades de emprego (por parte do aluno), ver-se-á profundamente afetado, como também o papel do saber na atividade do aluno.

A respeito desta hipótese, a opção tomada, sem controle da fragmentação dos conhecimentos, conduz a privá-los de suas possibilidades de funcionamento.

A noção de medida é introduzida tendo como único exemplo a medida dos números cardinais finitos, ilustrada com diversas medidas simples.

Se o aluno considera que 3 + 4 = 6, o professor não lhe diz que errou por pouco, mas que seu resultado é comprovadamente falso. Para cada medição existe um valor verdadeiro para uma medida exata e única. O resultado calculado coincide perfeitamente com o resultado "observado".

A construção das estruturas numéricas em (Q+; D+; R+) se realiza de maneira a não questionar esse modelo.

Então, as medições efetivas devem alternar-se. Para não se contradizer, o professor deve evitar algumas confrontações entre o cálculo e a realidade, e deve condicionar especialmente as outras.

Por exemplo: o cálculo oferece uma precisão ridícula diante das possibilidades de medição efetiva? Então, o professor impõe uma convenção de precisão padrão (retorno implícito aos números naturais) ou escolhe os dados para que o cálculo resulte exato.

Na confrontação de uma previsão calculada e uma medição efetiva, o valor calculado é considerado correto e a medição mais ou menos "boa" segundo a amplitude de erro constatado (!). Isto evidencia a habilidade da pessoa que mede. O erro é, então, algo assim como uma falta, uma insuficiência do sistema, incluindo uma ruptura de contrato por parte do professor que escapa, de maneira imprudente e cômoda, dos problemas onde o real só é evocado e, portanto, negociável.

Nesse modelo, as medições efetivas jamais devem ser objeto de operações porque se desconhece o cálculo diferencial aplicado ao cálculo de erros. Deste modo, os dados de um problema raramente são objeto de uma medição. Assim mesmo, nunca se realiza uma real antecipação de uma observação; em consequência, não se questiona a teoria nem seus pressupostos determinantes.

Desta forma, um aluno só poderá começar a considerar medições *efetivas* com uma compreensão conveniente da teoria que subjaz à sua ação e um domínio satisfatório das técnicas necessárias, *depois* de haver trabalhado seriamente com análise, integrais, diferenciais e cálculo de erro, cálculos de probabilidades, etc.

Antes desse momento,

- as medições não deverão ser efetivas (somente evocadas em um enunciado, por exemplo);
- ou deverão se realizar em situações muito particulares (conjuntos finitos, medidas simples, etc.);
- ou não deverão ficar sob o controle da compreensão do aluno em uma situação de referência conveniente.

Em todos estes casos, o professor se vê obrigado a ocultar ou tratar metaforicamente as questões que dizem respeito às relações entre *os números que se utilizam nas medidas* e *as magnitudes físicas que eles representam*, em particular as questões de saber quais operações sobre os números permitem prever o que sobre as magnitudes físicas e, finalmente, as questões sobre as relações entre a teoria e a prática.

Daí resulta uma posição epistemológica errada, e, sobretudo, puramente ideológica e aceita como inevitável.

Este "divórcio" entre os conceitos matemáticos ensinados e as atividades efetivas dos alunos é mal vivido pelos docentes. Estes tentam reduzi-lo e lutam contra o desaparecimento das atividades efetivas dos alunos e dos contratos com a realidade. Por diferentes razões, esses movimentos pedagógicos se apoiaram em pressupostos ideológicos tais como:

— "a atividade, a efetividade, fazem compreender e aprender melhor" (a mão forma o cérebro);
— "a realidade evita erros de compreensão" (empirismo/realismo);
— "a utilidade, o concreto, *motivam* o aluno".

Afirmo que o efeito desses movimentos tem sido o oposto do esperado: o conflito teoria/prática nunca esteve tão exacerbado. Tem-se aprofundado o abismo entre os professores e o saber. Muitos professores do ensino primário estão convencidos de que a teoria, o "saber oficial", é um discurso, uma convenção, de uma eficácia relativa ou duvidosa ao qual podemos aportar todos os condicionamentos pessoais ou substituir por outros saberes "paralelos". A oposição da racionalidade, a ciência, e ainda o saber como meio para apreender a realidade se desenvolveram ao mesmo tempo e nos mesmos ambientes que esses movimentos pedagógicos.

Para fundamentar a relação causa-efeito entre esses dois fenômenos se faz necessária uma breve análise didática.

Em primeiro lugar, "a realidade" é muito mais difícil de "compreender" que uma teoria. Somente pode suscitar conhecimentos precisos, ou corrigir erros, através de uma organização específica e muito restrita da atividade do aluno. O conhecimento das situações didáticas e a epistemologia são indispensáveis. Sem técnica didática, se "consome" naturalmente mais motivação do que a que se produz. A utilidade imediata é só um fator de motivação, entre outros conhecimentos, e nada mais. A utilidade a longo prazo (como "a matemática" para a física) é uma motivação muito débil. Sem a mediação epistemológica e didática, as declarações fundamentais resultam falsas.

Porém, os professores que multiplicam experiências e mediações efetivas não estarão mais bem preparados para tratar suas consequências. Pelo contrário, esperam maior compreensão por parte dos alunos, em situações na realidade mais obscuras ("Observe..., não vê?). Os alunos multiplicam suas medições, porém, se só "deve existir" um único valor, deverá ser escolhido finalmente como uma convenção social (portanto, duvidosa) ou como uma verdade garantida pelo professor.

A cada momento, o professor deve violar secretamente as relações teoria/prática que suas convicções pedagógicas lhe fazem professar. Deve forçar a teoria a se apresentar revestida de uma realidade, e deve de fato falsear ou negociar sua utilização, manipular as motivações do aluno para obter simulações e, como tal surgimento deva ser inexorável, tende a admitir que a realidade é transparente e a teoria evidente...

O aluno não leva a melhor: suas melhores manipulações não lhe garantem a certeza nem o saber, que lhe chega por outro caminho. Só lhe ficam a angústia, o erro, a decepção e a convicção de que a teoria só funciona, no melhor dos casos, quando a utiliza o professor..., e ainda então..., não se trataria só de uma convenção?

O professor termina por pensar como seus alunos.

Seria necessário um estudo mais profundo para mostrar como um movimento cultural, da importância dos que mencionamos, se nutre e amplifica, entre outras fontes, nas relações didáticas locais.

Vejamos se existe uma alternativa para a solução clássica, e se o professor pode assumir uma posição epistemológica melhor no problema da medição. Não tratamos de oferecer uma solução, mas somente um contraexemplo:

Em um CM1[3] a professora dá uma das últimas aulas sobre medidas.

---
[3] Quarta série do primeiro grau.

Tem um grande recipiente vazio, um copo, uma balança, alguns pesos e um balde. Diz: "observem, derramo um copo de água neste recipiente. Um de vocês vai vir para pesar tudo. Que peso encontraremos?"

Para os alunos, trata-se de uma adivinhação, uma estimativa. Escrevem suas previsões em seus cadernos. Um aluno realiza uma pesagem dupla. "Isto pesa 225g", diz. Cada um dos alunos compara com sua antecipação. Professora: "quem acertou?". Toma alguns resultados e os escreve no quadro negro. Professora: "Quem fez a melhor previsão? E a pior?". Sem dificuldade, os alunos utilizavam o valor absoluto da diferença.

Professora: "Olhem, agora derramo um segundo copo de água no recipiente. Que peso encontraremos agora?". Alguns alunos multiplicam 225g por 2, porém outros acham que há uma armadilha e tentam corrigir sua previsão. Sem comentários nem levantamento de previsões. A pesagem desta vez indica 282g. Comparação das antecipações dos alunos, alguns se "iluminam": "Ah... eu estou entendendo algo...", porém, a professora não faz nenhum comentário.

Professora: "Continuemos, coloco um terceiro copo de água". Desta vez, já uns dez alunos subtraem o primeiro resultado do segundo e acrescentam a diferença:

$$282 - 225 = 57; \quad 57 + 282 = 339$$

Outros manipulam seus números, dois ou três alunos multiplicam imperturbavelmente por três o primeiro valor. Outro aluno passa a realizar a dupla pesagem: 351 gramas... Surpresa, decepção e sentimento de injustiça com aqueles que tinham feito o cálculo anterior. A professora permanece neutra. Um aluno tinha proposto o valor exato. Os demais o pressionam para que diga como o fez: "vi que a agulha estava deslocada mais para lá, então pensei...". A criança alardeia; é a melhor e acredita que realmente tem sorte..., o que ganha com isso?

A professora resiste ao desejo de dar-lhes a "explicação". O jogo de adivinhação continua: os alunos compreenderam de maneira progressiva que o cálculo não oferece necessariamente o valor achado com a balança. Os alunos que utilizaram este método de previsão tentam explicá-lo e se desapontam ao vê-lo fracassar. Esse método leva em conta todos os elementos essenciais do problema de uma maneira que parece racional, e se comunica bem.

Os alunos que não o tinham inventado passam a utilizá-lo para fazer a comparação e o compreendem. Professora: "Qual é o peso da água de um copo?... não, não, não pesemos meu copo.., calculem-no". Segundo as experiências escolhidas para calcular as diferenças, os pesos variam!...

A discussão se torna mais clara. "O copo não está cheio exatamente do mesmo modo, cada vez... Não podemos estar seguros. A professora deve manipular com cuidado...". Primeira conclusão: a professora deve manipular com cuidado, mostrar que o copo está bem cheio, esperar que a água fique calma...

Se as diferenças continuarem, os alunos podem ser levados a pensar que várias pesagens de um mesmo objeto não oferecem o mesmo valor. Assim, foram mais ou menos longe nas causas dos erros de medição.

Existem maneiras de deter esta corrente de raciocínios; basta, por exemplo, substituir a água por areia bem seca e a balança de pratos por uma balança de mola: a precisão chega ao nível das gramas e o peso dos copos de areia de uma pesagem à outra varia muito menos que uma grama.

O modelo de uma medida inteira e determinista ajusta-se, assim, perfeitamente. Para obter a ideia que o método de cálculo é a melhor maneira de prever os resultados das diferentes pesagens, apesar dos erros de medida aleatórios, é necessário conduzir um processo de atividades, de comunicação dos resultados, intercâmbio de provas, reflexões e debates.

Os alunos aceitam facilmente utilizar enquadramentos para diminuir a falta de precisão no resultado, porém é necessário organizar situações em que o equilíbrio entre *previsão certa* e *previsão precisa* adquira seu sentido... econômico.

d) O lugar do aluno

Trata-se de mostrar, como nos parágrafos anteriores, que os problemas de ensino são também, e às vezes principalmente, problemas de didática. O lugar do aluno na relação didática tem sido reivindicado — como o lugar da realidade — através de diferentes abordagens — psicanalítica, psicológica, pedagógica, etc.

A epistemologia genética tem oferecido nesse sentido os argumentos mais sérios e mais próximos do conhecimento, porém outros trabalhos são necessários para utilizar seus aportes. Frequentemente, os erros do aluno são interpretados pelo professor como uma incapacidade para raciocinar em geral, ou ao menos, como um erro de lógica: em um contrato didático amplo, o professor se encarrega das representações, do sentido dos conhecimentos. Porém, em condições mais estritas, simplesmente é levado a assinalar que a resposta do aluno se contradiz com os saberes anteriores, evitando com todo cuidado qualquer diagnóstico a respeito das causas do erro. Isto reduzido a seu aspecto mais formal tende a converter-se seja em um "erro de lógica" — "seu raciocínio é incorreto, revise o que o envolve" — seja na falta de conhecimento de um teorema ou de uma definição.

Nesta redução drástica, o aluno identifica-se com uma produção algorítmica de demonstrações, segundo as regras da lógica matemática. Esse contrato permite ao professor a defesa mais segura: só se encarrega dos conhecimentos recolhidos em seu próprio domínio. Basta que os exponha em uma ordem axiomática e exija os axiomas como evidências.

Entretanto, obviamente as crianças utilizam algumas representações ou alguns conhecimentos diferentes dos que queremos ensinar-lhes. A lógica das crianças, o pensamento "natural", já são bastante conhecidos. Ele faz com que cometam erros que podemos recolher e observar regularmente. Alguns desses conhecimentos podem constituir-se em obstáculos (didáticos?, ontogenéticos?, epistemológicos?) e dar lugar a conflitos cognitivos.

Que lugar, que *status*, que função dar a essas representações? É necessário? (É possível? E como?):

— rejeitá-las implicitamente a cada vez?
— ignorá-las?
— aceitá-las sem reconhecê-las?
— dirigir sua evolução sem que os alunos o saibam?
— analisá-las com os alunos?
— reconhecê-las, expô-las e dar-lhes explicitamente um lugar no projeto de ensino?

Sabemos que o *sujeito cognitivo* utiliza predicados amalgamados, conectivos pré-lógicos, metáforas, metonímias... Sabemos que o desenvolvimento do pensamento lógico do aluno consiste em evoluções descontínuas, nas quais as contradições entre os componentes contextuais andam a par com a extensão dos "prefunctores" e a filtragem dos predicados, e onde a sintaxe e a semântica estão envolvidas ao mesmo tempo. Estas separam-se lentamente, em períodos diferentes segundo os setores...

A didática ingênua só permite propor ao aluno exercícios lógicos (matemáticos) a respeito de componente escolhido. Conhecer o *sujeito cognitivo é* suficiente para resolver os problemas do aluno? Não acredito: a criação e a gestão das situações de ensino não são redutíveis a uma arte que o professor poderia desenvolver espontaneamente com boas atitudes (escutar a criança, etc.), com o manejo de técnicas simples (utilizar jogos, material ou o conflito cognitivo, por exemplo). A didática não se reduz a uma tecnologia, e sua teoria não é a da aprendizagem, mas a da organização das aprendizagens de outro ou, mais genericamente, a da difusão e transposição dos conhecimentos.

A discussão proposta antes não tem modelo teórico, nem fundamento experimental, nem solução fora da didática.

O raciocínio do aluno é um ponto cego da didática "ingênua", porque seu tratamento exige uma modificação do contrato didático. Não é suficiente conhecer o sujeito cognitivo; são necessários meios didáticos (e socioculturais) para reconhecê-lo.

A situação é a mesma cada vez que o aluno tem que colocar em prática uma teoria. Por exemplo, para formular em uma equação um problema, ou usar uma teoria em física: a primeira análise da situação e o recurso às noções teóricas se faz primeiro com a ajuda de modelos espontâneos e de exploração do pensamento natural. No caso de que esta fase fracasse, o professor, imbuído de um contrato que o obriga a ensinar a ciência, porém não a maneira de descobrir a ciência, só tendo como recurso expor novamente sua teoria. Esta impossibilidade de tratar com o que permite a colocação em prática da teoria leva-o a justificar-se com um diagnóstico errôneo ("vocês não conhecem a teoria") e, finalmente, condena-o a correr de fracasso em fracasso.

Aceitar tornar-se responsável pelos meios individuais de aprendizagem do aluno (o sujeito cognitivo) exigiria:

— uma modificação completa do papel do professor e de sua formação;
— uma transformação do próprio conhecimento;
— outros meios de controle individual e social do ensino;
— uma modificação da epistemologia do professor, etc.

É uma decisão que levanta problemas que só a didática pode, talvez, resolver. Seguramente não é uma decisão que surja da livre escolha dos professores nem de sua arte. Insistimos a respeito desta contradição: se atualmente o sujeito não tem lugar na relação de ensino (o tem na relação pedagógica), não é porque os professores se obstinem no dogmático, mas porque não podem corrigir as causas didáticas profundas desta exclusão. Corremos o risco de pagar caro pelo erros que consistem em exigir ao voluntarismo e à ideologia o que depende do conhecimento. Corresponde à didática a busca de explicações e soluções que respeitem as regras do jogo da tarefa do professor, ou negociar as mudanças com base no conhecimento científico dos fenômenos. Atualmente, não podemos ensinar aos alunos o "pensamento natural", porém tampouco podemos deixar que a instituição convença os alunos de que fracassam porque são idiotas — ou doentes — porque nós não queremos enfrentar nossas limitações.

Espero que minhas palavras não pareçam demasiado pessimistas. As pesquisas avançam à medida que os problemas são mais bem formulados: em geometria, o tratamento da representação do espaço é estudado como um projeto didático diferente do ensino da geometria.

Alguns trabalhos destes últimos anos mostram a possibilidade de tratar, na relação didática, o pensamento lógico da criança.

Trata-se de situações e contratos que permitem empregar-se implicitamente a evolução e o papel dessas formas de pensamento, não só na elaboração dos meios de prova, mas também na formulação do julgamento e na regulação das condutas sociais (jogos de parceria, admissão de dados, etc.).

Nestes dois exemplos vemos como, em determinados casos, a consideração do sujeito psicocognitivo passa por uma definição do *aluno* que reclama de fato uma transformação da organização do saber mesmo implicando em uma transposição didática e numa mudança de contrato.

Vimos esse mesmo fenômeno, por exemplo, em relação à enumeração: esta atividade cognitiva é indispensável para o aluno na aprendizagem dos números, e resulta-lhe útil ao longo de toda a escolaridade, porém não existe como objetivo de conhecimento matemático. Assim, não tem sido ensinada corretamente e a "prática" não tem podido levar em conta as dificuldades dos alunos com esta noção.

e) A memória, o tempo

O que o aluno tem em sua memória parece ser o objetivo final da atividade de ensino. As características da memória do indivíduo, em particular seu modo de funcionamento e seu desenvolvimento, têm se constituído na base teórica da didática, de maneira tal, que se tem reduzido o ensino à organização da aprendizagem e das aquisições do aluno-indivíduo.

Vários trabalhos mostram a insuficiência (e os inconvenientes) desta concepção que ignora especialmente as relações entre a organização do saber (e suas modificações na relação didática), a organização do meio e suas exigências institucionais e temporais para gerar uma ou outra memorização, e a reorganização e as transformações dos conhecimentos que o sujeito realiza. Alguns fenômenos de obsolescência das situações e do saber, o uso paradóxico do contexto, solicitado ou rejeitado segundo as necessidades, as variações rápidas do *status* dos conhecimentos escolares e as transposições didáticas que derivam delas, as realizações didáticas de diferentes tipos de memória provam que a memória do aluno é um tema didático muito diferente da memória didática do sujeito cognitivo. Os professores manipulam o saber ensinado e as lembranças dos alunos de maneira complexa. Também devem organizar o esquecimento do que por um momento foi útil e já não o é, como também a reativação do que necessitam.

Esta gestão se realiza no interior de uma negociação que compromete a memória do sistema didático, e já não somente a do aluno.

Um professor que não lembra o que foi feito por tal ou qual aluno, o que foi estabelecido como saber comum ou o que foi convencionado, ou um professor que deixa completamente sob a responsabilidade do aluno a integração dos momentos de ensino, é um professor sem memória. É incapaz de exercer pressões didáticas personalizadas e específicas, que parecem indispensáveis no contrato didático. A "memória didática" do professor e do sistema regula, além das mudanças de atitude ante a presença ou não de recursos do meio, as transformações da linguagem. Observa-se frequentemente que os alunos só podem lembrar alguns conhecimentos em presença de alguém que tenha compartilhado a história de suas relações com esses conhecimentos, ou em presença dos dispositivos particulares que f tilizados. Transformar as lembranças em conhecimentos mobilizáveis é uma operação didática e cognitiva, e não somente um ato individual de memorização. A organização da memória didática faz parte de uma gestão mais geral do tempo didático.

A GESTÃO DOS FENÔMENOS DIDÁTICOS

Não podemos apresentar aqui os fenômenos didáticos que se manifestam na negociação do contrato didático e que o professor deve controlar. Trata-se de diversos efeitos de perda de sentido: efeito Topaze, Jourdain, efeito de analogia, de deslizamento metadidático, de desmembramento, etc. Vamos limitar-nos a um pequeno quadro (Figura 1).

Também não podemos explicar a maneira como a relação didática exige uma diversificação dos papéis que o professor e o aluno devem considerar, ou com os quais poderiam identificar-se. Esses papéis mobilizam diferentes saberes e funcionamentos do saber.

A forma de introdução é puramente sugerida. A Figura 2 indica esses diferentes papéis do professor e do aluno.

O professor desempenha diferentes papéis e o aluno também.

Didática da Matemática   75

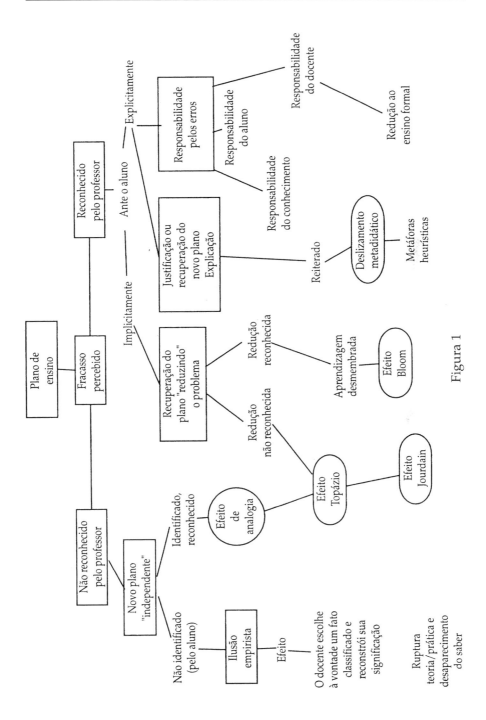

Figura 1

P1: Corresponde ao professor que reflete a respeito da sequência que deve realizar: considera a situação de ensino como um objeto e prepara suas aulas.
S1: Corresponde ao aluno que considera uma situação de ensino a partir do exterior.
P2: Corresponde ao professor que ensina; encontra-se em uma situação didática, atua e tem diante de si mesmo algo que é a situação de aprendizagem e, junto com ele, independentemente da situação de aprendizagem, um aluno com qual pode falar, sobre o qual pode atuar e que por sua vez, pode atuar sobre o professor.
S2: Corresponde ao aluno que considera sua própria situação de aprendizagem, a quem se fala sobre sua aprendizagem.
S3: Corresponde ao aluno aprendiz, em situação de aprendizagem, defrontando-se com uma situação que já não é uma situação didática. Encara um aluno S4, que poderia ser ele mesmo, em situação de poder atuar sobre o mundo, alguém que toma decisões. É a situação de referência. S3 é o sujeito epistemológico, S4 é o sujeito ativo. S4 considera a situação objetiva que faz os sujeitos atuarem. S5, com frequência hipotéticos, são os sujeitos que se situam dentro do problema: por exemplo, "Três pessoas dividem-se...". O aluno pode identificar-se com este sujeito, porém, não existe intrusão do aluno neste nível.

O aluno pode identificar-se nas diferentes posições do sujeito.
O *status* do conhecimento não é algo fixo: modifica-se nos diferentes níveis.
Os diferentes tipos de situações didáticas e adidáticas que se destacam são as seguintes:

— situação adidática objetiva
— situação de referência adidática
— situação de aprendizagem adidática
— situação de ensino (situação didática)
— situação metadidática

Organizam-se entre si segundo uma relação de "situação atuada" a "situação como objeto de análise", sendo seu esquema global o seguinte:

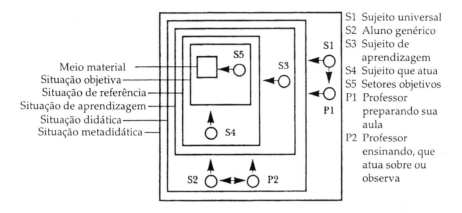

Figura 2

O aluno pode identificar-se com as diferentes posições *epistemológicas*; o papel e o sentido do saber diferem em cada nível; os conhecimentos trocam de nível e *status* progressivamente com a aprendizagem. As possibilidades oferecidas ou não ao aluno para que jogue ou represente os diferentes papéis contribuem de maneira importante à formação e evocação do sentido dos conhecimentos.

CONCLUSÃO

Como vimos, o professor é uma espécie de ator. Atua segundo um texto escrito em outro contexto e segundo determinada tradição. Podemos imaginá-lo como um ator da *Commedia dell'arte*: improvisa na hora, em função de um argumento ou uma trama.

A esta concepção subjaz a ideia — absolutamente correta — de que o professor necessita de liberdade e criatividade em sua ação. Um professor que simplesmente recita, não pode comunicar o essencial, e se quisermos fazê-lo apresentar uma situação sem margem para recriá-la, o ensino fracassaria. Pode existir uma concepção mais profissional por parte do professor? Pode utilizar situações totalmente feitas para recriar condições de aprendizagem idênticas ao modelo conhecido?

Isso implica em que possamos distinguir entre o que ele não pode modificar e aquilo sobre o que pode exercer seu talento pessoal. Continuando com nossa comparação, o professor converter-se-ia em um ator cujo "texto" seria a situação didática por conduzir (evidentemente, não o texto no sentido restrito).

BIBLIOGRAFIA

Artigue, M. (1984): *Contribution à l'étude de la reproductibité des situationes didactiques,* tese de graduação, Universidade de Paris VII.

Brousseau, G. (1986): *Fondements et méthodes de la didactique des mathématiques,* Tese de graduação, Bordeaux.

Brousseau, G.: "Le contrat didactique: Le milieu", em *Recherches en Didactiques des Mathématiques,* 1990, vol. 9/1, 308-336.

Conne, F. (1990): *Savoir et connaissance dans la perspective de la transposition didactique,* em preparação.

Chevallard, Y. (1985): "La transposition didactique. Du savoir savant au savoir enseigné", La *Pensée sauvage,* Grenoble.

Chevallard, Y. (1988): *Sur didactique, Deux études sur les notions de contrat et de situation,* IREM d' Aix-Marseille.

Chevallard, Y. (1989): "Le concept de rapport au savoir: rapport personnel, rapport institutionnel, rapport officiel", *Séminaire de Didactiques des Mathématiques et de Informatique,* Grenoble.

Douady, R. (1984): *Jeux de cadres et dialectique outil-objet dans l' enseignement des mathématiques,* tese de graduação, Universidade de Paris VII.

Gras, R. (1979): *Contribution à l' étude expérimental et à l' analyse de certaines acquisitions cognitives et de certains objectifs didactiques en mathématiques,* tese de graduação, Universidade de Rennes.

Laborde, C. (1982): *Langue naturelle et écriture symbolique: deux codes en interaction dans l' enseignement mathématique,* tese de graduação, Universidade de Grenoble.

Margolinas, C. (1989): *Le point de vue de la validation: essai de synthèse et d' analyse en didactique des mathématiques,* tesis Universidade de Grenoble.

Perret-Clermont, A.N.; Brun, J.; Conne, F. y Schbauer-Leoni, M. L. (1982): *Décontextualization et recontextualization du savoir dans l' enseignement des mathématiques à des jeunes élèves,* Faculdade de psicologia e de Ciências d Educação, Genebra.

Ratsimba-Rajohn, H. (1981): *Etude de deux méthodes de mesures rationnelles: la commesuration et el fractionnement de l'unité, en vue d'élaboration de situations didactiques,* tese do Terceiro Curso, Universidade de Bordeaux.

Rouchier, A. (1991): *Étude de la conceptualisation dans le système didactique en mathématiques et informatique élémentaire: proportionnalité, structures itérativo-récursives, institutionnalisation,* Universidade de Orléans, tese de graduação.

Schubauer-Leoni, M.L. (1988): "Le contrat didactique dans une approche psico-sociale des situations d'enseignement", em *Interaction didactiques,* n. 8, Seminário de Psicología, Faculdade de Letras, Universidade de Neuchâtel, Suiça, pp. 63-75.

5

O sistema de numeração: um problema didático

Delia Lerner e Patricia Sadovsky,
com a colaboração de *Susana Wolman*

Neste capítulo, desejamos expressar nosso reconhecimento por:

— Emilia Ferreiro, porque suas pesquisas pioneiras — ainda que já clássicas — sobre o sistema de escrita permitiram vislumbrar a reconstrução de outros sistemas de representações por parte das crianças.

— Guy Brousseau, já que suas pesquisas nutrem nosso trabalho e nos obrigam a repensar cada vez mais a didática da matemática.

— Todos aqueles que — como G. Sastre, M. Moreno, e sobretudo, Anne Sinclair — estudaram a representação numérica de uma perspectiva psicogenética.

— Os professores e crianças que, com suas afirmações e suas perguntas, fazem crescer dia a dia a proposta que levamos à prática.

— As escolas que abrigam nosso trabalho: Aequalis, Martin Buber, Numen, Jardin de Infantes Municipal de Wilde.

— Raquel Gutman, por sua colaboração na primeira etapa desta pesquisa.

I

Como e porque se iniciou a pesquisa que é o objetivo destas páginas

Tínhamos que encontrar uma resposta. Apesar dos diversos recursos didáticos utilizados, o acesso das crianças ao sistema de numeração continuava sendo um problema. Apesar de nossos esforços para materializar a noção de agrupamentos — não só em base dez, mas também em outras bases —, a relação entre estes e a escrita numérica continuava sendo um enigma para as crianças.

Porém, a questão era mais grave ainda: ao entrevistar crianças com as quais não trabalhávamos didaticamente, constatamos uma ou outra vez que os famosos "vai um" e "peço emprestado" — ritual inerente das contas escolares — não tinham vínculo nenhum com as "unidades, dezenas e centenas" estudadas previamente. Esta ruptura manifestava-se tanto nas crianças que cometiam erros ao resolver as contas como naqueles que obtinham o resultado correto: nem umas nem outras pareciam entender que os algarismos convencionais estão baseados na organização de nosso sistema de numeração (Lerner, D., 1992).

Estas dificuldades, longe de ser uma particularidade das crianças com as que temos trabalhado, foram detectadas e analisadas no âmbito de estudos realizados em outros países (Kamii, C. e Kamii, M., 1980/1988; Sellares, R. e Bassedas, M., 1983; Bednarz, B. e Janvier, B., 1982). Ao constatar que as crianças não compreendem rigorosamente os princípios do sistema, diversos pesquisadores propuseram alternativas didáticas também diferentes. Desta maneira, Kamii sugere deixar para depois o ensino das regras do sistema de numeração, enquanto Bernarz e Janvier tentam aperfeiçoar o trabalho sobre o agrupamento, explicitando-o através de distintas materializações e formulando situações nas quais agrupar seja significativo, por ser um recurso econômico para contar rapidamente grandes quantidades.

Nenhuma destas duas propostas leva em conta um fato que a didática construtivista não pode ignorar: como a numeração escrita existe não só dentro da escola, mas também fora dela, as crianças têm oportunidade de elaborar conhecimentos acerca deste sistema de representação muito antes de ingressar na primeira série. Produto cultural, objeto de uso social cotidiano, o sistema de numeração se oferece à indagação infantil desde as páginas dos livros, a listagem de preços, os calendários, as regras, as notas da padaria, os endereços das casas...

Como é que as crianças se aproximam do conhecimento do sistema de numeração? Averiguá-lo era um passo necessário para projetar situações didáticas que dessem oportunidade às crianças de colocar em jogo suas próprias conceitualizações e compará-las com as das outras crianças, o que lhes permitiria elaborar diversos procedimentos e explicitar argumentos para justificá-los, descobrir lacunas e contradições em seus conhecimentos, e ofereceria-lhes elementos para detectar os próprios erros — em suma — as obrigaria a questionar e reformular suas ideias para aproximar-se progressivamente da compreensão da notação convencional.

Era necessário, então — antes de elaborar uma proposta didática e submetê-la à prova em aula —, realizar um estudo que permitisse descobrir quais os aspectos do sistema de numeração que as crianças consideram relevantes ou de seu interesse, quais as ideias que elaboram acerca dos números, quais os problemas que formulam, quais as soluções que constroem, quais os conflitos que podem gerar-se entre suas próprias conceitualizações ou entre estas e determinadas características do objeto que estão tentando compreender.

As entrevistas clínicas que realizamos com duplas de crianças de cinco a oito anos[1] não só confirmaram nossas expectativas — ao evidenciar a relevância dos conhecimentos construídos pelas crianças, a respeito da numeração escrita —, mas representaram uma agradável surpresa: desde o começo foi possível estabelecer regularidades ao analisar os dados que obtínhamos.

A aparição e reaparição de determinadas respostas — ideias, justificações, conflitos — foi o detonador que nos levou a esboçar, antes do previsto, possíveis linhas de trabalho didático. É por isso que, enquanto continuávamos realizando entrevistas clínicas, começamos a colocar à prova, em aula, algumas atividades. Como geralmente acontece, quando levávamos à prática cada uma destas atividades, a proposta ia-se ajustando e enriquecendo: por um lado, descobríamos novos problemas que era necessário resolver; por outro, as crianças estabeleciam relações e nos surpreendiam com perguntas ou com procedimentos que abriam novas perspectivas para o trabalho didático.

Resta muito caminho a percorrer: é necessário dar respostas a novas interrogações — surgidas a partir do que agora sabemos — acerca do processo de aproximação da numeração escrita; também é imprescindível que a proposta projetada seja objeto de uma pesquisa didática rigorosa

---

[1] Entrevistamos 50 crianças; os integrantes de cada dupla pertenciam à mesma série.

que permita elaborar afirmações válidas sobre o ensino e aprendizagem do sistema de numeração, no contexto escolar.

Ainda assim, os resultados já obtidos são suficientes para julgar o enfoque que até agora se tem dado ao ensino do sistema de numeração e para mostrar a eficácia de outra modalidade de ensino, que favoreça uma compreensão muito mais profunda e operacional da notação numérica.

II

História dos conhecimentos que as crianças elaboram a respeito da numeração escrita

Que conclusões poderiam tirar as crianças a partir de seu contato cotidiano com a numeração escrita? Que informações relevantes poderiam obter ao escutar seus pais queixar-se do aumento dos preços, ao tentar entender como é que sua mãe sabe qual das marcas de determinado produto é mais barata, ao ver que seu irmão recorre ao calendário para calcular os dias que ainda faltam para seu aniversário, ao alegrar-se porque na fila da padaria "já estão atendendo a ficha trinta e..." e seu pai tem a trinta e quatro, ao perguntar-se o que tem a ver o endereço que escreveu sua mãe (Rua Córdoba 4859) com a indicação que ela dá a sua irmã ("tens que descer na altura do quatro mil e oitocentos")...? Dito de outro modo: o que poderiam aprender as crianças ao presenciar situações nas quais os usuários do sistema de escrita que as rodeiam denominam, escrevem e comparam números? Perguntas como estas nos fazíamos antes de iniciar a pesquisa.

Acreditávamos que as crianças construíam desde cedo critérios para comparar números; pensávamos que — muito antes de suspeitar da existência de centenas, dezenas e unidades — alguma relação elas deveriam estabelecer entre a posição dos algarismos e o valor que eles representam; acreditávamos que as crianças detectavam regularidades ao interagir com a escrita de fragmentos da sequência numérica. Algumas produções não convencionais que tínhamos visto reiteradamente nas aulas nos levaram a formular duas suposições: que as crianças elaboram critérios próprios para produzir representações numéricas e que a construção da notação convencional não segue a ordem da sequência (numérica), ainda que esta desempenhe um papel importante dessa construção.

Para verificar — e também para precisar — estas suposições, projetamos uma situação experimental centrada na comparação de números e outra centrada na produção destes.

A primeira era uma variante do jogo da guerra (ou batalha). Utilizamos um baralho de vinte cartas com números compreendidos entre o 5 e o 31 e com um único desenho em cada carta — o que identificava o naipe —, de maneira tal que a comparação se baseasse exclusivamente na escrita numérica. Ao finalizar cada mão, pedíamos as crianças que justificassem as decisões tomadas durante o jogo.

O enunciado que dava início à segunda situação era: "Pensem em um número muito alto e escrevam-no". Começava logo uma discussão em que as crianças opinavam sobre a escrita do colega e decidiam qual dos dois tinha escrito um número maior. O que acontecia depois dependia muito das respostas e argumentos proporcionados pelas crianças, e ainda que com a aparência de um "ditado de quantidades", tratava-se de um ditado cuja característica central era o debate das escritas produzidas.

Os dados que recolhemos mostraram uma alentadora coincidência com os obtidos no contexto da pesquisa que estão realizando Bressan, Rivas e Sheuer, e nos permitiram delinear o percurso das crianças em sua tentativa de conhecer o sistema de numeração. Tentaremos explicar os aspectos essenciais desse percurso.

Quantidade de algarismos e magnitude do número ou "Este é maior, você não está vendo que tem mais números?"

A afirmação das crianças entrevistadas mostram que elas elaboraram uma hipótese que poderia explicitar-se assim: "quanto maior a quantidade de algarismos de um número, maior é o número".

Vejamos alguns exemplos:

— Alina (6 anos, primeira série), ao justificar suas decisões no jogo da guerra, afirma que 23 é maior que 5 "porque este (23, porém ela não o nomeia porque desconhece sua denominação oral) tem dois números e tem mais, e este (5) tem um só número".
— Loli (6 anos, primeira série) afirma — na mesma situação — que 12 é maior que 6 "porque tem mais números".
— Alan (6 anos, primeira série) comprova que a hipótese referente à quantidade de algarismos que constitui um número é muito

mais forte que qualquer outra consideração vinculada ao valor absoluto de cada algarismo:

(O pesquisador faz uma contra-argumentação que estava prevista no projeto da situação e que foi rejeitada por todas as crianças quando compararam números de um ou dois algarismos.)

Pesquisador	Alan
Outro dia uma criança me falou que o maior era este (9), porque aqui havia um dois e um um, e o nove era maior que o dois e o um.	(Ri) Quantos anos tinha essa criança?
Depois eu conto. Primeiro diga o que pensas do que falou a criança.	Nada a ver. A criança tinha um ano!
Por quê?	Porque o que tem que ver o dois e o um! *Se eles formam um número só.*
Formam um número só?	É sim, por exemplo, *cem são três números e formam um número só.*

— No caso de Jonathan e Sebastian (primeira série), a hipótese que vincula a quantidade de algarismos à magnitude do número não se refere só a números de um ou dois algarismos, mas já se generalizava à comparação de números maiores:

Pesquisador	Jonathan	Sebastian
Agora vou pedir a vocês que escrevam o mil e cinco.	(Ambos escrevem convencionalmente 1005)	
(A Sebastian.) Olha como escreveu Jonathan.		Nós dois escrevemos igual.
E por que se escreve assim o mil e cinco?	Não sei.	

Pesquisador	Jonathan	Sebastian
Se tivesse que explicá-lo a outra criança, o que diriam?	Diria que é com um um, um zero, outro zero e um cinco.	
Outro dia uma criança me disse que o mil e cinco se escrevia assim: 1000 5 mil cinco		Porque este (1000) é mil e este é cinco.
Acha que está certo assim? Por quê?		Não. Porque o cinco tem que ir aqui (mostra o último zero do mil).
Por que tem que ir aqui?		Porque em vez do zero vai o cinco.
E este (10005) então?	É outro número	Sim.
E é mais ou menos que 1005?		É mais.
Como é que você sabe?	Porque tem mais números, tem um zero a mais	Porque tem mais.
Os que têm mais números são maiores?	Sim	Sim.

Como se pode observar nas últimas linhas do exemplo anterior, o critério de comparação que as crianças construíram funciona ainda quando elas não conhecem a denominação oral dos números que estão comparando.[2] Trata-se, então, de um critério elaborado fundamentalmente a partir da interação com a numeração escrita e de maneira relativamente independente da manipulação da sequência dos nomes dos números. Trata-se também de uma ferramenta poderosa no âmbito da notação numérica, já que permitirá comparar qualquer par de números cuja quantidade de algarismos seja diferente.

No entanto, esta ferramenta — que já era manipulada por todas as crianças entrevistadas, para estabelecer comparações entre números de

---
[2] Quando as crianças conhecem o nome dos números que estão comparando, justificam suas afirmações apelando não só à quantidade de algarismos mas também ao lugar que ocupam na sequência numérica oral: "12 é maior porque tem mais números atrás dele, porque 6 para baixo tem menos atrás dele" (Alan).

um ou dois algarismos e que muitas usavam também para comparar números compostos por mais algarismos —[3] não se generaliza de maneira imediata a todas as situações.

Foi um de nossos entrevistados que nos mostrou algumas das dificuldades pelas quais deve atravessar esta generalização: Pablo (6 anos, primeira série) depois de ter afirmado — como as crianças anteriormente citadas — que é maior "o que tem mais números" sempre que se referia a comparar um número de um algarismo com outro de dois e também em algumas situações onde comparavam-se números de dois e três algarismos (824 e 83, 138 e 39, etc.), faz afirmações contraditórias quando se trata de comparar 112 e 89. De fato, ele diz no começo que 112 é maior que 89 (mostrando-os, não reconhece as denominações) "porque tem mais números", porém logo muda de opinião: "Não, é maior este (89), porque 8 mais 9 é 17, então é mais".

Já que nos outros casos Pablo não tinha recorrido à soma dos valores absolutos dos algarismos e tinha tomado a quantidade de algarismos como critério único para estabelecer a comparação, pensamos que tenha sido a grande diferença entre os valores absolutos dos algarismos o que o levou a colocar em dúvida o critério de comparação que tinha utilizado de maneira estável em todos os casos anteriores, a renunciar a ele e a elaborar outro critério específico para essa situação. É válido perguntar-se porque Pablo não apela explicitamente ao valor dos algarismos que compõem esses números, mas ao resultado que é obtido somando-os.[4]

Ainda que Pablo tenha sido o único dos entrevistados a colocar em jogo outro critério de comparação além daquele baseado na quantidade de algarismos, consideramos significativa a informação que ele aporta porque confirma que — como acontece com outros objetos do conhecimento — a generalização está longe de ser imediata. Ainda mais, o critério alternativo utilizado por Pablo mostra um problema que provavelmente todas as crianças formulam, em determinado momento da construção: como se pode explicar que um número cujos algarismos são todos "baixinhos" (1110, por exemplo) seja maior que outro formado por algarismos "muito altos" (999, por exemplo)?

Mesmo que seja necessário se aprofundar no estudo do processo através do qual se constrói este critério de comparação — como se concebe, como se generaliza, que conflitos deve enfrentar —, não existe dúvida

---

[3] A informação de que dispomos acerca do processo de generalização é ainda insuficiente: nem todos os nossos entrevistados tiveram a oportunidade de comparar números de três ou mais algarismos, porque esta questão foi formulada só em determinadas situações, em função das respostas que as crianças forneciam.

[4] Esta é uma das questões que será necessário continuar pesquisando.

que sua elaboração constitui um passo relevante para a compreensão da numeração escrita.

A posição dos algarismos como critério de comparação ou "o primeiro é quem manda"

Ao comparar números de igual quantidade de algarismos, as crianças exibem argumentos através dos quais evidencia-se que elas já descobriram que a posição dos algarismos cumpre uma função relevante em nosso sistema de numeração:

— Lucila (5 anos, jardim), depois de afirmar que 21 é maior que 12, o justifica assim: "Porque o um (no 12) é primeiro e o dois é depois; porque (no 21) o dois é primeiro e o um é depois".
— Nádia (6 anos, primeira série) não consegue explicar como se deu conta de que 31 é maior que 13. Pergunta-se-lhe então como poderia explicá-lo a outra criança e ela responde: "Que preste atenção onde está o 3 e onde está o 1, ou onde está o 1 e onde está o 3".
— Alina, e sobretudo Ariel (6 anos, primeira série), são mais explícitos:

Pesquisador	Alina	Ariel
Por que este? (21) (O pesquisador pede justificativa da decisão que as crianças tomaram quando números comparados eram 12 e 21).		Porque este (21) é mais alto que este (12).
Porém são os mesmos números.	Sim, porém ao contrário.	Invertidos.
Invertidos? E o que isso tem a ver?	Não sei.	Tem muito a ver. Este (o 2 de 21) é mais alto que este (o 1 de 12) e se diferencia pelo primeiro.
E por que será que se diferencia pelo primeiro?		Porque sim.
Não existe uma razão?		Eu não sei!

Pesquisador	Alina	Ariel
Vocês sabem que número é este?		Vinte e um.
E este?		Doze.
E, a partir daí, podem encontrar alguma coisa para descobrir qual é mais alto?	Sim, porque este (21) está depois e este (12) está primeiro.	
Onde está primeiro?		Fazemos a conta. Olha: um, dois, três... (continua contando até doze) aqui está o doze... treze, quatorze... (segue contando até vinte e um) Vinte e um. Viu? Fizemos a conta?
De acordo. Agora você me convenceu.	(Logo após, ao comparar 21 e 23, Ariel diz que este último é maior, porque três é mais que um e, diante de uma pergunta do pesquisador, esclarece que neste caso se fixa no segundo número "porque no primeiro há um dois e um um.")	

Outros alunos explicitam com maior clareza ainda como deve aplicar-se o critério de comparação baseado na posição dos algarismos. Vejamos Guillermo:

	Guilhermo	Yael
		(Já decidido que 21 é maior que 12.)
		Tem os mesmos números. Só que aqui o dois está antes e aqui está atrás.
	O que tem mais valor é o que fica na frente. Os dois têm valor.	

Guilhermo	Yael
Sim, os dois têm valor. Você Pode olhar o de trás. *Porém em primeiro lugar olha o da frente.* [...] Se o primeiro número de uma carta é igual ao primeiro de outra carta e o segundo é um mais alto que o outro, aí sim tem importância o segundo.	

As crianças citadas já descobriram — além do vínculo entre a quantidade de algarismos e a magnitude do número — outra característica específica dos sistemas posicionais: o valor que um algarismo representa, apesar de ser sempre o mesmo, depende do lugar em que está localizado com respeito aos outros que constituem o número. Sabem também que, se compararem dois números de igual quantidade de algarismos, será necessariamente maior aquele cujo primeiro algarismo seja maior e por isso podem afirmar — como muitas das crianças entrevistadas o fizeram — que "o primeiro é quem manda". Além disso, sabem que, quando o primeiro algarismo das duas quantidades é o mesmo, é preciso se apelar ao segundo para decidir qual é maior.

Chama a atenção o fato de que para muitas crianças os argumentos estritamente relacionados à numeração escrita tenham prioridade sobre os vinculados à sequência numérica oral. Alina e Ariel, por exemplo, justificam originalmente suas afirmações apelando à posição dos algarismos nos números escritos ("Estão ao contrário", "Diferencia-se pelo primeiro"), e só apontam argumentos referentes à sequência oral ("sim, porque neste (21) está depois e neste (12) está primeiro") quando o pesquisador as estimula a fazê-lo.

No entanto, tal como o observamos em relação às hipóteses referentes à quantidade de algarismos, o critério de comparação baseado na posição dos algarismos está longe de construir-se de uma vez só e para sempre, já que sua generalização também requer a superação de alguns obstáculos. É o que nos mostra Alina, que — apesar de ter aplicado consistentemente este critério em quase todas as situações — tropeça com uma dificuldade quando se trata de comparar 25 e 16:

(A situação se produz durante o jogo. O naipe de Alina tem o número 25, o de Ariel o número 16.)

Experimentador	Alina	Ariel
Quem ganhou o jogo?	Ganhou Ariel.	Não, ganhou ela.
	Ele, porque este (25) tem um dois e um quatro (!), e este (16), um um e um seis[...]. Este (25) tem um número a menos, e este (mostrando o 6 do 16), um número a mais.	Não! Porque se conta com o primeiro.

Alina parece sustentar aqui que é maior o número que contém o algarismo mais alto, independentemente do lugar em que este esteja posicionado. Parece que, também nesta situação, o valor absoluto dos números pode fazer duvidar da validade de um critério que se considerava válido para muitas outras situações.

Por outro lado, como o mostram claramente algumas respostas de Ariel ("porque sim", "eu não sei!"), o conhecimento que as crianças têm a respeito da variação do valor dos algarismos em função do lugar que ocupam não se faz acompanhar — e muito menos preceder — pelo conhecimento das razões que originam esta variação. Estas crianças não suspeitam ainda que "o primeiro é quem manda" porque representa agrupamentos de 10, se o número tem dois algarismos, de 100, se tem três... enquanto que as seguintes representam potências menores da base 10.

Ainda não descobriram as regras do sistema (o agrupamento usando o recurso da base 10), porém isto não lhes impede, em absoluto, de elaborar hipóteses referentes às consequências dessa regra — a vinculação entre a quantidade de algarismos ou sua posição e o valor do número — e utilizá-las como critérios válidos de comparação de números. A partir destas hipóteses, as crianças poderão, sem dúvida, formular perguntas — e o professor poderá enunciá-las — questões que as conduzirão, através de aproximações sucessivas, a descobrir a regra do sistema.

De fato, enquanto que Ariel não tenta justificar sua afirmação — contesta com um lacônico "porque sim" quando lhe é perguntado porque "se diferencia pelo primeiro número" —, outras crianças já encontraram uma explicação desse critério que elas mesmas elaboraram. É o que nos mostra, por exemplo, Guillermo (seis anos, primeira série), que se vê obrigado a explicitar sua argumentação para convencer a sua colega:

Experimentador	Guillermo	Yael
Qual é o mais alto? (estão sendo comparados 25 e 31).	Este (31).	A mim me parece que é este (25), porque tem um dois e um cinco e este (31) tem um três e um um. Maiores são estes números (mostrando os algarismos de 25).
	Este (31) é maior. Porque? Porque olha: não tem nada a ver o segundo número com o primeiro, porque aqui três e lá (2 de 25) dois. Dois é menos que três. Isto é trinta e um e aquilo é vinte e cinco, não trinta e cinco.	
(A Yael) O que você acha do que ele disse? Você entendeu?		Não (rindo).
Explica melhor, Guillermo.	Olha, primeiro vem o dez e segundo pulas dez, dez, dez, assim, não? Então se conta, dez, vinte, trinta, tiramos cinco e fica vinte e cinco e ali (31) no trinta colocamos um, e fica trinta e um.	

Guillermo ainda não tinha ouvido falar de "dezenas" (acaba de ingressar na primeira série); nem sequer afirma que o primeiro algarismo de um número de dois algarismos se refere a "dezes". Porém, ele sabe muito bem que esse primeiro algarismo refere-se a alguma coisa da ordem dos "vinte", "trinta" ou "quarenta", no lugar de representar simplesmente "dois", "três" ou "quatro", e sabe também que esses números — vinte, trinta, etc. — se obtém contando de dez em dez na ordem da sequência.

Sem dispor da extraordinária manipulação operatória que reflete este último argumento de Guillermo, outras crianças têm proporcionado argumentos semelhantes ao primeiro que ele deu. Seguramente, este tipo de justificação se torna possível quando as crianças conseguem coordenar o que descobriram na escrita numérica — que o valor de um algarismo varia em função da posição que ocupa — com a informação que lhes dá a sequência numérica oral, a partir da qual eles podem estabelecer intervalos constituídos por "vintes", "trintas", etc.

No entanto, o que acontece quando as crianças tentam misturar os conhecimentos que elas construíram com os que lhes foram ensinados na escola? Para responder a esta pergunta, usaremos como exemplo as únicas crianças de primeira série que incluíram nas suas respostas a palavra "dezenas".

Pesquisador	Loli	Alan
(As crianças afirmaram que o vinte e um é maior que doze)		
Como é que vocês sabem que é maior, se os dois têm os mesmos números?	Aqui (21) o dois está na frente e lá (12) está atrás.	Sim.
Eu não entendo muito bem, já que são os mesmos números.	Sim, porém não estão na mesma ordem.	Isto (12) é uma dezena.
Qual?		Ah! Não! É uma dúzia.
E vinte e um?		Eu não sei... O que é vinte e um, uma dezena? Eu não sei!
		Acho... ou não?
Uma dezena?	Sim, tem uma, duas. Aqui (mostra o 2 do 21).	Não, não tem nenhuma dezena. O um não é nenhuma dezena e o dois também não.
	O vinte sim, no vinte sim há duas dezenas.	

Por que Alan introduz o termo "dezena"? Talvez porque suspeite da existência de alguma relação entre esse termo e o valor do algarismo que aparece colocado "na frente" nos números de dois algarismos. Porém, esta suspeita é suficientemente vaga, para que ele possa afirmar que 21 "não tem nenhuma dezena, o um não é nenhuma dezena e o dois também não".

No caso de Loli, ocorre algo diferente: ainda que ela não utilize espontaneamente o conceito de dezena — mas a posição dos algarismos — para explicar porque o 21 é maior que 12, parece compreender que o 2 do 21 representa duas dezenas. Sua resposta final mostra claramente como chegou a compreendê-lo: pode entender que em 21 há duas dezenas porque esse 2 não significa para ela "dois", mas sim "vinte".

É válido perguntar então: aprender o conceito de dezena ajuda realmente a conhecer os números? Ou é o conhecimento dos números — e de sua escrita —que ajuda a compreender o conceito de dezena?

Alguns números especiais: o papel dos "nós"

A apropriação da escrita convencional dos números não segue a ordem da série numérica: as crianças manipulam em primeiro lugar a escrita dos "nós" — quer dizer, das dezenas, centenas, unidades de exatas — e só depois elaboram a escrita dos números que se posicionam nos intervalos entre estes nós.

Vejamos primeiro a resposta das crianças:

Pesquisador	Gisela
Escreva um número, o que você tiver vontade, que pareça bastante alto.	(Escreve 1000)
Qual é esse número?	O mil.
E o dois mil como se escreve?	(Escreve 200)
Isso é dois mil?	(Agrega um zero a sua escrita anterior.)
E este (200) qual é?	Duzentos.
E este? (cobrindo um 0 do 1000)	O cem.
E o três mil?	(Escreve 3000)
E como você escreveria o dois mil e quinhentos?	(Grande desconcerto.) Não me lembro.
E o quinhentos?	(Escreve 005)
Aqui tem o dois mil (mostrando uma escrita anterior) e ali o quinhentos... Isso poderia servir para você escrever o dois mil e quinhentos?	Sim... (Porém não se anima)

O caso de Nádia (seis anos, primeira série) é ainda mais claro:

Pesquisador	Nádia
Agora vou pedir que você escreva um bem alto.	Muito alto?
Sim.	Vou escrever no máximo mil (Escreve 900).
Que número é esse?	Novecentos.
E o mil como é?	(Escreve 1000)
Como você acha que seria o dois mil?	(Escreve 2000)
E quatro mil?	(Escreve 4000)
Nove mil?	(Escreve 9000)
Dez mil?	(Escreve 10.000)
Me diz... Mil e cem, como acha que é?	(Muito surpresa) Mil e cem? Para mim esse número não existe.
Não existe?	(Pensa um longo tempo e logo escreve 1000100)
E mil e quinhentos?	(Escreve 1000500)

Se bem que a maioria das crianças entrevistadas já escrevesse de forma convencional os "nós" das dezenas, das centenas e das unidades de mil, obtivemos algumas respostas que fornecem indícios sobre o caminho que as crianças percorrem para elaborar essas escritas. Observamos, por exemplo, as produções e reflexões de Christian (5 anos, pré-escolar) na seguinte situação:

Pesquisador	Christian	Rubén
[...] E como vocês escrevem o cem?	Ah! Não, eu posso escrever muitas vezes o cem.	
Como é?	Um um (escreve) e dois zeros (os escreve).	(Escreve 100)

Didática da Matemática **95**

Pesquisador	Chistian	Rubén
E o duzentos?	Eu não sei escrevê-lo.	Aqui está o duzentos (escreve 200).
E o trezentos?	Eu vou escrever todos os números desde o cem até onde se termina o cem. 100 100 200 cem cento cento e um e dois	(Escreve 300).
Este (marcando o primeiro número escrito por Christian) é o cem ?	Sim.	
E qual é o cento e um?	Este (marca seu segundo número: 100).	
E é igual a este? (mostrando o primeiro)	Sim..., não, porque este (mostrando o primeiro 100) tem o zero mais pequeninho, e aquele (marcando o segundo) tem o zero maior.	
Ah! O que tem o zero maior é o cento e um? (É correto!!)	Sim, e o um também é maior.	
Ahah! E cento e cinco, como seria?	Espera que eu quero escrever desde o um até onde termina o cem.	(Escreve 105).
Bom, quando terminar, nos avisa. (Enquanto isso se pede a Rubén que escreva cento e trinta, cento e trinta e oito, duzentos e vinte e três, quinhentos.)	(Christian escreveu: 100 100 200 3000 400)	(Escreve: 130 138 223 500.)

Pesquisador	Christian	Rubén
E você, Christian, poderia escrever quinhentos?	Quem não vai saber escrever o quinhentos? Tomara que o cinco me saia bem. (Escreve 500.)	
Bom, explica-me o que você escreveu antes.	(Lê) 100 100 200 300 400 cem cento cento cento cento e um e dois e três e quatro	
Você falou antes que ia escrever até se acabar os cem. Quando se acaba o cem?	(Pensa um tempo) Ia escrever até cento e nove. (Agrega a sua série 500.) 100 100 200 300 400 500 É o cento e cinco (mostrando o quinhentos). É mesmo, olha! (mostrando na escrita anterior 500 que ele mesmo tinha produzido.)	
Qual era esse?	Quinhentos.	
E este? (Mostrando o que acaba de produzir).	Cento e cinco.	
E você acha que se pode escrever quinhentos e cento e cinco igual?	Não.	
E como nos damos conta de qual é qual?	Faço um grande e o outro pequeninho.	
Com os mesmos números?	Neste (o que tinha interpretado anteriormente como quinhentos) faço um traço: <u>500</u> e o outro deixo sem risco.	

Pesquisador	Christian	Rubén
Com o traço qual é?	Quinhentos.	
E sem o traço?	Cento e cinco.	(Tinha escrito por enquanto, a pedido do pesquisador sempre em forma convencional: 110, 900, 932, 907.)
E o mil?	Eu sei escrevê-lo.	
Vejamos, como escreveriam?	(Escreve 1000.) Como não vou saber escrever o mil se antes escrevi o cem mil! (Efetivamente, o tinha escrito assim: 1001000.)	1000.

Christian já manipulava a escrita convencional da segunda e da terceira potência da base (100 e 1000). Como utiliza o conhecimento da escrita de cem para produzir os números seguintes? Parece que não a utiliza como base para produzir os outros "nós" das centenas — ele diz que não sabe escrever duzentos, e quinhentos parece sempre uma forma fixa, provavelmente conhecida através das notas de 500 australes[5] —, mas para fazer hipóteses acerca da escrita dos números compreendidos entre cem e cento e dez. Ele supõe que estes números terão dois zeros — como cem — e que se diferenciam de cem pelo algarismo inicial. O problema é que esta hipótese não lhe permite diferenciar — utilizando números diferentes — cem de cento e um, e seguramente é por isso que apela ao tamanho para diferenciá-los. Também nos parece surpreendente constatar que o fato de que conhecer a escrita convencional de quinhentos não o leva a duvidar de sua hipótese — entretanto, continua afirmando que quinhentos representa cento e cinco —, mas a empregar um recurso não numérico para diferenciar as duas escritas.[6]

Por outro lado, várias crianças nos forneceram — trabalhando em aula — escritas aparentemente inversas às de Christian, porém cujo sig-

---

[5] Quando Christian foi entrevistado, os australes ainda estavam em circulação.

[6] Ainda que o recurso que utiliza Christian possa parecer exótico, talvez seja mais pertinente ao lembrarmos que outros sistemas de numeração — como por exemplo o romano — tem apelado a grafias do mesmo tipo para diferenciar números (V e v).

nificado nos parece semelhante: elas escrevem quatrocentos como 104, trezentos como 103, seiscentos como 106. Estas crianças pensam que a escrita dos outros "nós" das centenas conserva características da escrita de 100: também tem três algarismos, porém, neste caso, são mantidos os dois primeiros — o um e o zero iniciais de cem — e a diferença é expressa variando o último número.

Todos estes dados sugerem que as crianças apropriam-se em primeiro lugar da escrita convencional da potência da base (100, que quer dizer 10 ao quadrado, neste caso), e que a escrita dos outros "nós" correspondentes a essa potência é elaborada a partir desse modelo, conservando a quantidade de algarismos, mantendo dois dos que compõem cem e variando o outro. O caso de Christian indica que um procedimento semelhante poderia ser utilizado — para reconstruir a escrita dos números posicionados entre 100 e 110. O problema que se apresentará então será o de encontrar uma maneira de diferenciar numericamente a escrita de duzentos e a de cento e dois, a de quinhentos e cento e cinco, etc. A busca de diferenciação seguramente conduzirá a descobrir que nos casos de nós (200, 300, etc.) o que varia — em relação com a escrita do cem — é o primeiro número, enquanto que no caso de 101...109, o que varia é o último número.

O papel da numeração falada

As crianças elaboram conceitualizações a respeito da escrita dos números, baseando-se nas informações que extraem da numeração falada e em seu conhecimento da escrita convencional dos "nós".

Para produzir os números cuja escritura convencional ainda não adquiriram, elas misturam os símbolos que conhecem, colocando-os de maneira tal que se correspondam como a ordenação dos termos na numeração falada.

Vejamos algumas escritas e justificações das crianças entrevistadas que ilustram claramente o que tentamos dizer:

— Lucila e Santiago (os dois têm cinco anos e estão no jardim de infância) escrevem:

                108   109

As duas interpretam suas escritas como "dez e oito" e "dez e nove" respectivamente.

— Yael faz algo semelhante, porém nos explica:

— Enquanto está anotando sua pontuação no jogo da guerra, anota, "dez e oito" como 108 e justifica dizendo que dez e oito se escreve assim "porque tem um dez, que é um um e um zero, então se colocam os dois com o oito".

Guillermo — seu colega, que escreve convencionalmente os números de dois algarismos — intervém: "Não! Porque é como acontece com o vinte ou com o trinta... Porque o zero é usado para o trinta, porém não se usa para o trinta e um, nem para o trinta e dois, nem para o trinta e três. [...] De três números não se pode, não se pode [...] porque o cem se escreve assim [100]". Yael o escuta atentamente, porém depois de um tempo escreve trinta e quatro como 304 e — ao olhar a escrita convencional de Guillermo, (34) — afirma: "para mim, se pode fazer das duas maneiras".

— Martín (6 anos, primeira série) escreve:

700	25	1000	800	32
setecentos	vinte e cinco	mil	oitocentos	trinta e dois
8000	200	6000	300	45
oito mil	duzentos	seis mil	trezentos	quarenta e cinco

No último caso corrige sua escrita depois de interpretá-la e faz assim: 630045

— Dan (6 anos, primeira série) escreve 600030045; igual a Martín, considera incorreta sua escrita, porém a corrige de outra forma: 63045.
— Daniela (5 anos, pré-escolar), que escreve convencionalmente os números de dois e três algarismos que lhe são propostos, e também um número de quatro algarismos (1036), faz algo diferente quando pedimos a ela que escreva mil quinhentos e trinta e seis. Sua produção original é: 1000   500   36

que ela lê assim: mil   quinhentos   trinta e seis

A seguir escreve oito mil quinhentos e trinta e quatro: 8 1000 50034, depois faz a retificação: 8 1000534. Para quatro mil cento e quarenta e cinco produz: 41000145.

— Christian — que, como vimos anteriormente, escreve de maneira convencional cem e mil, porém produz os números intermediários entre 100 e 110 baseado em uma hipótese que lhe é própria — escreve em forma convencional, também, um milhão (1.000.000). Porém, quando lhe pedimos que escreva quatro números, suas produções são as seguintes:

mil cento e cinco	1000	100	5
dois mil	2	1000	
dez mil	10	1000	
cem mil	100	1000	

Ao fazer a comparação de sua escrita de cem mil com a de Rúbem (100.000), Christian considera possível as duas escritas: "se eu tirasse este (o 1 de 1000) e colocasse um ponto, igual diz cem mil". Mas em seguida afirma: "também sei escrever um milhão e dez" e escreve: 100000010. "Quando você escreve um milhão e dez — acrescenta — não pode tirar o um (do dez), porque não sabes se é esse. E, então, como adivinha que número é? Não sabe que é 10?". (Em outras palavras, este um não pode ser trocado por um ponto, como acontece com o 1 de 1000 em cem mil.)

A hipótese segundo a qual a escrita numérica é o resultado de uma correspondência com a numeração falada, conduz as crianças a resolver notações não convencionais. Por que isto ocorre? Porque a diferença da numeração escrita da numeração falada está em que está última não é posicional.

Assim, se a organização da numeração falada fosse posicional, a denominação oral correspondente a 4705, por exemplo, seria "quatro, sete, zero, cinco", no entanto, a denominação realmente utilizada para este número explicita, além dos algarismos quatro, sete e cinco, as potências de dez correspondentes a tais algarismos (quatro *mil setecentos* e cinco).

Outra questão que deve ser levada em consideração é a das operações racionais envolvidas na numeração escrita.

Na numeração falada, justaposição de palavras supõe sempre uma operação aritmética, operação que em alguns casos é uma soma (mil e quatro significa 1000 + 4, por exemplo) e em outras situações uma multiplicação (oitocentos significa 8 x 100, por exemplo). Na denominação de um número, estas duas operações em geral aparecem combinadas (por exemplo, cinco mil e quatrocentos significa 5 x 1000 + 4 x 100) e — como que para complicar a vida de quem tente compreender o sistema — uma simples mudança na ordem de enunciação das palavras indica que foi mudada a operação aritmética envolvida: cinco mil (5 x 1000) e mil e cinco (1000 + 5), seiscentos (6 x 100) e cento e seis (100 + 6). Para piorar a situação, a conjunção "e" — que linguisticamente representa adição — só aparece quando se trata de reunir dezenas e unidades.

Sendo assim, podemos afirmar que as escritas não convencionais produzidas pelas crianças são efetivamente aditivas e/ou multiplicativas? Quando elas escrevem duzentos e cinquenta e quatro como 200504, pensam que o valor total desse número se obtém somando 200 + 50 + 4?; quando escrevem 41000 para quatro mil, estão representando a ideia de que o valor total desse número se obtém multiplicando 4 x 1000? Compreendem as crianças as operações que parecem estar envolvidas em sua escrita? Ou então, estas resultam simplesmente do estabelecimento de uma correspondência com a comunicação falada?

Interessa-nos encontrar respostas para as perguntas formuladas, porque a soma e a multiplicação pelas potências da base também estão envolvidas na numeração escrita convencional. Portanto, se as crianças descobrissem as operações envolvidas na numeração falada, este conhecimento seria importante para entender como funciona a numeração escrita.

A numeração escrita é ao mesmo tempo mais regular, mas mais hermética que a numeração falada. É mais regular porque a soma e a multiplicação são utilizadas sempre da mesma maneira: se multiplica cada algarismo pela potência da base que corresponde, se somam os produtos que resultaram dessas multiplicações.[7] É hermética porque nela não existe nenhum vestígio das operações aritméticas racionais envolvidas e porque — de modo diferente do que acontece com a numeração falada — as potências da base não são representadas através de símbolos particulares, mas só podem ser deduzidas a partir da posição que ocupam os algarismos.

Temos iniciado pesquisas destinadas a responder às perguntas anteriormente citadas. Os dados recolhidos até agora mostram que as crianças que produzem notações que se vinculam com a numeração falada podem ter descoberto ou não as relações aritméticas subjacentes a tal notação: enquanto que algumas delas vinculam — por exemplo — a

---

[7] $4815 = 4 \times 10^3 + 8 \times 10^2 + 1 \times 10^1 + 5 \times 10^0$.

escrita 200504 à soma de 200, 50 e 4, outras a justificam apelando exclusivamente às palavras que constituem a denominação oral do número representado. Estes resultados — ainda muito insuficientes — levam a supor uma possível progressão desde uma simples correspondência entre o nome e a notação do número, até a compreensão das relações aditivas e multiplicativas envolvidas na numeração falada.

As escritas numéricas não convencionais produzidas pelas crianças são feitas, então, à imagem e semelhança da numeração falada. Neste caso, quem adere à escrita não convencional o faz de maneira definitiva ou é simultaneamente partidário da notação convencional?

Nas escritas numéricas realizadas por cada criança no transcurso das entrevistas, coexistem modalidades de produção diferentes para números posicionados em diferentes intervalos da sequência. De fato, crianças que escrevem convencionalmente qualquer número de dois algarismos (35, 44, 83, etc.) produzem escritas correspondentes com a numeração falada quando se trata de centena (10035 para cento e trinta e cinco, 20028 para duzentos e vinte e oito, etc.). Da mesma maneira, crianças que escrevem convencionalmente qualquer número de dois e três algarismos apelam à correspondência que existe com a forma oral quando se trata de escrever milhares: escrevem — por exemplo — 135, 483 ou 942 em forma convencional, porém representam mil e vinte e cinco como 100025 e mil trezentos e trinta e dois como 100030032 ou 1000332.

No entanto, a coexistência de escritas convencionais e não convencionais pode também estar presente em números da mesma quantidade de algarismos: algumas crianças escrevem convencionalmente números compreendidos entre cem e duzentos (187, 174, etc.), porém não generalizam esta modalidade às outras centenas (e registrando então 80094 para representar oitocentos e noventa e quatro ou 90025 para novecentos e vinte e cinco). Por outro lado, muitas crianças produzem algumas escritas convencionais e outras que não o são, dentro da mesma centena ou de uma mesma unidade de mil: 804 (convencional), porém 80045 para oitocentos e quarenta e cinco; 1006 para mil e seis, porém 1000324 para mil trezentos e vinte e quatro.

Indiquemos, finalmente, que a relação numeração falada/numeração escrita não é unidirecional: assim como a numeração extraída da numeração falada intervém na conceitualização da escrita numérica, reciprocamente os conhecimentos elaborados a respeito da escrita dos números incidem nos juízos comparativos referentes à numeração falada. Vejamos, por exemplo, o que ocorre com Christian (5 anos) ao comparar cem mil e cem:

Pesquisador	Christian
Como você escreveria mil e cem?	Não, cem mil.
Cem mil é um número. Mil e cem é outro número?	Não, é igual. Ao inverso.
Porém é o mesmo número? Por exemplo, se eu disser que eu tenho cem mil australes, é a mesma coisa?	Não, porque está ao contrário.
E quando tenho mais? Quando tenho cem mil ou quando tenho mil e cem australes?	Quando tenho mil e cem.
E como é que você sabe se mil e cem é mais?	Porque em mil e cem o mil está primeiro e o mil é maior que o cem.

(Respostas semelhantes se produzem depois ao comparar dez mil e mil e dez.)

Christian aplica à numeração falada um critério que, como sabemos, elaborou para a numeração escrita: "O que manda é o primeiro". O raciocínio subjacente ao seu argumento parece ser o seguinte: cem mil e mil e cem estão compostos os dois pelos mesmos símbolos — mil e cem (ou 1000 e 100) —; para saber qual é maior, tem que prestar atenção no que fica na frente. Christian supõe que esta regra — válida para a numeração escrita — também é válida para a numeração falada e é esta suposição, de uma coerência maior que a existente, que o induz ao erro.

Evidentemente, não é tarefa fácil descobrir o que está oculto na numeração falada e o que está oculto na numeração escrita, aceitar que uma coisa não coincide sempre com a outra, determinar quais são as informações fornecidas pela numeração falada que resulta pertinente aplicar à numeração escrita e quais não, descobrir que os princípios que regem a numeração escrita não são diretamente transferíveis à numeração falada...

E, no entanto, apesar de todas estas dificuldades inerentes ao objeto de conhecimento, as crianças apropriam-se progressivamente da escrita convencional dos números que antes realizavam a partir da vinculação com a numeração falada. Como o fazem? É o que tentaremos demonstrar no próximo ponto.

Do conflito à notação convencional

Duas das conceitualizações que descrevemos nos pontos anteriores levaram as crianças a conclusões potencialmente contraditórias:

— por um lado, elas supõem que a numeração escrita se vincula estritamente à numeração falada;
— por outro lado, sabem que em nosso sistema de numeração a quantidade de algarismos está relacionada à magnitude do número representado.

A primeira destas conceitualizações aplica-se fundamentalmente à escrita de números posicionados nos intervalos entre "nós", enquanto que os últimos são representados de maneira convencional. Em consequência, as escritas produzidas pelas crianças para os números que se posicionam entre dois "nós" determinados terão mais algarismos que os números que representam os mesmos "nós": elas escreveram convencionalmente, por exemplo, 2000 e 3000, porém dois mil setecentos e oitenta e dois será representado como 200070082 (ou eventualmente 2000782).

A criança poderia aceitar que dois mil setecentos e oitenta e dois se escreva com mais algarismos que dois mil, já que o primeiro é maior que o segundo. Porém, se ela pensa simultaneamente que um número é maior quanto mais algarismos tenha, como é que pode aceitar que dois mil setecentos e oitenta e dois se escreva com mais algarismos que três mil? Deste modo, a escrita produzida a partir de uma de suas conceitualizações — a vinculação com a numeração falada — resulta inaceitável se avaliada a partir de outra de suas conceitualizações — a vinculação entre quantidade de algarismos e magnitude do número.

Como a criança manipula esta contradição entre suas conceitualizações? Toma consciência dela de imediato? Em que é que se apoia para resolvê-las?

Os dados recolhidos até agora sugerem que, no princípio, a contradição detectada pelo observador não se constitui em um conflito para as crianças. Vejamos alguns exemplos:

Pesquisador	Christian	Rubén
Agora vou pedir-lhes que escrevam quatro mil cento e três.	410001003	41000103

Didática da Matemática **105**

Pesquisador	Christian	Rúbem
Qual é o maior, quatro mil ou quatro mil cento e três?	Sempre é maior o de quatro mil.	
Qual é maior?	Porque quatro mil é quatro e três zeros, porém quatro mil cento e três tem mais de três zeros; porque olha, conta: um, dois, três, quatro, cinco (enquanto conta os zeros de sua escrita).	
E o cinco mil, como é?	51000.	50000.
Vamos discutir qual é a diferença que há entre o que vocês dois anotaram.	(Para Christian é o mesmo.)	(Segundo Rubén não é preciso pôr o um).
	Não lembra que antes dissemos que podíamos colocar o mil com o um ou sem o um? Não lembra?	
Parece que Rúbem não está de acordo. Então, entre quatro mil cento e três e cinco mil, qual é maior?	Sempre vai ser maior este. (410001003)	Quatro mil cento e três.
Quatro mil cento e três é maior que cinco mil?	Não..., hum..., sim. Sim, este é maior, porque olha que diferença: Três zeros ali, e aqui... Quantos zeros?	
Ou seja...	(Interrompe) Ah!, porém uma coisa, mais que um milhão NÃO é, não pense que é o último número infinito.	

Pesquisador	Christian	Rubén
Não, não acredito. Podem me explicar um pouco mais por que o quatro mil cento e três é maior que o cinco mil?	Sim, porque este (5100) tem menos zeros.	
E você, Rubén, o que pensa disso?		Este é maior (4000103).
Por quê?		Porque é maior.
Por que tem mais números?		Sim.

Christian e Rubén centram-se exclusivamente na quantidade de algarismos das escritas que eles mesmos produziram e parecem ignorar qualquer outra consideração a respeito do valor dos números representados. Pensam realmente que quatro mil cento e três é maior que cinco mil? Ou sabem que cinco mil é maior que quatro mil cento e três, porém não podem fazer uso aqui deste conhecimento? A dúvida momentânea de Christian (Não..., Hum..., Sim [...]), neste caso, é o único indício que ele poderia ter algum motivo para questionar o juízo que emite baseando-se nas quantidades de algarismos.

As respostas de Gisela (5 anos, pré-escolar) mostram mais claramente que não é suficiente conhecer o valor dos números para tomar consciência do conflito, e menos ainda — para harmonizar as conclusões fundamentadas na quantidade de algarismos:

Pesquisador	Gisela
(Se está trabalhando com dinheiro, Gisela contou notas de dez e de cem.)	
E como é que você junta mil e quinhentos?	Com esta e com esta (pega uma nota de mil e outra de quinhentos).
Muito bem. E mil e quinhentos como se escreve?	Não sei.
Tente, como você achar que se faz.	(Pensa um longo tempo.)
Que números você acha que tem mil e quinhentos?	[...]

Pesquisador	Gisela
Terá um?	Sim.
E cinco?	Sim.
E zero?	Sim.
Então, escreva como lhe parecer conveniente.	(Escreve 1000500) É muito comprido.
Parece muito comprido para ser mil e quinhentos?	Sim.
É ou não é mil e quinhentos?	Sim, é.
Tá bom. Como você escreveria dois mil e quinhentos?	(Escreve 2000500.)
Escute uma coisa. Qual é maior, dois mil e quinhentos ou três mil (mostrando 3000, que Gisela tinha escrito convencionalmente anteriormente).	Dois mil e quinhentos.
Faz três mil com o dinheiro.	(Pega três notas de mil.)
E dois mil e quinhentos?	(Pega duas notas de mil e uma de quinhentos.)
E qual é maior: duas notas e uma assim (duas de mil e uma de quinhentos) ou três assim (três de mil)?	Três assim (mostrando as notas de mil).
Agora olha bem como estão escritos. Você disse que este (3000) é três mil e este (2000500) é dois mil e quinhentos, não é?	Sim.
E qual é maior?	Este (mostra 2000500).
E com o dinheiro (mostrando as pilhas de notas), qual é maior?	Três mil.
E aqui (mostrando as escritas) qual é maior?	Este (2000500).
E não tem importância que com o dinheiro seja maior este (monte de três mil)?	Não, não importa.

Sem dúvida, Gisele sabe — ao menos com referência ao dinheiro — que três mil representa uma quantidade maior que dois mil e quinhentos. No entanto, quando lhe pedimos que compare os números levando em conta a representação escrita que fez deles, parece "esquecer" o significado e centrar-se unicamente na quantidade de algarismos que produziu. Além disso — e apesar de ela mesma ter indicado que sua escrita "1000500" era muito comprida para representar esse número —, parece não dar-se conta da contradição entre suas afirmações sucessivas. É como se ela pensasse: "se presto atenção nas notas, três mil é maior; se me fixo nos números escritos, 2000500 é maior".

Deste modo, ao centrar-se alternativamente nos números referidos e nos significantes — sem relacionar em momento algum estes dois parâmetros —, Gisela evita tomar consciência do conflito que seria formulado se pudesse levar em conta simultaneamente ambas as questões.

As respostas de outros alunos nos mostram que, cedo ou tarde, terão que enfrentar este conflito:

Pesquisador	Dany (6 anos, primeira série)
(Estão se comparando oralmente pares de números, sem referir as comparações a nenhum material específico.)	
Qual será maior, oitocentos ou setecentos e cinquenta?	Oitocentos é maior.
Como você escreveria oitocentos?	(Escreve 800.)
E setecentos e cinquenta?	(Escreve 70050.)
	(Fica perplexo, contemplando os números que escreveu.)

— Outras crianças depois de terem produzido escritas em concordância com a numeração falada, indicam de imediato que "são demasiados números" e — longe de limitar-se a indicá-lo como fez Gisela — fazem reiteradas tentativas de modificar sua produção para conseguir produzir a quantidade de algarismos. É o que fazem, por exemplo, Martín e Dan (citados no ponto anterior) quando transformam sua escrita original para o caso do seis mil trezentos e quarenta e cinco (600030045) em 630045 e 63045 respectivamente. Frente a cada pedido do pesquisador, estas crianças voltam a produzir uma escrita vinculada à numeração falada, porém se mostram insatisfeitos com o resultado e o corrigem, eliminando um ou mais zeros da escrita original. No entanto, o resultado destas correções coincide só em alguns casos com a escrita convencional, porque as crianças sempre deixam "pelo menos" um zero: mil e trinta e seis, por exemplo, chega a ser escrito como 1036 (a partir de 100036), enquanto que a versão final de mil quinhentos e trinta e seis é 10536.

— Luciana também se dá conta do conflito, porém tenta resolvê-lo modificando a leitura do número, em vez de corrigir sua escrita:

Pesquisador	Luciana	Leandro
Como vocês escreveriam oito mil novecentos e vinte e quatro?	(Escreve 800090024.)	(Escreve 8924.)
Comparem o que vocês escreveram.		(Mostrando a escrita de Luciana) Não! Esse é muito grande.
	Bom... (ri). Então agora eu o leio de outra maneira: oito "milhões" novecentos e vinte e quatro.	

Luciana compreende muito bem — e compartilha — a objeção formulada por Leandro. Seguramente, é por isto que propõe uma nova interpretação de sua escrita, fazendo-a corresponder a um número maior, tão alto que pudesse ser representado por uma escrita de nove algarismos. No entanto, quando lhe é pedido — minutos depois — que escreva sete mil e vinte e cinco e mil quinhentos, ela escreve: 7100025 e 1000500.

A primeira manifestação de que as crianças começam a tomar conta do conflito é, portanto, a perplexidade, a insatisfação diante da escrita por elas mesmas produzida. Esta insatisfação leva logo a efetuar correções dirigidas a "diminuir" a escrita — ou a interpretá-la atribuindo-lhe um valor maior —, porém, estas correções somente são possíveis depois de terem produzido a escrita. Deste modo, os ajustes efetuados pelos alunos antes citados representam uma compreensão local: eles conseguem encontrar uma solução mais ou menos satisfatória reduzindo a quantidade de algarismos, porém, esta solução não funciona ainda de forma antecipatória, e por isso voltam a enfrentar-se com o conflito diante de cada novo número que tentam escrever.

Como chegam as crianças a encontrar uma solução que lhes permita superar o conflito formulado?

O processo evidenciado por Nádia ao longo das duas entrevistas que tivemos com ela, com um intervalo de quinze dias, nos ajudará a responder a esta pergunta. Durante o primeiro encontro, suas respostas são semelhantes às de alguns alunos que já citamos:

Pesquisador	Nádia
(Antes, ela escreveu convencionalmente 2000-4000-9000-10000, e produziu outras escritas — 1000100 para mil e cem e 1000500 para mil e quinhentos — estabelecendo correspondência com a numeração falada).	
E novecentos e cinquenta, como você escreveria?	(Fica pensando, escreve 90050, olha longo tempo sua escrita.) Me enganei!
Como é?	Não sei.
E novecentos e cinco, como o escreves?	Assim (9005) ou assim (905).
Das duas maneiras?	Para mim é assim (indica o 905).
Por que em novecentos e cinco colocas um zero e em novecentos e cinquenta colocas dois?	Porque aqui (90050), me enganei... Tem que ser assim: 9050.
E novecentos e quarenta e oito?	(Escreve 9048.)
Entre novecentos e quarenta e oito e mil, qual é mais?	Mil.

(Brincando com dinheiro, o experimentador pede a Nádia que lhe entregue três mil australes. Nadia lhe dá três bilhetes de mil; então lhe pede dois mil trezentos e cinquenta australes. Nadia entrega-os corretamente.)

Que é mais, dois mil trezentos e cinquenta australes ou três mil?	Três mil!
Como você escreveria três mil?	(Escreve 3000.)
E dois mil trezentos e cinquenta?	(Escreve 200030050.)

Pesquisador	Nádia
Por que este que é menor tem tantos números?	Como é menor?
Você me disse antes que dois mil trezentos e cinquenta é menor que três mil.	Não, não sei. (Fica muito preocupada, pensa um longo tempo.)
Tens algum problema?	Sim.
Qual é o problema?	Que não entendo nada.

Para mim parece que entendes um monte.	(Ri)... Mas isto é muito esquisito... porque olha: (mostrando sua escrita anterior)
	    2000 300 50
	  dois mil trezentos cinquenta

Se escreve assim?	Eu acho que não (ri). Porque não tenho outra maneira de escrevê-lo... Por agora o escrevo assim.
Então te parece que não é assim, porém como não tens outra maneira, o escreves assim.	Isso mesmo.
E como tu achas que se deveria escrever? Com mais números ou com menos?	Com menos.
Com quantos números te parece que deve ser escrito?	Três... Quatro... Algo assim.
Mais ou menos como qual?	Como este (mostra 9000, depois de ter revisado suas escritas anteriores).

Pode observar-se que Nádia começa a "diminuir" suas escritas: no caso de novecentos e cinco, ela propõe desde o começo duas possibilidades, uma das quais está em correspondência com a numeração falada, enquanto a outra — a que finalmente escolhe e que coincide com a convencional — tem um zero a menos. Depois de corrigir neste mesmo sentido sua escrita original de novecentos e cinquenta, ela produz diretamente 9048 para novecentos e quarenta e oito, omitindo desta vez "de modo antecipatório" o outro zero (de novecentos) que provavelmente teria incluído se não estivesse tentando controlar suas escritas para que incluíssem menos algarismos do que os que resultam ao estabelecer correspondência com a numeração falada. No entanto, a antecipação com respeito à eliminação de zeros deixa de funcionar quando se trata de escrever dois mil trezentos e cinquenta. E mais: apesar de ter acabado de afirmar (em relação aos australes) que três mil é maior que dois mil trezentos e cinquenta, ela parece "esquecer" esta afirmação quando o pesquisador a vincula à quantidade de algarismos de suas escritas e pergunta surpresa: "como que é menor?".

Apesar desse "esquecimento", Nádia está em condições de reconhecer que está se defrontando com um sério problema que, cedo ou tarde, terá que resolver e que a levará a modificar sua conceitualização da escrita numérica. A consciência que ela tem da provisoriedade do conhecimento *"por enquanto* escrevo assim" é francamente notável.

Ainda que desta vez ela não corrija sua escrita (200030050), suas respostas finais indicam que sabe em que direção iria corrigi-la: trata-se de conseguir que esta escrita tenha só quatro algarismos. Como fazer?

Este é o problema que fica formulado ao final da primeira entrevista e Nádia seguirá refletindo acerca dele em nossa ausência. De fato, ao iniciar o segundo encontro, ela indica:

Pesquisador	*Nádia*
	Da outra vez fiz tudo errado, me enganei muito.
Por que você acha que errou muito?	Porque nos números grandes, por exemplo o duzentos... o duzentos e cinco, eu o fiz assim: 2005, e tinha que fazer assim: 205.
Como você descobriu que duzentos e cinco é assim? (205)	Depois fiquei pensando que tinha me enganado... Não sei como explicar.
E duzentos e trinta e cinco como é?	235 (Escreve o zero em cima do três)
Não leva nenhum zero no duzentos e trinta e cinco?	Não.
E no outro dia você tinha escrito 2035?	Sim.
E naquela vez, por que parecia que levava zero?	Não sei.
E como você escreve novecentos e cinquenta e oito?	958.

Pesquisador	Nádia
Não leva zeros? Nenhum zero?	Não.
E novecentos e cinco?	(Escreve 9050, o risca, logo escreve 900 e coloca um cinco sobre o último zero.) 905.
Por que aqui (905) leva zero e ali (958) não leva zero?	Porque aqui (905) é cinco e ali (958) cinquenta e oito... Porque cinquenta e oito são dois números e cinco é um só.
E o que acontece se a este (905) não coloco nenhum zero?	Se não colocar nenhum zero, é noventa e cinco. Precisa colocar para que se saiba que é novecentos e cinco.
[...] E o dois mil e quinhentos, como será?	5 2500. (Escreve primeiro 2000, com o 5 sobre o primeiro zero.)
Você pode contar o que pensou?	Não sei.
E o dois mil quinhentos e cinquenta e oito?	558 2558 (Escreve primeiro 2000 e logo, sobre os zeros, 5, 5 e 8).
Que fantástico! Me explique como fez, assim eu conto a outras crianças: esse método que você utilizou pode servir a outras crianças.	Primeiro coloco dois mil, e depois vou colocando... coloco quinhentos e cinquenta e oito, porque se me engano e coloco um zero fica "solto".

Nádia elaborou uma estratégia que lhe permite superar o conflito formulado: ela pode agora — ao contrário do que acontecia na entrevista anterior — antecipar com exatidão a quantidade de algarismos que terá o número solicitado. Esta antecipação parece ser possível graças a uma ressignificação da relação entre a escrita dos "nós" e a dos números posicionados nos intervalos entre eles.

De fato, as últimas produções de Nádia apoiam-se — como as anteriores — na escrita convencional dos "nós" (900 ou 2000 neste caso), porém, a maneira em que se utiliza este apoio variou radicalmente: enquanto que antes se justaposicionavam os símbolos correspondentes às partes da denominação oral do número (2000 300 50, por exemplo) — e logo faziam-se correções para "diminuir" o número resultante —, agora a escrita do número se usa como modelo útil para fixar a quantidade de algarismos que deve ter o número a ser representado que então é "recheado", substituindo os zeros pelos números correspondentes.

Notemos que Nádia descobriu a possibilidade de usar de outra maneira uma informação que já possuía. Por que a descobriu neste momento e não antes? Porque esta possibilidade adquire sentido — acreditamos — quando se constitui no instrumento que permite resolver um conflito do qual tomou consciência. A utilização da escrita do "nó" como modelo para a de outros números aparece precisamente quando Nádia está se perguntando como fazer para diminuir a quantidade de algarismos de sua escrita e, mais precisamente ainda, como fazer para reduzi-la à mesma quantidade de algarismos que corresponde aos "nós" entre os quais estão compreendidos os números que tenta representar.

Portanto, quando Nádia antecipa que a escrita de dois mil trezentos e cinquenta terá quatro algarismos, seguramente não baseia-se só no conhecimento específico de que dois mil se escreve com essa quantidade de algarismos, mas também em uma outra conclusão mais geral que ela — como muitos outros alunos — elaborou a partir da informação fornecida pela escrita convencional: os centos têm três algarismos, os milhares quatro.

Em síntese, as escritas que correspondem à numeração falada entram em contradição com as hipóteses vinculadas à quantidade de algarismos das notações numéricas. Tomar consciência deste conflito e elaborar ferramentas para superá-lo parecem ser passos necessários para progredir até a notação convencional.

Temos tentado descrever os aspectos essenciais do processo através do qual as crianças se aproximam da compreensão sobre a natureza de nosso sistema de numeração; mostramos que as crianças produzem e interpretam escritas convencionais muito antes de poder justificá-las apelando à lei do agrupamento recursivo; colocamos em evidência conceitualizações e estratégias que as crianças elaboram em relação à notação numérica.

É uma opção didática levar em conta ou não o que as crianças sabem, as perguntas que se fazem, os problemas que se formulam e os conflitos que devem superar. É também uma decisão didática levar em consideração a natureza do objeto de conhecimento e valorizar as conceitualizações das crianças à luz das propriedades desse objeto. A posição que em tal sentido temos assumido inspira tanto a análise da relação existente entre as conceitualizações infantis e o sistema de numeração como a crítica ao ensino usual e o trabalho didático que propomos. De todas estas questões falaremos nos pontos seguintes.

III

Relações entre o que as crianças sabem e a organização posicional do sistema de numeração

Segundo afirmam as crianças, um número é maior que outro "porque tem mais algarismos" ou "porque o primeiro é quem manda". O saber que assim se expressa se refere a propriedades dos números ou a propriedades da notação numérica?

A pergunta que antecede pode resultar estranha: estamos tão acostumados a conviver com a linguagem numérica que em geral não distinguimos o que é próprio dos números como tais — quer dizer, do significado — das propriedades do sistema que usamos para representá-los. No entanto, esta distinção é necessária.

Com efeito, enquanto as propriedades dos números são universais, as leis que regem os diferentes sistemas de numeração produzidos pela humanidade não o são.

"Oito é menor que dez" é uma afirmação válida em qualquer cultura, independentemente do sistema de numeração que ela utiliza. Porém, se esta afirmação se justifica afirmando que "oito tem um só algarismo e dez tem dois", se está utilizando uma argumentação que é específica dos sistemas posicionais, já que nos sistemas não posicionais a quantidade de algarismos não está relacionada com o valor do número.

Então, o que tem o sistema posicional que os outros não têm? Justamente, a posicionalidade. Ela é a responsável pela relação quantidade de algarismos-valor do número; dela depende também a validade do "o primeiro é quem manda".

Em nosso sistema de numeração — como é sabido —, o valor que representa cada algarismo se obtém multiplicando esse algarismo por uma determinada potência de base. Se um número tem mais algarismos que outro, necessariamente intervieram em sua decomposição potências de dez de *maior grau* que as envolvidas no outro, e em consequência será maior.

Por outro lado, quando se trata de dois números da mesma quantidade de algarismos — com exceção dos que comecem com o mesmo algarismo — é o primeiro quem determina qual é o maior, porque esse algarismo indica por quanto deve ser multiplicada a potência de grau maior que "intervém" no número. Por razões semelhantes, se os primeiros algarismos fossem iguais, a responsabilidade de determinar o número maior seria transferida ao algarismo imediatamente posterior, e assim sucessivamente.

O contraste com sistemas não posicionais contribui para esclarecer a questão. Vejamos, por exemplo, o que acontece no sistema de numeração egípcio (5000 a.C.), que era aditivo e dispunha de símbolos só para representar as potências de 10. O número 3053 se anotava assim:

No sistema egípcio, a quantidade de símbolos de um número não informa a respeito de sua magnitude: para representar, por exemplo, 9999 utilizam-se 36 símbolos, enquanto que 10000 representava-se com um símbolo só.

Além disso, cada símbolo representava sempre o mesmo valor, não importando a posição que ocupasse e mesmo que uma convenção estabelecesse determinada ordem de notação, esta notação podia ser alterada sem que por isso mudasse a interpretação do número representado.

É indubitável que, se nossos entrevistados houvessem sido crianças egípcias do ano de 5000 a.C., teríamos obtido resultados muito diferentes. Como se trata de crianças nascidas nos umbrais do século XXI, imersas numa cultura digitalizada, suas conceitualizações apontam à organização posicional de nosso sistema de numeração.

No entanto, como já vimos, nem tudo é posicional na vida das crianças. A numeração falada se interpõe no caminho da posicionalidade e dá origem a produções "aditivas". Estas produções são facilmente interpretadas não só pelos adultos, como também pelos colegas que já escrevem convencionalmente os números em questão, o que coloca em evidência uma indubitável vantagem dos sistemas aditivos: sua transparência.

De fato, para interpretar um número representado de maneira aditiva — seja em um sistema como o egípcio ou nas aproximações de nossas crianças, baseadas na numeração falada — é suficiente somar os valores dos símbolos utilizados.[8]

---

[8] Entendemos que quando as crianças produzem uma escrita como 1000500 (1500), estão usando 1000 e 500 como "símbolos originais".

Um sistema posicional é ao mesmo tempo muito menos transparente e muito mais econômico que um sistema aditivo.

É menos transparente porque o valor de cada símbolo depende da posição que ocupa, e porque essa posição é o único vestígio da presença de uma potência da base. Ao contrário do que acontece ao interagir com outros sistemas que utilizam símbolos específicos para indicar a potência da base, para interpretar um número representado em um sistema posicional é necessário inferir qual é a potência da base pela qual deve-se multiplicar cada algarismo.

É mais econômico porque, justamente como consequência do valor posicional, uma quantidade finita de símbolos dez — em nosso caso — é suficiente para registrar qualquer número.[9] Em um sistema como o egípcio, no entanto, a quantidade de símbolos necessários para que seja possível escrever qualquer número não é finita: se dispõe de símbolos para um, dez, cem, mil, dez mil, cem mil e um milhão — são os que provavelmente existiram na cultura egípcia — e se pode escrever qualquer número até nove milhões, novecentos e noventa e nove mil, novecentos e noventa e nove, porém será necessário criar um novo símbolo para representar dez milhões. A criação deste novo símbolo permite estender a escrita a todos os números menores que cem milhões, porém a representação deste último exigirá um novo símbolo e esta exigência voltará a apresentar-se cada vez que apareça uma nova potência de base.

Economia e transparência não são variáveis independentes: quanto mais econômico é um sistema de numeração, menos transparente se apresenta. Um sistema como o egípcio é quase uma tradução das ações de contar, agrupar e reagrupar; foi necessário ocultar essas ações por trás da posicionalidade para conseguir um sistema cuja economia seja indiscutível.

Quem, como as crianças, tenta apropriar-se de nosso sistema de numeração, deverá descobrir o que ele oculta. Elas começam — como vimos — por detectar aquilo que lhes resulta observável no contexto da interação social. A partir destes conhecimentos, multiplicam suas perguntas a respeito do sistema e com elas chegam à escola. As respostas oferecidas no âmbito escolar correspondem verdadeiramente às perguntas que as crianças formulam?, deveriam sê-lo? É válido o esforço da escola por explicitar tudo aquilo que o sistema de numeração oculta? Tem sentido a tentativa de evitar que as crianças enfrentem a complexidade da notação

---

[9] Atualmente estamos tentando estabelecer como e quando as crianças descobrem esta característica de nosso sistema.

numérica? Por que reduzir a reflexão sobre o sistema ao ritual associado às unidades, dezenas, centenas...?

IV

Questionamento do enfoque usualmente adotado para ensinar o sistema de numeração

A modalidade que o ensino da notação numérica em geral assume pode caracterizar-se assim:

— Estabelecem-se metas definidas por série: na primeira trabalha-se com números menores que cem, na segunda com números menores que 1000 e assim sucessivamente. Só a partir da quinta série manipula-se a numeração sem restrições.
— Uma vez ensinados os dígitos, se introduz a noção de dezena como conjunto resultante do agrupamento de dez unidades, e só depois apresenta-se formalmente para as crianças a escrita do número dez, que deve ser interpretada como representação do agrupamento (uma dezena, zero unidades). Utiliza-se o mesmo procedimento cada vez que se apresenta uma nova ordem.
— A explicação do valor posicional de cada algarismo em termos de "unidades", "dezenas", etc., para os números de determinado intervalo da série considera-se requisito prévio para a resolução de operações nesse intervalo.
— Tenta-se "concretizar" a numeração escrita materializando o agrupamento em dezenas ou centenas.

Dito de outro modo, precisa-se: trabalhar passo a passo e com perfeição, administrar o conhecimento ministrando-o em cômodas quotas anuais, transmitir de uma vez só e para sempre o saber socialmente estabelecido.

É como os números que apresentam-se um a um e o fazem com método; além de dar seu nome, esforçam-se por exibir seu patrimônio em matéria de dezenas e unidades. Fornecem informação exaustiva acerca de seus dados pessoais, porém o âmbito de suas relações é tão limitado que se reduz aos vizinhos mais chegados.

Pretende-se simultaneamente graduar o conhecimento e chegar desde o começo ao saber oficial. São compatíveis estas duas intenções?

Se recortamos drasticamente o universo dos números possíveis, se — ao introduzir os números de um em um e predeterminar uma meta para cada série escolar — se obstaculiza a comparação entre diferentes intervalos da sequência e dificulta-se a descoberta das regularidades, estaremos propiciando realmente o acesso às regras que organizam o sistema de numeração? E se isto não acontece assim, qual é o "saber oficial" que efetivamente se está ministrando?

Saber aprimorado e *graduação do saber* parecem incompatíveis. Teremos que renunciar à esperança de comunicar de imediato o saber definitivo, ou deveremos renunciar à "dosificação" do conhecimento. Ou talvez seja necessário renunciar a ambas.

"Passo a passo e aperfeiçoadamente" *é* — por outro lado — uma afirmação que as crianças não estão dispostas a aceitar: elas pensam ao mesmo tempo sobre os "dezes", os milhões e os milhares, elaboram critérios de comparação fundamentados no contraste entre categorias de números mais ou menos afastados; podem conhecer a notação convencional de números muito "grandes" e ainda assim não manipular os números menores. As crianças não precisam — lembremos — apelar a "dezenas" e "unidades" para produzir e interpretar escritas numéricas; saber "tudo" acerca dos números não é portanto requisito para usá-los em contextos significativos.

Antecipamos uma possível objeção: ainda que seja possível prescindir de unidades e dezenas quando só se trata de ler e escrever números, não será possível deixá-las de lado no momento de resolver operações. Esta objeção é parcialmente válida, como quando pensamos nos algarismos convencionais — nos famosos "vai um" e "peço emprestado" — como único procedimento possível; deixa de sê-lo quando se admitem algarismos alternativos.

Por que pensar em algarismos alternativos? Porque os procedimentos que as crianças elaboram para resolver as operações têm vantagens que não podem ser depreciadas se comparadas com os procedimentos usuais na escola.

Uma desvantagem evidente dos algarismos convencionais é que — por exigirem que se some ou subtraia "em coluna", isolando cada vez os algarismos que correspondem a um mesmo valor posicional — pode-se perder de vista quais são os números com os quais se está operando. Algo muito diferente acontece com as propostas das crianças, já que — como veremos no próximo ponto — as formas de decomposição que elas colocam em prática permitem conservar o valor dos termos na operação.

Por outro lado, enquanto que a antecipação do resultado se torna difícil (ou impossível) quando se começa a somar ou a subtrair pela direita — isto é, pelo menor valor posicional —, a persistente decisão das crianças de começar pela esquerda explicitando o valor representado pelos algarismos[10] coloca em primeiro plano o cálculo aproximado, o qual permite controlar o resultado.

Desta maneira os procedimentos das crianças fazem desaparecer a diferença entre contas "com dificuldade" e "sem dificuldade".

Se a interpretação dos algarismos em termos de dezenas e unidades não é requisito para a leitura e escrita de números, se também não é condição necessária para resolver operações, por que tomá-la como ponto de partida? Valerá a pena investir tanta energia em uma tentativa cujo resultado quase inevitável é o recitado mecânico dos termos em questão?

O esforço para conseguir que as crianças compreendam algo tão complexo como nosso sistema de numeração — e para evitar o risco de uma simples memorização — tem levado a utilizar diferentes recursos para materializar o agrupamento.

Um destes recursos consiste em criar um código que introduz símbolos específicos — círculos, quadrados, triângulos — para representar aquilo que em nosso sistema só pode inferir-se a partir da posição: as potências de dez. Os símbolos em questão devem somar-se para determinar qual é o número representado.

A semelhança com o sistema egípcio é notável. E a esta semelhança se refere o núcleo de nossa objeção: paradoxalmente, para que as crianças compreendam a posicionalidade, se faz desaparecer a posicionalidade.

Uma crítica semelhante pode aplicar-se a outro dos recursos usuais na escola: colocar em correspondência o algarismo posicionado no lugar das unidades com elementos "soltos", o posicionado no lugar das dezenas com "agrupamentos" de dez, e o que está no lugar das centenas com "agrupamentos de cem". Esta maneira de proceder tem a vantagem de apelar ao agrupamento realizado pelas crianças em vez de partir de um código imposto; no entanto, ao considerar o resultado final da agrupação, apresenta o mesmo inconveniente que a materialização através de figuras geométricas: a posição deixa de ser importante para se entender de que número se trata, já que, seja qual for a ordem em que forem colocados os "agrupamentos" e os "palitinhos" soltos, o total de elementos será sempre o mesmo.

O pressuposto subjacente aos dois recursos descritos parece ser o seguinte: para que o nosso sistema de numeração resulte compreensível, é necessário transformá-lo em outro sistema de numeração.

---

[10] Se se trata — por exemplo — de somar 83 e 35, um procedimento possível seria: 80 + 10 = 90; 90 + 10 = 100; 100 + 10 = 110; 110 + 8 = 118

Finalmente, analisaremos a utilização do ábaco, um instrumento que — diferentemente dos materiais anteriores — reflete claramente a posicionalidade do sistema.

Duas ideias subjazem ao emprego didático do ábaco: agrupar e reagrupar são ações imprescindíveis para compreender a posicionalidade; a representação de uma quantidade no ábaco pode traduzir-se diretamente à notação numérica convencional, e essa tradução traz luz sobre a organização do sistema.

Os dois pressupostos são objetáveis segundo nossa perspectiva. Por um lado, como vimos, a noção de agrupamento não é a origem da posicionalidade: as crianças descobrem esse princípio de maneira totalmente independente das ações de agrupar e reagrupar objetos, o elaboram a partir de sua ação intelectual sobre as escritas numéricas que as rodeiam. Por outro lado, para que apelar a uma tradução se a versão original está ao alcance da mão?

De qualquer forma, se o ábaco fosse hoje — como o foi na antiguidade — um instrumento de cálculo socialmente vigente, sua utilização na escola estaria com certeza justificada. Dadas as condições atuais, não deveríamos decidir-nos a substituir o ábaco pela calculadora?

Todos os recursos concretizadores que analisamos têm em comum a esperança de reconstruir uma relação entre a notação numérica e as ações de agrupar e reagrupar. Esta relação, que efetivamente possibilitou a invenção dos diversos sistemas de numeração produzidos no transcurso da história, já não está presente no uso social que se faz do sistema. Talvez por isso as crianças não necessitem pensar que alguém formou oito grupos de dez e depois reagrupou formando oito grupos de cem para entender que, em 880, o primeiro oito representa oito centos, e o segundo oito "dezes".

A notação numérica aparece diante das crianças como um dado da realidade: é necessário entender o mais cedo possível como funciona, para que serve, em que contextos se usa; averiguar por que chegou a ser como é não é tão urgente para elas, talvez porque compreendê-lo não seja de maneira nenhuma um ponto de partida e sim possa constituir-se no ponto de chegada que se faz possível depois de um longo e complexo percurso.

Alguma coisa está falhando no jogo de perguntas e respostas que — segundo este enfoque — tem lugar na aula: oferecem-se respostas para aquilo que as crianças não perguntam, se ignora que eles já encontraram algumas respostas e que ainda se fazem muitas perguntas, evita-se formular perguntas que poderiam orientar a busca de novas respostas.

Se não é restringir a numeração, se não é explicitar o valor dos algarismos em termos de dezenas e unidades, se não é apelar exclusivamente aos algoritmos convencionais, se não é apoiar-se em concretizações externas ao sistema, se não é apontar de início para o saber acabado..., qual será então o caminho que pode delinear-se no contexto escolar para andar entre os números?

V

Mostrando a vida numérica da aula

> [...] O ensino direto do saber é impossível. [...] o uso e a destruição dos conhecimentos precedentes fazem parte do ato de aprender. Consequentemente, temos que admitir uma determinada reorganização didática do saber, que troca seu sentido, e temos que admitir também — ao menos de modo transitório — uma determinada dose de erros e contradições, não só por parte dos alunos, mas também por parte do ensino."
>
> G. Brousseau

> "Como por enquanto não tenho outra maneira de escrever isso, escrevo assim"
>
> Nádia

Trabalhar com a numeração escrita e só com ela; abordá-la em toda sua complexidade; assumir que o sistema de numeração — enquanto objeto de ensino —passará por sucessivas definições e redefinições antes de chegar a sua última versão. São estas as ideias que desde o princípio orientaram nosso trabalho didático.

Do uso à reflexão e da reflexão à busca de regularidade, esse é o percurso que proporemos reiteradamente.

Usar a numeração escrita é produzir e interpretar escritas numéricas, é estabelecer comparações entre tais escritas, é apoiar-se nelas para resolver ou representar operações.

Usar a numeração escrita — quando alguém está tentando apropriar-se dela — torna possível que apareçam, em um contexto pleno de significado, problemas que poderão atuar como motor para desvendar a organização do sistema.

A busca de soluções levará a estabelecer novas relações, a refletir sobre as respostas possíveis e os procedimentos que conduziram a elas, a argumentar a favor ou contra as diferentes propostas, a validar determinados conhecimentos e a rejeitar outros. No decorrer deste processo, começam a surgir as regularidades do sistema.

As regularidades aparecem ou como justificação das respostas e dos procedimentos utilizados pelas crianças — ao menos para algumas delas — ou como descobertas que é necessário propiciar para tornar possível a generalização de determinados procedimentos ou a elaboração de outros mais econômicos.

A análise das regularidades da numeração escrita é — como todos sabemos — uma fonte insubstituível de progresso na compreensão das leis do sistema por parte das crianças.

Então, se pretendemos que o uso da numeração seja realmente o ponto de partida da reflexão, se esperamos que seja efetivamente possível estabelecer regularidades, torna-se necessário adotar outra decisão: trabalhar desde o começo e simultaneamente com diferentes intervalos da sequência numérica. Deste modo, será possível favorecer comparações entre números da mesma e de diferentes quantidades de algarismos, promover a elaboração de conclusões — tais como "os cens precisam de três, os mils de quatro" — que funcionaram como instrumentos de autocontrole de outras escritas numéricas, propiciar o conhecimento da escrita convencional dos "nós" e sua utilização como base da produção de outras escritas, conseguir — em suma — que cada escrita se construa em função das relações significativas que mantêm com as outras.

Introduzir na sala de aula a numeração escrita tal como ela é, e trabalhar a partir dos problemas inerentes à sua utilização, são duas regras a que nos submetemos inelutavelmente na complexidade do sistema de numeração.

O desafio que este enfoque produz é evidente: supõe correr o risco de desafiar as crianças com problemas cuja resolução ainda não lhes foi ensinada, obriga a trabalhar simultaneamente com respostas corretas — ainda que às vezes parcialmente — e com respostas erradas, assim como também a encontrar maneiras de articular procedimentos ou argumentos diferentes para tornar possível a socialização do conhecimento. Trata-se, então, de aceitar a coexistência de diferentes conceitualizações a respeito do sistema, de investir todo o esforço necessário para conseguir que a diversidade — no lugar de constituir-se em um obstáculo — opere a favor do processo do grupo e de cada um de seus membros.

O trabalho em aula está assim envolvido pela provisoriedade: não só são provisórias as conceitualizações das crianças como também o são os aspectos do "objeto" que é colocado em primeiro plano, os acordos grupais que são fomentados, as conclusões que vão sendo formuladas, os conhecimentos que se consideram exigíveis.

Complexidade e provisoriedade são pois didaticamente inseparáveis. Se decidimos abordar a complexidade, teremos de renunciar a estabelecer no início todas as relações possíveis, e será necessário optar pela reorganização progressiva do conhecimento. Reciprocamente, se alguém se atreve a abordar a complexidade é precisamente porque aceitou a provisoriedade.

Complexidade e provisoriedade são inevitáveis. O são porque o trabalho didático é obrigado a levar em conta tanto a natureza do sistema de numeração como o processo de construção do conhecimento.

O sistema de numeração na aula

Ao pensar no trabalho didático com a numeração escrita, é imprescindível ter presente uma questão essencial: trata-se de ensinar — e de aprender — um sistema de representação. Será necessário criar, então, situações que permitam mostrar a própria organização do sistema, como descobrir de que maneira este sistema "encarna" as propriedades da estrutura numérica que ele representa.

Já que o sistema de numeração é portador de significados numéricos — os números, a relação de ordem e as operações aritméticas envolvidas em sua organização —, operar e comparar serão aspectos ineludíveis do uso da numeração escrita. Também será imprescindível produzir e interpretar escritas numéricas, já que produção e interpretação são atividades inerentes ao trabalho com um sistema de representação.

Estas quatro atividades básicas — operar, ordenar, produzir, interpretar — constituem eixos ao redor dos quais organizam-se as situações didáticas que propomos.

Pois bem, quando — diante das exigências que nos estabeleceu a escrita deste artigo — tentamos classificar as situações realizadas em aula, descobrimos que não era possível formar simplesmente quatro grupos (um correspondente a cada eixo). De fato, produzir, interpretar, ordenar e comparar são atividades tão estreitamente vinculadas na prática didática que fica difícil diferenciá-las com clareza: por um lado, para comparar números e para realizar operações é em geral necessário produzir ou interpretar notações numéricas; por outro lado, em muitos casos, a relação de ordem intervém na produção e interpretação de escritas numéricas.

É por isso que optamos por construir duas grandes categorias: a primeira abrange todas as situações didáticas que de alguma maneira se vinculam à relação de ordem e a segunda abrange aquelas situações que estão centradas nas operações aritméticas. Produção e interpretação aparecem incluídas em cada uma destas categorias.

Seguramente, esta classificação estará sujeita a sucessivas revisões. Como diria Nádia, "por enquanto fazemos assim".

1. Situações didáticas vinculadas à relação de ordem

A relação de ordem está presente nas situações propostas de duas maneiras diferentes: em alguns casos, é o eixo da atividade formulada; em outros, intervém como estratégia para resolver situações que não estão centradas nela.

1.1. Uma proposta: comparar números

Por que propor atividades centradas na comparação? Quando os números são representados através do sistema decimal posicional, a relação de ordem — como vimos — adquire uma especificidade vinculada à ordenação do sistema. É justamente esta especificidade que se tenta mobilizar a partir das situações de comparação que são propostas às crianças.

Suponhamos, por exemplo, que tenhamos decidido instalar na aula diferentes "negócios" — cujo funcionamento servirá como fonte de múltiplos problemas aritméticos — e que estamos organizando a "loja". Dizemos às crianças que, com as balas que temos (todas iguais) faremos pacotes que tenham quantidades diferentes (4, 26, 62, 30, 12 e 40) e que os preços desses pacotes são (em centavos) os seguintes: 45, 10, 40, 60, 25, 85. Pedimos, então, que elas decidam qual é o preço de cada tipo de pacote e o anotem. Então lhes será proposto que, em pequenos grupos, comparem suas anotações com seus colegas e que, em caso de divergências, argumentem a favor ou contra as diferentes anotações. Finalmente, se discutirá com todo o grupo, com a finalidade de estabelecer acordos.

Esta situação requer que as crianças ordenem — seja qual for a estratégia que utilizem para fazê-lo — os dois conjuntos de números apresentados, ordenamento que esteja orientado por uma lógica provavelmente compartilhada pela maioria das crianças: quanto maior seja a quantidade de balas, maior será o preço do pacote.

Os critérios de comparação presentes nesta atividade — "o primeiro é quem manda", "a maior quantidade de números..."[11] — não serão necessariamente colocados em ação por todos os membros do grupo. Surgem então duas perguntas que — com toda justiça — o leitor se estará

---

[11] Note-se que é necessário escolher os números de maneira tal que efetivamente permitam mobilizar os critérios em questão.

formulando neste instante: como resolvem a atividade as crianças que não utilizam critérios vinculados ao sistema?, o que aprendem as crianças que elaboraram esses critérios?

A diversidade, como de costume, faz sua aparição através das respostas das crianças: algumas realizam — com maior ou menor esforço — o ordenamento correto, outras ordenam alguns números e aventuram uma sequência possível para os demais, há as que não se atrevem a fazer nada sem consultar e também há aquelas que se limitam a copiar as anotações de algum colega.

Para as crianças que realizam o ordenamento sem esforço, o momento da discussão é também o momento da aprendizagem: por um lado, a necessidade de fundamentar sua produção os levará a conceitualizar aquilo que até o momento era um simples recurso que utilizavam, porém sobre o qual seguramente ainda não tinham refletido; por outro lado, a elaboração de argumentos para apoiar as produções de seus colegas enriquecerá sua conceitualização. As crianças que conseguem ordenar os números através de um processo que inclui muitas autocorreções aprendem tanto durante o processo — a tarefa para estes ainda constitui um desafio — como quando têm de defender sua produção frente aos demais.

As crianças que estabelecem uma ordem parcial — seja porque se baseiam só na série numérica oral e ordenam então as escritas numéricas cuja denominação conhecem, seja porque utilizam unicamente o critério que permite comparar números de diferentes quantidades de algarismos — aprendem ao longo de toda a situação. De fato, enquanto ordenam, se vêm obrigadas a formular, talvez pela primeira vez, a pergunta: em que basear-se para estabelecer comparações entre os números que não conseguiram incluir no ordenamento? Durante a discussão, as argumentações de seus colegas abrirão o caminho até a resposta. Formular uma nova pergunta constitui uma aprendizagem, porque é o ponto de partida para a elaboração de um novo conhecimento; escutar as respostas que as outras crianças dão a essa pergunta sempre torna possível algum progresso: pode acontecer que esta resposta — no melhor dos casos — seja assimilada imediatamente como própria, ou que gere novas perguntas, ou que — pelo menos — permita inteirar-se de que essas perguntas têm resposta e descobrir então que vale a pena buscá-las.

As crianças que não arriscam nenhuma resposta sem consulta prévia também aprendem, porque também se fazem perguntas e, portanto, o que seus colegas lhes contestam adquirirá necessariamente algum significado em relação à pergunta formulada: pode ser que confirme o que elas tinham pensado, mas não se atreviam a afirmar, pode ser que entre em contradição com suas ideias prévias e gere então novas perguntas ou que resulte em uma informação nova que terão que começar a processar. É difícil saber, entretanto, o que aprendem as que se limitam a copiar — são muitas as causas que podem motivar esta atitude — portanto é fundamental incentivá-las a refletir a respeito de suas anotações e a encarar a responsabilidade de produzir uma resposta própria. Tanto as que consultam sem cessar como as que unicamente copiam, estão "dando sinais" que será necessário registrar: teremos que intervir orientando-as para formas de trabalho mais autônomas.

Procurar que as crianças consultem a si mesmas antes de apelar a uma ajuda externa, que cada criança recorra, antes de mais nada, ao que sabe da numeração falada e da numeração escrita e descubra que alguns de seus conhecimentos são pertinentes para resolver o problema formulado, é talvez a melhor maneira de incentivar a autonomia.

Estimular a utilização de materiais em que apareçam números escritos em sequência — fita métrica, almanaque, régua, etc. — torna possível que as crianças aprendam a buscar por si mesmas a informação que necessitam. Apelar a estes materiais resulta útil para todas as crianças: as que estão em condições de ordenar todos os números propostos poderão utilizá-los para verificar sua produção; as que podem fazer ordenamentos parciais descobrirão como completá-los, já que seguramente sabem que nesses materiais — "os números que estão depois são maiores"; as que ainda não utilizam critérios de comparação, descobrirão que nestes suportes os números propostos aparecem localizados em uma determinada ordem, a qual — além de permitir-lhes efetuar o ordenamento solicitado — talvez as leve a se perguntar a respeito das razões dessa ordem.

Em síntese, no transcurso desta situação, todas as crianças têm oportunidades de buscar uma resposta, todas crescem graças ao trabalho cooperativo, todas realizam uma aprendizagem.

Situações semelhantes à formulada podem ser propostas apelando a contextos diferentes: ordenar as idades dos familiares das crianças que fazem parte de um grupo, decidir a ordem em que serão atendidas na "padaria" as crianças que pegaram determinadas fichas de atendimento, estabelecer comparações entre as alturas dos membros do grupo — expressas em centímetros — depois de se terem medido... Por outro lado, todas as situações incidentais onde se estabeleça uma ordem de prioridade — por exemplo, quando se leem notícias em que apareçam levantamentos de opinião pública sobre um problema de atualidade — podem dar lugar a discussões acerca dos critérios de comparação.

Mesmo que muitas das situações que propomos — ainda mais no princípio — reproduzam contextos cotidianos nos quais ordenar números faz sentido, esta contextualização nem sempre é imprescindível: a avidez das crianças por desvendar os mistérios que envolvem o sistema de numeração faz deste um objeto digno de ser considerado em si mesmo. Então, torna-se possível e produtivo formular algumas atividades que estejam centradas nos números como tais. É o que acontece, por exemplo, nas seguintes situações:

— Formar, com três algarismos determinados, todos os números possíveis de dois e três algarismos e ordená-los em sequência. Se se permite que os algarismos se repitam nos números que serão formados, a atividade resulta muito mais complexa, já que neste caso será necessário formar e ordenar trinta e seis números no lugar de doze.
— Dado um número de dois algarismos (45, por exemplo), onde será preciso colocar um terceiro algarismo (4, por exemplo) para que fique formado o maior número possível? A situação se desencadeia propondo sucessivamente diferentes "terceiros algarismos", para logo discutir em que situações é preciso colocá-los à direita e em quais à esquerda, elaborar uma conclusão geral e fundamentá-la.

Quando a maioria das crianças coloca em jogo critérios de comparação válidos para produzir ordenações, a discussão acerca da fundamentação pode avançar um passo a mais: vale a pena perguntar-se *por que* é o primeiro quem manda, *por que* é maior o número que tem mais algarismos que outro. Muda então o eixo da discussão: já não se trata de apelar aos critérios para fundamentar o ordenamento; agora se trata de buscar a própria fundamentação dos critérios. Esta reflexão conduzirá a uma compreensão mais profunda da organização do sistema, ao promover que se estabeleça a relação entre os critérios elaborados e o valor de cada algarismo em termos de "dezes" ou "cens".

Quando se lhes pede a fundamentação dos critérios, algumas crianças se veem obrigadas a explicitar relações que já utilizavam sem sabê-lo; outras coordenam conhecimentos que possuíam, porém ainda não tinham relacionado, e outras realizam uma descoberta que se torna possível para elas só no contexto desta discussão. Deste modo, afirmações como: "Não importa quais sejam os números; se ele tem três (algarismos) é maior porque é dos 'cens' e esses são dezes' ou "você precisa se fixar no primeiro porque assim saberá (em um número de dois algarismos) quantos 'dezes'", há", são as conclusões mais comuns de histórias diferentes para diferentes crianças.

1.2. A proposta é produzir ou interpretar — a ordem é um recurso

Produzir ou interpretar escritas numéricas é sempre um desafio para quem está tentando entrar no mundo dos números. "Que número é este?" e "como será o... (cinquenta e dois, por exemplo)?" são perguntas aparentemente muito banais que resultam, no entanto, apaixonantes para as crianças quando referem-se a números cuja escrita convencional ainda não conhecem.

Ilustração 1 — Primeira série. As crianças, agrupadas em pares, devem formular todos os números que possam, utilizando para isso a data de aniversário (dia e mês) dos membros de cada dupla. Finalmente, devem ordenar de maior a menor os números formados. Bruno e Leandro, que fazem aniversário em 11/4 e 1/6, respectivamente, o fizeram assim:

Era possível prever — exercendo uma previsão didática amplamente compartilhada, às vezes também por nós mesmos — que seria mais interessante e produtivo trabalhar com os números em um contexto do que com números totalmente desprovidos de referência a seu uso social. No entanto, conseguimos constatar que nossos alunos se entusiasmavam tanto quando lhes propúnhamos escrever os números dos tickets de atendimento da "padaria" como quando simplesmente lhes pedíamos que anotassem determinados números e que se interessavam tanto por ler os endereços de seus colegas como por interpretar números que tínhamos escrito no quadro-negro.

A simples solicitação de produzir ou interpretar um número — referente ou não a um contexto cotidiano — funciona como uma faísca a partir da qual estabelecem discussões produtivas: "esse (1092, escrito no envelope de uma carta) não pode pertencer aos cens, você não vê que os de cem têm três números e esse tem quatro?", "o quinhentos se escreve com os zeros quando é quinhentos só — objeta Diego ao ver que Malena, para anotar o preço 599, tinha colocado primeiro "500" —, porém, se você diz quinhentos e noventa e nove, os zeros ficam em baixo dos noves e não temos que escrevê-los".

Trabalhar com os números inseridos no uso que socialmente se faz deles — quer dizer, com os números representando preços, idades, datas, medidas... — é fundamental, não só porque lhes outorgamos sentido, mas também porque torna possível entender como funcionam em diferentes contextos. Trabalhar com os números fora de contexto também é significativo, porque os problemas cognitivos que se formulam são os mesmos que aparecem nas situações contextualizadas e porque a interação com os números sem qualquer relação contextual coloca em primeiro plano que se está trabalhando sobre o sistema de numeração, quer dizer, sobre um dos objetos que a escola tem a missão de ensinar e as crianças a missão de aprender.

Quais são então as situações de produção e interpretação que propomos?

Formar listas de preços ou colocá-los nos artigos ("mercadorias") correspondentes, fazer as notas fiscais, inventariar a "mercadoria" existente, fabricar fichas de atendimento, identificar o preço dos produtos que se deseja comprar, interpretar as outras quantidades que aparecem nas embalagens, consultar as ofertas... são atividades que realizam "vendedores" e "compradores" no jogo dos negócios.

Interpretar o valor das notas (xerocadas ou produzidas pelas crianças), determinar o valor de faturas dos diferentes serviços, ler a data de vencimento dessas faturas para decidir se aceitam ou não o pagamento, preencher cheques ou lê-los para saber por quanto dinheiro trocá-los... são atribuições dos "caixas" e "clientes" quando a aula se transforma em um banco.

No contexto destes projetos[12] se envolvem naturalmente atividades de produção e interpretação, realizadas às vezes por uma mesma criança e, outras, por diferentes crianças: o "caixa" do banco lerá os números das faturas, os cheques e as notas, porém também terá que anotar as quantidades que recebe ou entrega; os "vendedores" produzirão listas de preços que serão interpretadas pelos compradores...

Entretanto, inserir-se em projetos e favorecer o relacionamento de produção e interpretação não são requisitos que todas as atividades são obrigadas a cumprir. As crianças também aprendem muito a respeito da numeração escrita em situações que se formulam de maneira isolada e que estão centradas só na produção ou só na interpretação. É o que acontece — por exemplo — com atividades de interpretação como o jogo da loteria ou a análise da numeração das ruas, e com atividades de produção de como "escrever números difíceis" ou anotar números ditados pelo professor ou pelos colegas.

Os números que aparecem nas situações de produção e interpretação — propostos por nós às crianças — são números cuja escrita convencional não foi ensinada previamente. O que é que nos autoriza a cometer semelhantes ousadias? O fazemos não só porque sabemos que as crianças têm suas ideias a respeito e porque aceitamos que as respostas se afastem do correto, mas porque sabemos também que elas têm ou podem construir recursos para produzir e interpretar essas escritas e para aproximar-se progressivamente do convencional.

As crianças nos ensinaram que a relação de ordem é para elas um recurso relevante quando devem enfrentar a situação de produzir ou interpretar números que oficialmente não conhecem e quando devem argumentar a favor ou contra uma escrita numérica produzida por seus colegas ou por elas mesmas.

"Eu antes nunca lembrava como se escrevia o vinte, o vinte e um e os dessa família — explica Cecília a seus colegas —. Agora se tenho que escrever o vinte e cinco, procuro ali (no calendário) o dezenove, depois vem o vinte, e conto. Em seguida me dou conta. Agora já sei que os do vinte vão todos com um dois na frente."

---

[12] Os chamamos assim porque, ainda que não reúnam todas as condições dos projetos, cumprem algumas que são essenciais: dão lugar a múltiplas atividades que se organizam ao redor de um eixo comum e desenvolvem-se durante um período mais ou menos prolongado (ao redor de dois ou três meses).

Em outras oportunidades, as crianças fazem uso da série numérica sem apoiar-se em uma base material. É assim que Fabian consegue escrever convencionalmente o número quinze através do seguinte procedimento: conta pausadamente a partir do um, como se ao nomear cada número pensasse ao mesmo tempo na notação correspondente. Algo semelhante pode acontecer em situações de interpretação: quando Anel — encarregado de "cantar" os números no jogo da loteria (bingo) — tira o número 23, conta com os dedos para si mesmo até chegar a dizer "vinte e três".

Os procedimentos empregados pelas crianças confirmam as suspeitas que tínhamos formulado ao iniciar o trabalho didático: como a relação de ordem é uma ferramenta poderosa para produzir e interpretar notações numéricas, é preciso conseguir que todas se apropriem dela. Será necessário, então, sugerir sua utilização às crianças que não a empregam por si mesmas, e estimular as crianças que utilizam esta ferramenta a compartilhar com seus colegas.

Um primeiro efeito que se produz ao intervir neste sentido é a modificação da escrita ou da interpretação originalmente realizadas. É o que acontece, por exemplo, no caso de Martina, que, ao "cantar" o número 85 na loteria, lê "oito, cinco" e consegue depois interpretá-lo como "oitenta e cinco" graças a duas intervenções da professora: em primeiro lugar, lhe mostra o número 80 sem nomeá-lo e pergunta para ela qual é; como Martina não responde, a professora começa a escrever os "nós" das dezenas (10, 20,..., 80) e solicita-lhe que interprete cada uma das escritas que vai produzindo.

Intervir desta maneira é contagioso; se o professor o faz as crianças se darão conta de que é uma boa maneira de ajudar seus colegas e a adotarão. É o que acontece, por exemplo, quando Santiago está tentando escrever o número vinte e cinco e Frederico lhe sugere "pensa no vinte; se o vinte vai com um dois e um zero e o vinte e um com um dois e um um, como fazer para escrever o vinte e cinco?"; Santiago aceita a proposta de seu colega, conta até vinte e cinco oralmente e o anota.

Portanto, o efeito mais importante que estas intervenções perseguem não é o que se faz sentir de imediato. Não se trata somente de conseguir que as crianças corrijam uma escrita ou uma interpretação particulares aproximando-se momentaneamente ao convencional; trata-se sobretudo de que montem uma estratégia, de que a relação de ordem esteja sempre disponível como um recurso a que se pode apelar para resolver problemas de produção e interpretação.

Por outro lado, longe de intervir só no momento em que produzem ou interpretam notações, a relação de ordem vai além da discussão que se estabelece com todo o grupo e se reflete nos argumentos utilizados pelas crianças.

A presença da relação de ordem nos debates pode ilustrar-se através de uma situação desenvolvida no começo da segunda série.

Ao analisar as notações produzidas pelas crianças diante de um ditado de números, a professora detecta que só um deles — o 635 — tinha dado lugar a diferentes versões e decide, portanto, submetê-las à discussão no dia seguinte. A professora indica que encontrou quatro maneiras diferente de escrever "seiscentos e cinquenta e três", as escreve no quadro-negro — sem identificar os autores de cada versão — e pede argumentos a favor ou contra as diferentes escritas. As produções em questão são:

      60053   653   610053   61053

Bárbara: A que está certa é esta (a segunda) porque quando é "cento"... não leva dois zeros.

Jonathan: Sim, é essa. Porém quando a gente diz "cento", às vezes leva zero e outras não. Não sei quando leva zero ou não, porque cento e um leva zero.

Vicky: Esta (mostrando a terceira) não pode ser, porque cem é outro número e vem muito antes que seiscentos.

Jimena: Sim, é essa (a terceira), porque primeiro está o seis e depois o cento.

Julian: Não, não é, porque se não seiscentos e um seria 61001, seiscentos e dois seria 61002... A terceira é muito maior que seiscentos e cinquenta e três, porque tem mais números.

Brian: Esta (a terceira) é maior que esta (a quarta), porque tem um zero a mais.

Vicki (a Jimena): Para mim, é esta (653). Não importa que a gente diga seiscentos, de qualquer jeito não deve ter um cem escrito nesse número.

Brian: Os zeros estão a mais; se quiser, você pode colocá-los na frente (00653).

Jonathan: Não, porque na frente não valem nada.

Os argumentos utilizados pelas crianças para rejeitar as notações não convencionais apelam de todas as maneiras possíveis à relação de ordem: Vicki faz alusão à ordem da série oral, Julian e Brian recorrem tanto ao critério que permite ordenar números de diferentes quantidades de algarismos como ao conhecimento de que os números situados entre cem e novecentos e noventa e nove se escrevem com três algarismos. Tais argumentos continuaram presentes nas crianças que tinham produzido escritas não convencionais — escritas que só Jimena defende explicitamente — e chegaram a transformar-se, graças a sucessivas discussões, em objeções que elas farão a si próprias.

Os aportes de Bárbara e Jonathan fazem surgir um problema que não estava enunciado antes da discussão: pode ter zeros um número cujo nome inclui "cento" ou "centos"? "Quantos zeros?, um, dois ou nenhum? A professora toma nota deste problema e em algum momento abrirá um espaço para discuti-lo grupalmente (veja 1.3).

Além deste uso *sui generis* da relação de ordem — para produzir, interpretar e justificar notações —, as crianças a empregam também da mesma maneira que os adultos.

De fato, ainda que nem sempre tenhamos consciência disso, os usuários do sistema de numeração apelam com frequência à ordem: qual é o preço do artigo cujo código está na lista? saiu no extrato da loteria o número de meu bilhete?, para que lado caminhar se estou indo ao três mil e quinhentos desta rua? Formular situações que requeiram localizar determinados números em uma lista seriada ou determinar se tais números estão ou não incluídos na lista torna possível que as crianças elaborem procedimentos vinculados à relação de ordem, tal como ela se apresenta em nosso sistema de numeração. Situações como estas encontram um ambiente propício no jogo dos negócios. É o que acontece quando, para averiguar os preços reais dos artigos que serão vendidos, as crianças visitam — por exemplo — uma perfumaria na qual os artigos estão identificados mediante um código: o problema para elas é localizar, na lista fornecida pela encarregada do comércio, o número do código dos produtos escolhidos, para determinar assim seu preço. Da mesma maneira, se no "negócio" se aceita o pagamento com "cartão de crédito", antes de cobrar precisa-se consultar a lista de cartões de crédito rejeitados.

Um trabalho semelhante pode ser realizado com atividades incidentais: procurar em um quarteirão o número da casa de alguém, encontrar — levando em conta a informação providenciada pelo índice — a página onde começa a história que vamos ler.

A partir da análise aqui realizada, se torna evidente o importante papel que desempenha a sequência oral no desenvolvimento da escrita numérica. Contar seria então uma atividade imprescindível, que teria lugar seja no contexto dos "negócios" ou do "banco" como em situações especificamente planificadas para gerá-las. É importante calcular os artigos existentes nos negócios ou as notas de cada tipo disponíveis nas diferentes "caixas", colecionar determinados objetos e contá-los periodicamente para controlar o crescimento da coleção, fazer levantamentos de opinião pública e determinar — por exemplo — a quantidade de fãs de determinados programas infantis, realizar votações para tomar certas decisões...

Sendo assim, a relação numeração falada/numeração escrita é um caminho que as crianças transitam em ambas as direções: não só a sequência oral é um recurso importante na hora de compreender ou anotar as escritas numéricas, como também recorrer à sequência escrita é um recurso para reconstruir o nome do número. Esta é uma das razões pelas quais é fundamental propor atividades que favoreçam o estabelecimento de regularidades na numeração escrita.

Ilustração 2 — Neste grupo de primeira série, cada criança tem sua própria coleção. Algumas colecionam chaveiros; outras, tampinhas de refrigerantes; outras, pedrinhas; outras, figurinhas... Uma vez por semana, se determina o estado das coleções: Martín faz agrupamentos com as figurinhas, anota a quantidade que há em cada um dos grupos e os soma; seu colega conta nada menos que duzentos e trinta figurinhas e anota simplesmente o resultado.

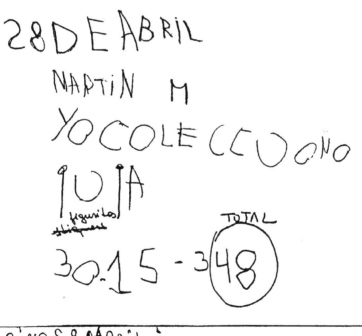

Esteban coleciona moedas. Em 28 de abril, para saber (e lembrar) quantas moedas tem, ele faz anotações agrupando-as por tamanho. A professora "traduz", por via das dúvidas. *(Ver legenda no rodapé*.)*

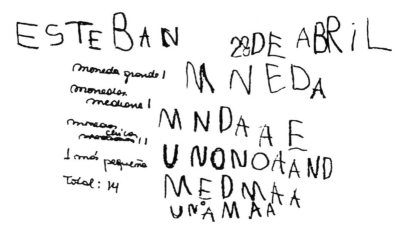

Quinze dias depois, Esteban tem muitas moedas mais e se vê obrigado a procurar uma maneira mais clara de anotar. Faz, então, uma tabela a partir da qual poderá procurar facilmente, na próxima vez, quantas moedas de cada tipo tinha na sua coleção. No dia 12/5: 3 moedas de 50 centavos, 7 moedas de 1000 Australes, 14 moedas de 25 centavos... Vai somando os dados que anotou (3 + 7 + 14 + 8 + 3) e, quando obtém este resultado (35), o anota e pede ajuda. Somar 35 + 31 é demais para ele. A professora e seus colegas contam com ele e é assim que — juntos — determinam que a coleção de Esteban tem agora 66 moedas.

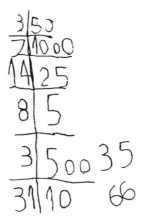

---

* Moeda grande - 1/moeda média - 1/moedas pequenas -11 / 1 menorzinha/Total: 14

Didática da Matemática **137**

Ilustração 3 — Ditado de números na primeira série.

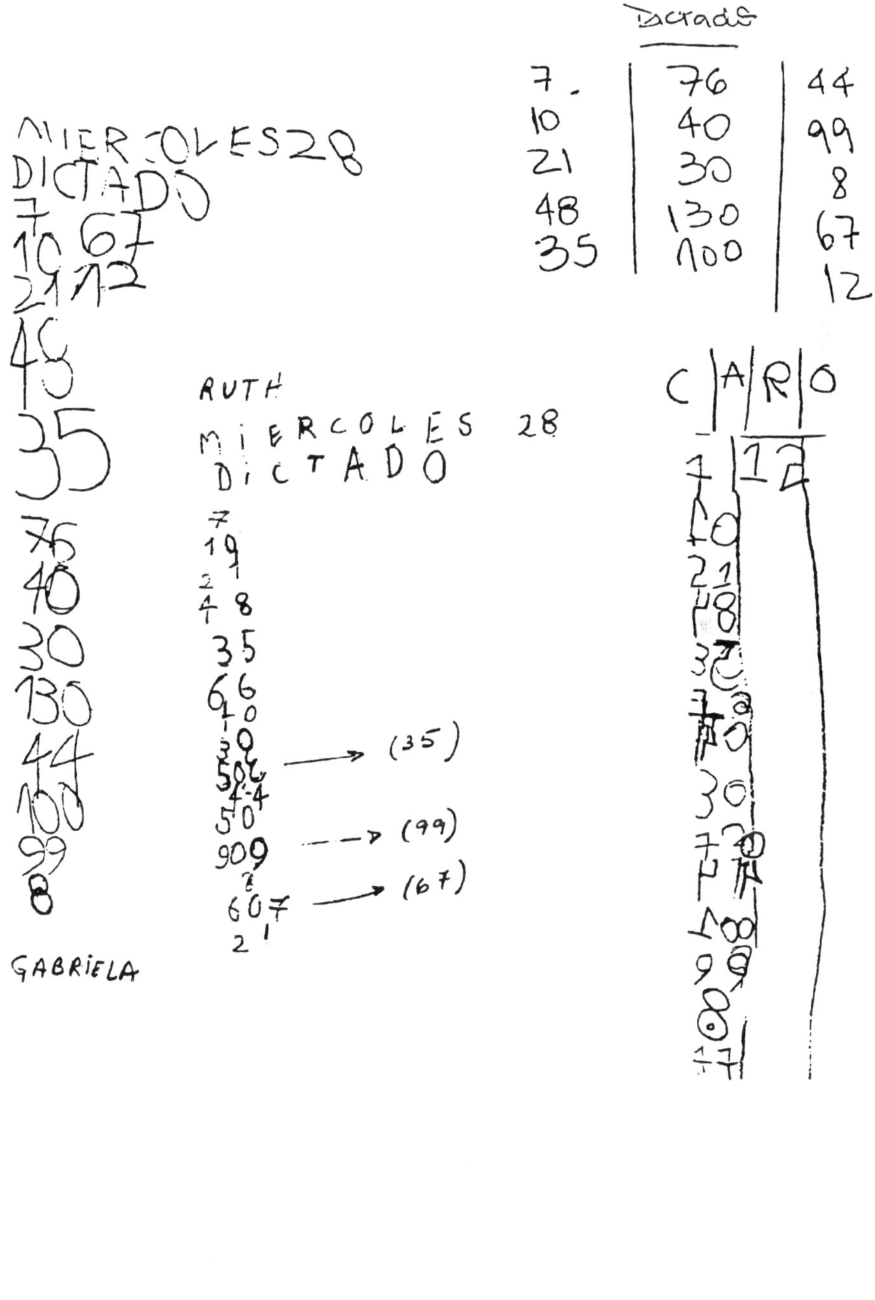

1.3. A busca de regularidades

O papel das regularidades a esta altura já pôde ser observado tanto nas situações de comparação como nas de produção ou interpretação. No primeiro caso, as situações apontaram precisamente à elaboração de regularidades, já que isso e não outra coisa é o critério de comparação. No segundo caso, evidenciaram-se sobretudo através dos argumentos utilizados pelas crianças para fundamentar ou rejeitar determinadas escritas numéricas.

Quais são as regularidades sobre as quais é necessário trabalhar? Tornam-se de especial importância — além dos critérios para ordenar números — "leis" como *os "dezes" precisam de dois, os "cens" de três; depois de nove vem zero e o outro número passa ao seguinte; Há dez números (de dois algarismos) que começam com um, dez que começam com dois...*

Estabelecer regularidades cumpre um duplo objetivo: torna possível formular problemas dirigidos a explicitar a organização do sistema e permite gerar avanços no uso da numeração escrita.

Formular perguntas acerca das razões que explicam as regularidades só tem sentido uma vez que as crianças já as tenham descoberto; estimular a busca de respostas só tem sentido quando as crianças estão em condições de compreender as perguntas.

O percurso didático inverte assim a ordem em que foi formulada a relação causa-efeito para aqueles que inventaram o sistema de numeração: para eles, as regularidades são consequência da posicionalidade, regra fundamental do sistema; para as pessoas que não precisam inventar um sistema, mas compreender este sistema que já existe, as regularidades se fazem presentes antes que as causas que as geraram.

Não é usual que as crianças se perguntem espontaneamente a respeito das causas e, inclusive, acontece às vezes que a pergunta formulada pelo professor não encontre nenhum eco. A pergunta deve ser formulada, porque se trata de conseguir que as crianças conceitualizem as regras que regem o sistema. Quando a resposta majoritária é "sei lá! Os números foram inventados assim!", será preciso saber postergar a pergunta até um momento mais propício, ainda que não muito distante; se, em troca, um grupo apreciável da aula — não necessariamente a maioria — se inquieta diante da pergunta e começa a arriscar alguma resposta, valerá a pena empreender a discussão. O momento propício para voltar a formular a pergunta e também o grau de elaboração que alcancem as respostas dependerão do conjunto de atividades que estejam sendo realizadas, e, em particular, das regularidades estabelecidas em relação às operações aritméticas (veja-se o ponto 2).

As respostas que desejamos têm aproximadamente a seguinte forma: os "cens" têm três números porque com dois se pode escrever só até nove "dezes" e o cem tem dez "dezes"; quando têm dois algarismos, os que começam com três são "trinta" e ao lado se pode colocar desde o zero até o nove, se há um a mais é outro dez, é quarenta e então já não se coloca três, é quatro...

Detectar regularidades é necessário — já o tínhamos dito — não só para avançar na compreensão do sistema; é imprescindível, também, para conseguir um uso cada vez mais adequado da notação convencional.

Se queremos conseguir — por exemplo — que as crianças adquiram ferramentas a partir das quais possam "autocriticar" as escritas baseadas na correspondência com a numeração falada, é preciso garantir a circulação de informação referente às regularidades. Desta maneira, torna-se possível que argumentos como "este (61053) não pode ser seiscentos e cinquenta e três, porque os cens têm três números" — que a princípio são utilizados só por algumas crianças e em relação com a escrita de outras — cheguem a ser patrimônio de toda a aula e possam se aplicar também à própria escrita.

Um problema concreto, formulado em aula, nos permitiu descobrir que estabelecer regularidade é também um recurso para favorecer uma aquisição tão básica como contar. De fato, algumas crianças de primeira série, quando têm de passar à dezena seguinte interrompem a contagem ou passam diretamente a qualquer outra dezena cujo nome conhecem. Ainda que o mais comum seja que esta dificuldade se apresente quando procuram passar do vinte ("dezoito, dezenove... trinta", por exemplo), já esta denominação não evoca — à diferença do que acontece com as dos outros "nós" das dezenas — o nome do dígito a que se refere. Tal dificuldade também aparece com frequência em intervalos posteriores da sequência ("quarenta e oito, quarenta e nove... não sei mais" ou "trinta e oito, trinta e nove... cinquenta").

Como intervir para que estas crianças avancem na manipulação da sequência oral? Dar-lhes as respostas só serve para que a atividade empreendida possa continuar — quer dizer, para que siga contando o que se está contando —; sugerir às crianças que procurem um material que tenha a sequência correspondente pode ser mais útil, porque torna possível que, ao ter que criar uma maneira de procurar, elas descubram por si mesmas a regularidade; propor uma atividade específica, como buscar nos números de um a cem quais são os seguintes dos que terminam em nove, é um bom recurso para conseguir que as crianças possam apropriar-se da regularidade e utilizá-la não só quando contam, mas também quando produzem ou interpretam.

Nesta situação fica claro que a análise de uma regularidade observável na notação numérica — além de incidir no progresso para a escrita convencional — contribui ao avanço da numeração falada.

As propostas que tendem a favorecer o estabelecimento de regularidades podem partir de um enunciado mais ou menos aberto: algo como "descubram em que se assemelham e em que não se assemelham os números que estão entre o um e o quarenta" aponta para que as crianças descubram por si mesmas a reiteração da sequência do zero ao nove para cada dezena, e determinem qual é a mudança que se produz ao cumprir-se cada uma dessas sequências; um enunciado mais específico, como "localizem todos os números de dois dígitos terminados em nove, notem qual é o seguinte de cada um deles e pensem em que se assemelham" pode contribuir a determinar as conclusões da atividade anterior, quando esta não conduziu a todas as regularidades esperadas ou a orientar aquelas crianças que se desconcertam diante de um enunciado aberto.

A realização de qualquer destas atividades se apoia, logicamente, na utilização de materiais como a fita métrica, o calendário ou a régua.

As regularidades estudadas não foram só as que tínhamos previsto no começo, já que as crianças — através de seus argumentos — introduziram outras que valeu a pena submeter à análise de todo o grupo. É o que aconteceu, por exemplo, quando Bárbara e Jonathan indicaram uma relação entre a denominação oral "cento" e a existência ou não de zeros nas escritas numéricas correspondentes (ver p. 133). Para generalizar a questão e procurar a resposta, se organizou uma situação ao redor do seguinte enunciado: "localizem na fita métrica os números que estão entre cem e cento e cinquenta e prestem atenção no que acontece com os zeros nos números que se chamam "cento"... há algum que tenha zeros?, quais tem e quais não?

Uma vez estabelecidas as regularidades para este intervalo, se poderá propiciar sua generalização através da utilização de materiais que contenham números maiores. Como de costume, uma vez estabelecida uma regularidade, será possível começar a questionar o seu significado.

A questão das regularidades não termina aqui. Voltará a aparecer em nosso caminho, ao analisarmos as relações entre as operações aritméticas e o sistema de numeração.

2. Situações centradas nas operações aritméticas

O sistema de numeração e as operações aritméticas são dois conteúdos básicos que fazem parte da escolaridade primária. Qual é a relação que podemos estabelecer entre eles?

Nosso trabalho didático anterior a esta pesquisa já nos tinha mostrado que, quando as crianças enfrentam situações-problema, geram — além de estratégias próprias para resolvê-las — procedimentos originais para encontrar os resultados das operações envolvidas, procedimentos que estão vinculados à organização do sistema de numeração decimal.

Não pretendemos abordar aqui um tema tão amplo como o das operações aritméticas; nos centraremos na análise dos procedimentos elaborados pelas crianças para alcançar resultados, já que são eles que guardam estreita relação com o problema que é o objetivo deste capítulo. No entanto, se faz necessário esclarecer que os procedimentos em questão aparecem em determinadas condições didáticas: a proposta que se tem formulado às crianças é resolver um problema e não uma conta isolada; se estimula a produção de procedimentos próprios, e não são ensinados no começo os algarismos convencionais.

Qual é a natureza da relação entre os procedimentos infantis para obter os resultados das operações e o conhecimento que as crianças vão elaborando acerca do sistema de numeração?

Trata-se de uma relação recíproca: por um lado, os procedimentos das crianças colocam em ação — além das propriedades das operações — o que elas sabem do sistema e, por outro lado, a explicitação desses procedimentos permite avançar para uma maior compreensão da organização decimal.

As regularidades que são possíveis detectar a partir do trabalho com as operações também fazem sua parte: contribuem para melhorar o uso da notação escrita, ajudam a elaborar estratégias mais econômicas, nutrem as reflexões que se fazem na aula.

2.1. Resolvendo operações e confrontando procedimentos...

Por que afirmamos que os procedimentos que as crianças utilizam estão estreitamente vinculados à organização do sistema de numeração? Talvez o melhor seja ceder-lhes a palavra:

— Diante de um problema que se resolve somando treze e vinte, Mariano (primeira série) antecipou que o resultado é trinta e três. Quando a professora lhe pede que explique como chegou a esse resultado, ele responde: "No treze há um dez e no vinte há dois dez mais, então são dez mais vinte que é trinta, e três do treze, dá trinta e três".

— Em relação a um problema em que se tinha que somar dez, treze e treze, Sebastian (primeira série) explica: "Para mim deu trinta e seis, porque somei os três dez e três e três são seis a mais".
— Assim explica Cecília (primeira série) como obteve o resultado de 19 + 28 + 31: "Eu coloco tudo separado, todos os dez (o do dezenove, os dois do vinte e os três do trinta) e depois presto atenção nos que somam dez (soma o nove de dezenove e o um de trinta e um) e depois junto o oito".
— Depois de resolver um problema somando trinta e nove e vinte e cinco, Giselle (segunda série) afirma que o fez "pensando com a cabeça" e acrescenta: "Primeiro somo de dez em dez e depois somo os demais números". Como a professora lhe pede que explique melhor o que é que somou de dez em dez, ela diz: "Tiro fora o nove do trinta e nove, então fica trinta; depois coloco os dois dez do vinte, fica cinquenta; depois somo o nove e depois o cinco".
— Quando se pede às crianças que anotem seus procedimentos e os expliquem, se obtém produções como as seguintes:

```
    94
  − 57
_____
```

ALE
127+251=378
127+200=327
327+10=337
337+10=347
347+10=357
357+10=367
367+10=377+1=378

yo voy restando de a 10

94 − 10 = 84
84 − 10 = 74
74 − 10 = 64
64 − 10 = 54
54 − 10 = 44   y
44 − 7 = 37

y ya resto todo y termi-
ne

```
    94
  − 57
_____
    37
```

— Outras crianças de segunda série somam reiteradamente dez a um dos termos ao mesmo tempo que os vão subtraindo do outro, como para conseguir um máximo controle sobre cada resultado. De fato, ao somar 279 + 186 (convidados que se encontram em dois salões de uma grande festa), algumas crianças fazem assim:

200 + 100 = 300
300 + 70 + 86
300 86 330 56 360 26 386
310 76 340 46 370 16
320 66 350 36 380   8

Os autores desta estratégia explicitaram com surpreendente clareza uma consequência da propriedade associativa que em geral permanece implícita ao resolver operações: o que se soma a um dos membros precisa ser subtraído do outro. Esta estratégia tão reveladora de alto grau de reflexão das crianças a respeito das operações mostra ao mesmo tempo que para elas não resulta óbvio — como o é para nós — que 300 + 86 é 386.

— Apoiar-se sistematicamente nos "nós" é um recurso que utilizam algumas crianças para configurar procedimentos mais econômicos. É por esta razão que para terminar a conta do exemplo anterior, Javier soma 386 + 79 da seguinte maneira:

386 + 79
300
80 + 70 = 150

450 + 10 = 460 (Note-se a transformação de 9 + 6 em 10 + 5)
460 + 5 = 465

Da mesma maneira, para resolver 36 + 145, Sebastian escreve:
145 + 5 + 10 + 10 + 10 + 1 = 181

Ele explica: "Coloco o cinco porque com cinco já sei que chego a cento e cinquenta". A professora lhe pergunta onde estava esse cinco e ele responde: "No trinta e seis, por isso ao final está o um; senão, só haveria somado trinta e cinco".

Todas estas crianças tiveram que resolver um problema matemático: o de elaborar por si mesmas procedimentos para encontrar o resultado de uma operação. Ao defrontar-se com este problema, elas utilizam sistematicamente a decomposição decimal dos termos. Esta decomposição adquire diferentes formas: em alguns casos, decompõem-se todos os somandos e em outros só um deles; em determinados casos, cada termo se decompõe em "nós" e em outros, os "nós" se decompõem em "dezes" ou "cens".

Quando esta questão se formula pela primeira vez na primeira série, nem todas as crianças utilizam procedimentos como os que apresentamos. A diversidade faz novamente sua aparição: algumas crianças contam com os dedos; outras, fazem tantos tracinhos quanto objetos que devem somar e então os contam de um a um, e outras encontram rapidamente o resultado. Entre estas últimas estão as que não podem explicar como o fizeram, enquanto outras dão explicações semelhantes às de Mariano, Sebastian ou Cecília.

Propor às crianças que anotem de que maneira resolveram a operação é dar um passo importante para o progresso de todos, porque isto permite que cada uma delas tome consciência do procedimento que utilizou e porque a confrontação se vê favorecida ao abrir-se a possibilidade de comparar anotações (e já não só explicações orais).

Entre as crianças que inicialmente contam nos dedos ou com risquinhos no papel, há muitas que avançam para a decomposição decimal graças à interação com os colegas que a utilizam. Para outras, contudo, é difícil abandonar suas estratégias originais e é necessário ajudá-las de diferentes maneiras:[13] propondo a elas que recorram a materiais adequados, com o objetivo de que criem uma ponte entre seu procedimento e o das outras crianças — por exemplo, sugerindo-lhes que marquem com números os "nós" enquanto vão contando seus risquinhos (o número dez ao chegar ao décimo...) —, trabalhando com os "nós" das dezenas. As atividades relativas às regularidades vinculadas às operações (veja-se o ponto 2.2) representaram aqui também um papel importante.

Agora, que progressos na compreensão do sistema podem ser realizados uma vez que são utilizados procedimentos baseados no sistema decimal?

Quando se incita as crianças a procurar estratégias mais econômicas — e às vezes mesmo antes —, surgem outras propostas:

— Frederico, para resolver o problema no qual precisa somar trinta e nove e vinte e cinco, anota:

30 + 20 = 50
50 + 9 = 59
59 + 5 = 64

Então, com a intenção de esclarecer o que fez, acrescenta:

30 ◄─────────── 39 ───────────► 9
20 ◄─────────── 25 ───────────► 5

---

[13] Citamos aqui, entre muitas intervenções possíveis, somente aquelas que se relacionam com o sistema de numeração.

Quando a professora lhe pergunta pelo significado das setas, Frederico responde: "É para que entendam de onde tirei o trinta e o vinte que somei primeiro".

— Emanuel faz o cálculo da mesma maneira que Frederico e, quando a professora lhe pergunta como fez para saber quanto era trinta mais vinte, ele responde: "Olha, se três mais dois é cinco, então trinta mais vinte tem que ser cinquenta".
— Diego (segunda série) explica como realizou a soma 473 + 218 anotando o seguinte:

$$473 + 218 = 691$$
$$\text{porque } 4 + 2 \text{ e } 16 \text{ então es } 400 + 200 \text{ es } 600$$
$$70 + 10 \text{ es } 80 + \quad 8 + 3 \text{ es}$$
$$11 \text{ y once} + 80 \text{ es } 91$$

— Florencia (segunda série), além de selecionar — em um enunciado que inclui dados supérfluos — só os dados pertinentes para dar resposta à pergunta, explicita o procedimento que utilizou para obter o resultado:

> En la heladera de mi casa tengo:
> 12 naranjas, 8 manzanas, 2 lechugas, 25
> zanahorias, y 20 ciruelas,
> ¿Cuantas frutas tengo?
> A: Los 12 le sacamos 2. Y nos dio 10 a
> los 10 le pusimos 8 y nos dio 18.
> Y a los 18 le acrecamos 2 y nos dio 20.
> Y nosotros ya sabemos que 2+2=
> 4. Entonces 20+20=40

(Ver legenda no rodapé*)

A tarefa na aula nos permitiu descobrir que não se passa facilmente do procedimento que consiste em somar reiteradamente dez ou cem, ao procedimento utilizado pelas últimas crianças citadas. Por quê? Seguramente porque o segundo procedimento supõe uma compreensão maior do sistema de numeração. De fato, para decompor quarenta em quatro "dezes" — quando se soma, por exemplo, trinta mais quarenta — é suficiente saber que quarenta (como significado) inclui quatro "dezes"; em troca, para afirmar "se três mais quatro é sete, *então* trinta mais quarenta é setenta", é necessária ter entendido, além disto, algo fundamental em relação aos significantes numéricos: que o *três* de trinta representa três "dezes" e o *quatro* de quarenta se refere a quatro "dezes".

Estes últimos procedimentos indicam, então, que as crianças fizeram uma generalização válida em nosso sistema de numeração.

Para analisar de perto em que consiste esta generalização, faremos uso de uma indicação feita por R. Skemp. Este autor faz notar que nosso sistema de numeração — à diferença do que acontece com outros sistemas, como o romano — utiliza uma possibilidade fundamental oferecida pelos números: se somam-se — por exemplo — dois objetos quaisquer a três objetos da mesma classe, se obtém sempre cinco objetos dessa classe, independentemente de que os objetos em questão sejam elementos

---

*Na geladeira de minha casa tenho / 12 laranjas, 8 maçãs, 2 alfaces, 25 / cenouras e 20 ameixas. / Quantas frutas tenho? Dos 12 tiramos 2 que dá 10, aos 10 somamos 8 e dá 18, / e aos 18 acrescentamos 2 e dá 20, / e nós já sabemos que 2+2 = / 4, então 20 + 20 = 40.

isolados, conjuntos ou conjuntos de conjuntos. Assim, duas meias mais três meias são cinco meias, dois pares de meias mais três pares de meias são cinco pares de meias, duas dúzias de pares de meias mais três dúzias de pares de meias são cinco dúzias... É por isso que a organização do sistema de numeração autoriza as crianças a fazer uso da abstração 2 + 3 = 5 para deduzir que dois "dezes" mais três "dezes" são cinco "dezes", ou que dois "cens" mais três "cens" são cinco "cens". A estrutura "se... então" empregada pelas crianças sintetiza com grande precisão relações cuja explicitação com frequência requer muitas linhas (como acontece neste artigo).

É evidente, então, que a busca de estratégias mais econômicas para resolver as operações funciona como um motor para descobrir novas relações envolvidas na notação numérica.

A confrontação de procedimentos abre as portas para que cada criança possa entender, ou ao menos começar a entender, os procedimentos que utilizam seus colegas. É o que acontece, por exemplo, na seguinte situação.

Ao resolver um problema que requer somar 50 + 70, aparecem três procedimentos diferentes, cada um dos quais é utilizado por várias crianças. A professora os anota no quadro-negro e incentiva a sua comparação. Os procedimentos são:

```
70  + 10 =  80      50 +  50 = 100     70 + 50 = 120
80  + 10 =  90     100 +  20 = 120
90  + 10 = 100
100 + 10 = 110
110 + 10 = 120
```

Muitos alunos dizem que o procedimento da direita não está explicado, que se anotou o resultado, porém não se sabe como chegou a ele. Uma das crianças que utilizou este último procedimento explica: "Eu fiz o mesmo que vocês, vocês colocaram cinco dezes, aqui (indicando os da esquerda) há um, dois, três, quatro, cinco dezes, não é? Bom, eu também somei cinco dezes (indica o cinco de 70 + 50), porém os somei diretamente, porque cinco mais sete é doze, não é?".

Ao propiciar que se estabeleçam relações entre diferentes procedimentos, torna-se possível conseguir não só uma aproximação entre eles, mas também uma maior compreensão da natureza do sistema de numeração por parte de todas as crianças — seja as que explicitam um procedimento muito econômico, como as que começam a vislumbrar a possibilidade de modificar o procedimento que utilizavam para adotar o que seus colegas propõem.

Deste modo, a experiência didática tem mostrado que a busca de procedimentos para resolver operações não é só uma aplicação do que as crianças já sabem do sistema, é também a origem de novos conhecimentos a respeito das regras que regem a numeração escrita.

Portanto, será necessário colocar em marcha todos os recursos possíveis para conseguir que as crianças que contam (ou somam) de um em um aproximem seu procedimento ao das que somam de dez em dez e que estes progridam até estratégias mais econômicas do tipo "se... então". A busca de regularidades vinculadas às operações torna possível estes progressos... e algo mais.

2.2. Refletindo acerca das operações e descobrindo "leis" do sistema de numeração

As crianças — como temos visto — inventam algarismos próprios. Ao fazê-lo, colocam em jogo tanto as propriedades das operações como conhecimentos implícitos sobre o sistema de numeração. Explicitá-los é um passo necessário para descobrir leis que regem o sistema.

Um procedimento muito popular é somar reiteradamente dez ou cem. Estudar o que acontece quando se realizam estas somas — comparando o primeiro termo com o resultado — permite estabelecer regularidades referentes ao que muda e ao que se conserva.

"Em uma loja de artigos para o lar — falamos para as crianças — aumentaram em 10 pesos todos os preços. Esta é a lista dos preços velhos; coloquemos ao lado os novos preços". Todas as crianças resolvem a situação formulada: enquanto que algumas anotam rapidamente o resultado, outras contam de um em um cada vez que somam dez. Uma vez em pequenos grupos, se confrontam, se corrigem e reproduzem a lista no quadro-negro. Chega, então, o momento de analisar como é que se transformam os números quando se lhes soma dez.

Ao comparar os preços originais (12, 43, 51, 82, 25, 36... por exemplo) com os novos preços correspondentes (22, 53, 61,...), as crianças formulam regras como as seguintes: "sempre que se acrescenta dez, fica maior"; "os números da frente mudam por um a mais na escala e os de trás continuam iguais". Ao longo do tempo e através das atividades realizadas, esta última lei se irá formulando, até adotar mais ou menos esta forma: "o número que troca pelo seguinte é o das dezenas, porque você somou dez; o outro fica igual".

Uma atividade semelhante pode ser feita fornecendo como dado os novos preços e solicitando que sejam determinados os velhos. As regularidades que neste caso se estabeleceram estarão referidas, logicamente, às transformações que se produzem quando se subtrai dez.

Contar de dez em dez — por exemplo as notas do "banco" — e anotar o que se vai contando, fazer listas de preços em números "redondos" (os "nós" das dezenas) que aumentaram ou diminuíram dez pesos, comparar as mudanças que se produzem nos números quando se soma (ou se subtrai) um e quando se soma (ou se subtrai) dez... são situações úteis para todos, e em particular para as crianças que ainda continuam contando de um em um.

Outra perspectiva possível para analisar a mesma questão é a que se adota em uma atividade como a seguinte:

"Os empregados de uma biblioteca estavam fazendo um inventário para saber quantos livros tinham. Vários deles contavam os livros existentes nas diferentes seções e iam anotando as quantidades obtidas. Algumas de suas anotações eram:

Pedro	Juan	Marta	Pablo	Rosaura
20	40	40	45	3
22	45	50	50	6
24	50	60	55	9
—	—	—	—	—
—	—	—	—	—
36	80	120	115	69

— Como cada um dos empregados contava?
— Como descobrir?
— Poderíamos compreender como contavam sem fazer cálculo nenhum, limitando-nos a observar os números?
— Como continuaram as anotações de cada um dos empregados?"

Esta atividade, diferentemente das anteriores, exige que as crianças se concentrem nas representações numéricas, já que é a partir delas que poderão descobrir as operações envolvidas em cada série.

Uma terceira perspectiva pode ser introduzida formulando situações como esta:

"Pablo estava lendo um artigo na página 25 do jornal. Quando chegou ao final da página, encontrou uma nota que dizia "continua na página 35". Quantas páginas teve que pular Pablo? Como você descobriu? Que outros dados poderiam se colocar no problema *sem mudar* a quantidade de páginas que Pablo teve que pular para continuar lendo o artigo?"

A última pergunta é o que distingue esta atividade das anteriores: agora se trata de produzir pares de números cuja diferença é dez e não mais de inferir a transformação operada entre números determinados.

Por outro lado, será interessante propor problemas que permitam analisar as transformações que se produzem nas notações numéricas ao somar ou subtrair outras quantidades "redondas". Formulemos um exemplo:

"Em uma videolocadora, que acaba de abrir, há 13 fitas de filmes. A cada semana, os donos compram dez novos filmes. Quantos filmes terão ao cabo de três semanas? E a oito semanas? E a dez semanas?

Outra videolocadora procedeu da mesma maneira, porém tinha originalmente 38 filmes. Quantos terá três, oito e dez semanas depois?

Em uma terceira videolocadora, também compraram dez fitas por semana e ao final da quinta semana tinham 84 fitas de filmes. Quantas fitas tinham no princípio?"

Este problema procura estabelecer regularidades como "somar diretamente trinta produz o mesmo resultado que somar três vezes dez", "somar diretamente oitenta é o mesmo que somar oito vezes dez", "subtrair cinco vezes dez é o mesmo que subtrair cinquenta de uma vez só". Ao centrar a comparação nos estados iniciais e os resultados correspondentes, será possível estabelecer regras como "quando somo trinta, tenho que acrescentar três dezenas a mais à dezena existente", "se você quer somar oitenta, o que é preciso fazer é acrescentar oito dezenas às que você já possui", "quando somamos oitenta, às vezes, o resultado tem três números e, às vezes, tem dois". Estas "leis" que as crianças formulam desembocaram no reconhecimento geral de uma regularidade que surgiu em aula através de alguns alunos, como explicação de um dos procedimentos que utilizavam para resolver operações: "se — por exemplo — um mais oito é nove, então um dez mais oito dezenas são nove dezenas, é noventa".

A reflexão sobre os aspectos multiplicativos envolvidos na notação numérica também se torna possível a partir de um jogo com dados: se estabelece que cada ponto vale dez, as crianças — organizadas em grupos — lançam o dado cada qual por sua vez e anotam a pontuação que obtiveram.

No desenvolvimento do jogo, aparecem diversos procedimentos: algumas crianças contam com os dedos até dez, enquanto indicam um ponto do dado, então indicam o segundo ponto do dado e continuam contando até vinte...; outras crianças contam de dez em dez; outras ainda dão o resultado de imediato, sem evidenciar como fizeram para encontrá-lo.

Depois de várias rodadas, a professora pergunta: "quando saem quatro pontos, o que vocês anotam?". Faz perguntas semelhantes para outros números que apareceram no jogo e logo as amplia a outras situações possíveis.

> *Professora:* Como vocês compreendem isto?
> *Fernanda:* Humm..., porque se coloco um 0 no 8 é 80, se acrescentar ao 9 um 0, fica 90, é tudo a mesma coisa.
> *Professora:* Olhem: se tiram 4, vocês se dão conta de que é 40 (escreve os números), porém, o que tem a ver o 4 com o 40?
> *Leo:* Aqui são quatro coisas e ali são quarenta coisas.
> *Professora:* Porém o 40 também tem um 4. Por que tem um 4 no 40?
> *Giselle:* Porque aqui (40) são 4 de dez.
> *Miguel:* Se contas de dez em dez, com quatro de dez já é quarenta, por isso vai o quatro (em 40).

As intervenções da professora procuram conseguir que as crianças reflitam a respeito da função multiplicativa do 4 na notação 40 (4 x 10) e a relacionem com a interpretação aditiva desse número (10 + 10 + 10 + 10).

É assim que se torna possível — nesta atividade e em muitas outras — utilizar a situação de somar ou subtrair reiterativamente dez como via de acesso a uma maior compreensão do valor posicional.

Atividades semelhantes às que descrevemos podem ser propostas em relação à soma ou subtração de cem. Para este caso há duas ótimas aplicações: notas de dinheiro e a numeração das ruas.

Podem enunciar-se, por exemplo, problemas como os seguintes: "Quantos quarteirões tem-se que caminhar para ir da rua Rivadavia 700 à Rivadavia 1000?, e para ir do 1700 ao 2000?, e do 2700 ao 3000?", "Martín e Pablo moram na rua Corrientes. Martín mora na altura do 500 e caminha quatro quarteirões para ir à rua do Pablo; a que altura mora Pablo?", "Florescia e Lorena moram na rua Córdoba. Para visitar-se têm que caminhar dez quarteirões; então, a que altura da rua Córdoba fica a casa de cada uma delas? (encontrar pelo menos dez possibilidades)".

A comparação de diferentes situações levará a estabelecer regularidades também para o caso dos "cens", a confrontá-las com as já estabelecidas para os "dezes" e a continuar refletindo acerca da organização do sistema de numeração.

A calculadora pode contribuir para a reflexão sobre a estrutura aditiva da numeração falada e sua vinculação com as regras da numeração escrita se é utilizada, por exemplo, da seguinte maneira: a professora dita um número que as crianças marcam na calculadora e então pergunta o que têm que fazer para que apareça um zero no lugar de algum (ou alguns) dos algarismos que constituem o número.

Ao realizar esta atividade em uma segunda série, se ditou no começo o termo 9815 e se perguntou que ordem teria-se que dar para que o resultado fosse 9015. Muitas crianças subtraíram primeiro oito, a seguir oitenta e só depois oitocentos, enquanto que outras crianças fizeram diretamente a subtração correta. Quando discutiu-se a questão em grupo, todas já sabiam que era necessário subtrair 800, já que as outras soluções — subtrair 8 ou subtrair 80 — tinham sido descartadas por conduzir a um resultado diferente do procurado. Quando a professora pediu que explicasse como se tinha dado conta de que teria que subtrair oitocentos e não oito ou oitenta, Francisco respondeu: "você pode subtrair assim (9815 –15), e isto dá nove mil e oitocentos; assim já ajuda um pouco, não? Porque então você já sabe que são oitocentos".

Então se ditou 9268 e se pediu às crianças que fizessem algo para obter como resultado 9208. Novamente, algumas crianças subtraíram primeiro seis e só depois sessenta, enquanto que outras fizeram no começo esta última subtração. Durante a discussão, todo mundo estava de acordo que se teria que subtrair sessenta, porém justificá-lo não era tão fácil. Francisco expôs uma explicação inesperada: "junta-se o seis que há no número colocado, com o zero que tem que ter no resultado e é sessenta". Tali perguntou: "porém, como é que você sabia desde o começo que tinha que subtrair sessenta?". Apresentaram-se duas respostas: a de Patricio foi "Por que é nove mil duzentos e sessenta e oito, então tenho que subtrair sessenta, não seis"; a de Jenny foi "Tem-se que subtrair sessenta, porque quando a gente lê o número não lê nem seiscentos, nem seis, lê sessenta"

Foi instrutivo descobrir que os argumentos das crianças estavam exclusivamente baseados na numeração falada e que nenhuma delas — nem sequer as que em outras situações formularam justificativas do tipo "se... então" — apelava ao valor posicional. Decidimos, então, formular outras situações deste tipo e comparar situações em que, para um mesmo número o zero do resultado aparecia colocado em diferentes lugares — por exemplo, determinar quais são as ordens que têm que dar à calculadora para transformar 6275 em 6075, 6205 e 6270. Aqui, as crianças começaram a tomar consciência de que determinadas situações teriam que subtrair "cens"; em outras, "dezes"; em outras, unidades. A questão esclareceu-se ainda mais quando propusemos partir de números como 4444 ou 7777 e quando comparamos muitos casos diferentes, nos quais se tratava de obter um zero colocado em um determinado lugar.

A calculadora é um instrumento valioso para a realização destas atividades, já que torna possível que cada criança detecte por si mesma quando é que está certo e quando se equivocou, autocorrija seus erros e comece a formular a necessidade de buscar uma regra que lhe permita antecipar a operação que efetivamente permite chegar ao resultado procurado.

Em síntese, refletir a respeito da vinculação entre as operações aritméticas e o sistema de numeração conduz a formular "leis" cujo conhecimento permitirá elaborar procedimentos mais econômicos. E torna possível "algo mais": indagar-se pelas razões destas regularidades, buscar respostas na organização do sistema, começar a desvendar aquilo que está mais oculto na numeração escrita.

Instantâneos do trabalho na aula

A professora da primeira série propõe uma escrita não convencional — inspirada nas produzidas por seus alunos até pouco tempo atrás —; ao elaborar argumentos para rejeitá-las, as crianças analisam a relação numeração falada-numeração escrita (para os números compreendidos entre dez e vinte).

Em uma situação incidental, surge a necessidade de anotar o número dez e nove, Micaela vai no quadro-negro e o escreve convencionalmente.

Professora: (à turma) O que vocês acham? É assim o dezenove?
Alunos: (concordam)
Professora: Umas crianças de outra escola me falaram que se poderia escrever assim: 109. O que vocês acham?
Román: Eu acho que esse número é do cem...
Juan Alberto: Não! Esse não é! Não está vendo que o dezenove é o outro? Você não se dá conta de que diz "dez e nove"?

Professora: Porém, onde está o dez aqui? (indica o 19).
Gusty: Não está em nenhum lugar.
Vero: Sim! Está embaixo do nove.
Ronuín: O um significa dez, o que acontece é que não podes escrever um 10 a cada número porque... Seria qualquer coisa!
Professora: E no dezessete? (O escreve no quadro-negro da maneira convencional.)
Juan Alberto: O que eu digo acontece com todos os números: com o dezesseis, com o dezessete, o dezoito, o dezenove...
Diego: Quando a gente diz dezessete soa um pouco "dez e sete", porém, não se escrevem o dez e o sete.
Maria: Porém..., não dizemos dez e sete (o diz acentuando a separação), o dizemos tudo junto.
Professora: E com o quinze acontece igual que com o dezesseis, o dez e sete...
Vero: Sim, porque se a gente tirar cinco, ficam dez.

A professora enuncia um contraexemplo; as crianças se veem obrigadas a precisar suas afirmações.
Alguém escreve 35, todas as crianças o interpretam corretamente.
Professora: Como se dão conta que é o trinta e cinco?
Aluno: Porque começa com três.
Outra criança: Porque quando digo trinta e cinco, sei que começa com três... três... trinnn... trinta.
Outra criança: Porque dez e dez e dez são trinta, há "três" de dez.

A professora então escreve 366 no quadro negro e pergunta:

Professora: E este número qual é? Também começa com três.
Uma *criança:* Não, esse não é dos trinta ainda que comece com três. É da família dos cem porque tem três números, porém não sei qual é...

A professora coloca em dúvida as afirmações corretas de seus alunos, estes respondem explicitando mais claramente o que sabem acerca do sistema de numeração.
As crianças de segunda série ditam "cento e trinta e três" e dizem: "é com um um, um três e um três".

> *Professora:* Como? Com dois três?
> *Aluno:* Bom, é que os dois são o número três, porém têm diferente valor.
> *Professora:* Como pode ser que o mesmo número tem o valor diferente? Como vamos entender isso?
> *Outra criança:* Olha, os números são sempre o três, porém há diferentes três. Anota assim: três, três, três. E o trezentos e trinta e três, não? Há um três que é três, o segundo que é trinta e o outro é três de "cento".
> *Professora:* Sempre acontece isso?
> *Outro aluno:* Sim... Com o 555 também, o do meio é cinquenta.
> *Professora:* Eu não vejo nenhum cinquenta ali.
> *Várias crianças:* Não, porque o outro é cinco! Se não está, você coloca zero; porém se está o cinco, é cinquenta e cinco.

Duas observações são necessárias a respeito do conjunto de atividades que estamos propondo.

Em primeiro lugar, as situações relacionadas com a ordem e as vinculadas às operações vão-se desenvolvendo de maneira simultânea, já que a decisão de colocar em primeiro plano na aula o funcionamento do sistema de numeração assim o exige. Cada categoria de situações constitui um âmbito no qual se coloca em relevo algum aspecto particular da numeração escrita. As aprendizagens, que são realizadas nos diferentes âmbitos, vão formando uma malha a partir da qual as crianças organizam e reorganizam seu conhecimento a respeito do sistema. Optar por abordar na aula o sistema de numeração, em toda sua complexidade, significa também enfrentar um alto grau de complexidade didática.

Em segundo lugar, existe um parentesco entre algumas das situações propostas e atividades muito tradicionais na escola: preencher cheques supõe escrever quantidades em números e em palavras, decompor os termos para somar ou subtrair leva a produzir escritas (como 386 = 300 + 80 + 6) que lembram os "exercícios de decomposição", ditar números se assemelha muito... ao ditado de números (!).

No entanto, o parentesco não é tão próximo. Quando se trata de preencher cheques, a passagem das quantidades à escrita com palavras (ou vice-versa) aparece no contexto de uma situação em que apresenta sentido: por um lado, o suporte utilizado requer efetivamente — para evitar ambiguidades — a dupla escrita do número; por outro lado, a atividade é orientada à discussão das produções ou interpretações realizadas pelas crianças. Para este último objetivo também apontamos ao ditar números: o esperado é que as produções reflitam diferentes conceitualizações e constituam — portanto — o ponto de partida para a confrontação, para o intercâmbio de informações, para a aproximação *progressiva* à escrita convencional. Finalmente, a decomposição decimal de números — longe de construir o enunciado ao redor do qual se organiza a atividade — é uma ferramenta que as crianças elaboram para resolver determinados problemas.

O que importa, então, não é que uma atividade está categorizada como "tradicional" ou "inovadora"; o que importa é que as propostas de trabalho reúnam determinadas condições: partir dos problemas formulados pelo uso da numeração escrita, contemplar diferentes procedimentos, admitir diferentes respostas, gerar alguma aprendizagem a respeito do sistema de numeração em todos os membros do grupo, favorecer o debate e a circulação de informação, garantir a interação com a numeração escrita convencional, propiciar uma crescente autonomia na busca de informação, aproximar — na medida do possível — o uso escolar ao uso social da notação numérica.

Intercâmbio de mensagens

A partir dos cheques, deriva-se outra atividade: enquanto um grupinho de crianças faz uma lista de números escritos com algarismos, outro faz sua lista escrevendo com palavras os nomes dos números. A seguir, intercambiam suas mensagens: o grupo que recebe números escritos com algarismos deve anotar o nome de cada um destes números, o grupo que recebe os nomes deve anotar com algarismos os números correspondentes.

É muito sugestiva a diferença que existe entre os números escolhidos pelas crianças de primeira série e os propostos pelas crianças de segunda série (ver adiante).

*   500 "quinhentos" / 400 "quatrocentos" / 200 "duzentos" Jordi e Sol / 600 "seiscentos" Lele — Bru / 800 "oitocentos" Sol / 580 "quinhentos e oitenta" Joaquim / 777 "setecentos e setenta e sete" / 888 "oitocentos e oitenta e oito" / 999 "novecentos e noventa e nove" Leandro e Bruno.

Caro e Daniel (2ª série) / 1) 99.999 = "noventa e nove mil novecentos noventa nove" / 2) 79.880 = "setenta e nove mil oitocentos e oitenta" / 3) 55.108 = "cinquenta e cinco mil cento e oito" / 4) 67.209 = "sessenta e sete mil duzentos e nove" / 5) 51.006 = "cinquenta e um mil e seis" / 6) 32.900 = "trinta e dois mil novecentos" / 7) 48.803 = "quarenta e oito mil oitocentos e três" / 8) 19.660 = "dez e nove mil seiscentos sessenta" / 9) 10.111 = "dez mil cento e onze" / 10) 7400 = "sete mil quatrocentos"

(Ver legenda no rodapé*)

Perguntando outra vez

"Teríamos que encontrar uma resposta", assinalamos ao começar este artigo. Agora, perto do final, se fazem presentes as novas perguntas. Nosso próprio jogo de perguntas e respostas nos incentiva a continuar indagando.

Se a diversidade é tão marcada, já não só de um grupo a outro, mas dentro de cada grupo, como estabelecer limites que tenham validade geral entre o trabalho que é realizado na primeira série e o que se leva a cabo na segunda e terceira séries? Como definir quais são os saberes que são considerados patrimônio de todas as crianças em um determinado momento? Que outras estratégias implementar para ajudar as crianças a abandonar pouco econômicos e progredir para aqueles que supõem conceitualizações mais profundas?

Sabemos que ter estabelecido regularidades no sistema de numeração é uma condição necessária para que seja significativo perguntar-se sobre as razões que fundamentam tais regularidades. Poder-se-á estabelecer uma relação como esta entre outras aquisições? Quais?

---

* Pablo. W. Gurdo / 1) 10.202 "dez mil duzentos dois" / 2) 92.351 "Noventa dois mil trezentos e cinquenta e um" / 3) 32.480 "trinta e dois mil quatrocentos e oitenta" / 4) 78.780 "setenta e oito mil setecentos e oitenta" / 5) 57.180 "cinquenta e sete mil cento e oitenta" / 6) 20.000 "vinte mil" / 7) 58.700 "cinquenta mil e setecentos" / 8) 22.801 "vinte e dois mil oitocentos e um" / 9) 98.000 "noventa e oito mil" / 10) 2.600 "dois mil e seiscentos".

As crianças encontraram "leis" que não tínhamos previsto; haverá outras cujo descobrimento poderia contribuir ao progresso da conceitualização? Que novos problemas é necessário incluir em nossa proposta para garantir que as crianças transitem com êxito até a compreensão do sistema de numeração?

As perguntas nos levam outra vez à sala de aula. Porque aprendemos ao compartilhar o trabalho com professores e alunos, enfrentaremos o desafio de continuar a busca. Quando encontrarmos as respostas, terá sentido empreender o próximo capítulo.

BIBLIOGRAFIA

Bednarz, N. e Janvier, B. (1982): "The understanding of numeration in primary school", *Educational Studies in Mathematics*, vol. 13.1.

Bressan, A., Rivas, S. e Scheuer, N. (1991): "Los chicos y los números", *Ciencia hoy*, vol. 2.11.

Brousseau, G. (1986): "Fondements et méthodes de la didactique des mathématiques", *Recherche en Didactique des Mathématiques*, vol. 7.2. (Existe uma versão datilografada traduzida para espanhol por María Emilia Quaranta.)

Brousseau, G. (1990): "?Qué pueden aportar a los enseñantes los diferentes enfoques de la didáctica de las matemáticas?", *Enseñanza de las Ciencias*, vol. 8.3.

Centeno Pérez, J. (1980): *Números decimales: ?Por qué? ?Para qué?*, Editorial Síntesis, Madrid.

Collette, J. (1985): *Historia de las matemáticas*, Madrid, Siglo XXI (Edição original em francês: 1973).

Dantzig, T. (1971): *El número, lenguaje de la ciencia*, Buenos Aires, Editorial Hobbs Sudamericana (edición original de 1930).

Douady, R. (1984): "Juego de marcos y dialéctica instrumento/objeto en la enseñanza de la matemática", Universidade de Paris 7.

Guitel, G. (1975): *Histoire comparée des numérations écrites*, Paris, Flammarion.

Hughes, M. (1987): *Los niños y los números*, Buenos Aires, Planeta (edição original em inglês, 1986).

Inhelder, B., Sinclair H. e Bovet, M. (1975): *Aprendizaje y estructuras del conocimiento*, Madrid, Ediciones Morata (edição original em francês, 1974).

Lerner, D. (1992): *La matemática en la escuela aquí y ahora*, Buenos Aires, Aique.

Kamii, C. (1986): "El valor posicional: una explicación de su dificultad y de sus implicaciones educativas", *Journal of Research in Childhood Education*, vol. 1.2.

_____. (1985): *Los niños reinventan la aritmética*, Madrid, Visor aprendizaje (edição original em inglês: 1989).

_____. (1992): *Reinventando la aritmética II*, Madrid, Visor aprendizaje (edição original em inglês: 1989).

Parra, C. e Sáiz, L (1992): *Los niños, los maestros y los números. Desarrollo Curricular. Matemática 1ª y 2ª grado*, Municipalidade da cidade de Buenos Aires, Secretaria de Educação e Cultura, Direção Geral de Planejamento.

Piaget, J. (1978): *La equilibración de las estructuras cognitivas: problema central del desarrollo*, Madrid, Siglo XXI (versão original em francês: 1975).

Sellares, R. e Bassedas, M. (1983): "La construcción de sistemas de numeración en la historia y en los niños", en M. Moreno y equipo del IMIPAE, *Pedagogía operatoria*, Barcelona, Laia.

Sinclair, A. e Sinclair, H. (1984): "Preschool Children's interpretation of written numbers, *Human Learning*, vol. 13.

Sinclair, A., Sinclair, H. e Siegrest, F. (1982): "Young Children's ideas about the written number system", trabalho apresentado na Conference on the acquisition of Symbolic Skills, University of Keele.

Sinclair, A. e Col. (1988): *La notation numérique chez l'enfant et la production de notations chez le jeune enfant*, Paris, P.U.F.

Skemp, R. (1985): *Psicologia del Aprendizaje de las Matemáticas*, Madrid, Ediciones Morata.

6

Dividir com dificuldade ou a dificuldade de dividir

Irma Saiz

"Dura cosa é la partita"[1]
(Antigo refrão italiano)

INTRODUÇÃO

Na antiguidade só os homens sábios sabiam dividir.

Os métodos de resolução eram numerosos. Métodos difíceis que se assimilavam com grande trabalho e somente depois de uma prolongada prática; para resolver com rapidez e exatidão a multiplicação e divisão de números com vários algarismos significativos era necessário um talento natural especial, capacidade excepcional: sabedoria que para os homens simples era inacessível...
Nossos antepassados empregaram métodos muito mais demorados e confusos, e se um escolar do século XX pudesse transladar-se três ou quatro séculos ao passado, surpreenderia a nossos antecessores pela rapidez e exatidão de seus cálculos aritméticos. O boato em torno dele percorreria as escolas e monastérios das localidades vizinhas, eclipsando a glória dos mais habilidosos contadores dessa época, e de todos os lugares chegariam pessoas para aprender do novo grande mestre a arte de calcular.

---

[1] Assunto difícil é a divisão.

Estes parágrafos extraídos do interessante livro de Y. Perelman, "Aritmética recreativa", nos falam de um aluno da atualidade possuidor da grande arte de saber calcular uma divisão, utilizando um método rápido, eficaz, elegante, útil para a divisão de todas as quantidades numéricas possíveis...

É verdade que os algoritmos têm evoluído e muito, desde o método de separar com um traço o dividendo do divisor, que também Perelman inclui em seu livro, até o algoritmo atual.

É verdade que dispomos de um algoritmo eficaz e rápido, válido para todos os números, e ainda mais, contamos com máquinas (calculadoras e computadores) que resolvem os cálculos em ainda menos tempo do que as pessoas.

Porém, o que acontece nas escolas com crianças que em princípio já aprenderam a dividir?

Neste artigo tentaremos mostrar algumas das dificuldades que enfrentam (e não resolvem) muitas crianças de escolas primárias em relação ao assunto da divisão. Ainda que se apoie em alguns dados estatísticos obtidos de um estudo exploratório realizado com 300 alunos de 5ª e 6ª séries, pertencentes a 12 séries diferentes, não é um informe de pesquisa; trata-se de possibilitar aos professores alguns recursos para interpretar os resultados que encontram em suas aulas, a partir das dificuldades de seus alunos e dos procedimentos inadequados que ainda são colocados em ação em 5ª e 6ª série.

Vamos apoiar-nos, também, em pesquisas e publicações a respeito do tema, oriundas da didática da matemática, especialmente as de Guy Brousseau.

O estudo exploratório das dificuldades das crianças em relação à divisão foi formulado a professores de 5ª e 6ª séries que participaram de um curso de aperfeiçoamento, e consiste em 5 problemas e 4 cálculos dados aos alunos de maneira individual e escrita. Os enunciados são incluídos no Anexo (p. 189-190). O curso de aperfeiçoamento citado foi organizado pela Assessoria Técnico-Pedagógica do Conselho de Educação da Província de Corrientes.

Frequentemente, quando é iniciado o trabalho de reflexão com os docentes em cursos de atualização, recorre-se à formulação de diferentes operações de soma, subtração, multiplicação e divisão. Os resultados dos cálculos com as três primeiras operações geralmente coincidem; não acontece o mesmo nos resultados correspondentes à divisão. Pensemos por exemplo em dividir:

1) 85 ÷ 5   4) 47 ÷ 6
2) 5 ÷ 2   5) 35 ÷ 16
3) 2 ÷ 5

Com certeza, todos os docentes encontram como resposta o 17 na primeira situação; na segunda, já podem aparecer duas respostas: 2,5 ou 2, especificando as vezes que se trata do quociente inteiro.

Na terceira situação, muitos professores obtêm por resposta 0,4. Outra resposta pouco frequente é quociente 0 e resto 2.

Para 47 ÷ 6 existe muita variabilidade:

— Não é divisível
— O quociente inteiro é 7, o resto é 5
— Ou bem outras respostas como: 7,83; 7,833; e "não acaba nunca"
— O quociente é 47/6

Finalmente, para 35 ÷ 16 as respostas são ainda mais numerosas:

— 35/16; trinta e cinco e dezesseis avos
— O quociente inteiro é 2, o resto 3
— Se formula a operação e o cálculo é contínuo até se obter 1, 2 ou mais decimais, daí os resultados: 2,1; 2,18; 2,187; 2,1875; ou "2,1875 e acabei".

(Esta análise foi extraída de ERMEL CM1, 1982).

O problema anterior mostra que "dividir um número por outro" na realidade é uma expressão pouco específica; faz aparecer diferentes tipos de quocientes (inteiros, decimais não inteiros, etc.).

Em muitos dos problemas formulados, se busca distribuir objetos entre pessoas, respeitando as seguintes condições:

— não se diferenciam os objetos, uns em relação aos outros; só importa seu número;
— o mesmo acontece com as pessoas;
— as partes têm todas o mesmo número de objetos;
— este último número é o maior possível, o que equivale a dizer que restará a menor quantidade possível de objetos não distribuídos (eventualmente, pode não sobrar nenhum).

Se bem que é certo que esta caracterização permite abranger uma série de problemas, não os inclui a todos: nem sempre os objetos são repartidos entre pessoas, frequentemente se relacionam com medidas e incluem decimais ou frações..., o que dificulta a identificação da divisão.

Quando é formulada uma divisão, quem decide se procura um quociente

inteiro ou não? Deve-se continuar até obter dois decimais, ou 3, ou mais? É , necessário analisar o resto? E a resposta, é a mesma se esta pergunta se formula na escola ou na vida cotidiana?

Nos exemplos anteriores, tratava-se da divisão de dois números naturais, se bem que em seu quociente aparecessem números naturais ou não. Porém, também podemos definir a divisão nos decimais, ou nos racionais; diferentes divisões unificadas por um só nome: divisão.

Aparecem, também (APMEP, 1975), outras denominações ou expressões relacionadas com a divisão, como: divisão exata, divisão com ou sem resto, quociente inteiro, quociente aproximado por falta ou por excesso, quociente dado como uma aproximação de, etc.:

a) "Divisão exata", "divisão sem resto", alude à divisão euclidiana que possui um resto nulo. O qualificativo de exata é enganoso porque supõe que existem divisões que são inexatas; "sem resto" não é uma expressão mais feliz, porque o zero também é um resto.

Estas expressões podem ser omitidas quando se utiliza outras como: "na divisão euclidiana de... por..., o resto é nulo" ou então "... é múltiplo de... ", etc., porém, as primeiras são expressões fortemente assimiladas à tradição escolar, e as segundas são de uma precisão tal que não tem cabimento na aprendizagem da divisão tal como é formulada hoje em dia.

b) "Quociente inteiro" possui ao menos três sentidos:

— quociente euclidiano; por exemplo, o quociente inteiro de 17 dividido por 5 é 3;
— quociente euclidiano no caso em que o resto é nulo: por exemplo, o quociente inteiro de 15 dividido por 5 é 3;
— aproximação inteira por falta do quociente de um decimal por outro; por exemplo, o quociente inteiro de 17,75 dividido por 5,01 é 3.

Geralmente é este terceiro sentido o mais usual. Haveria ainda que acrescentar a expressão "o quociente de dividir a por b é inteiro", que informa que tipo de número é o quociente.

 c) "Quociente exato". Pode ser criticada, tal como ocorreu no caso a), e, em vez da expressão "5 é o quociente exato de 15 por 3", pode-se dizer: "5 é quociente de 15 por 3" — e, se necessário, esclarecer que o resto é nulo.

Estes termos originaram-se, talvez, na classificação dos diferentes casos de divisão que era realizada tradicionalmente na escola: divisão de um inteiro por um inteiro; de um decimal por um inteiro; de dois decimais entre si; de dois inteiros com quociente decimal, etc.

Tudo o que foi colocado, forma uma primeira ideia das dificuldades que as crianças enfrentam quando iniciam a aprendizagem da divisão, e também ao longo desta quando vão encontrando, um após outro, os diferentes significados da divisão.

Neste capítulo, se apresentam primeiro algumas considerações teóricas sobre o significado da divisão; em segundo lugar, se apresentará uma análise da resolução de problemas, em particular em relação com os enunciados e, finalmente, uma análise dos algoritmos utilizados pelos alunos.

A RESPEITO DO SIGNIFICADO DA DIVISÃO

Como menciona Roland Charnay (1988), no capítulo 3 deste livro, um dos desafios essenciais, e ao mesmo tempo uma das dificuldades principais do ensino da matemática, é precisamente que o conteúdo esteja carregado de *significação,* que tenha sentido para o aluno.

Ele continua assinalando que "a construção da significação de um conhecimento deve ser pensada a dois níveis: no nível externo, qual é o campo de utilização deste conhecimento, e quais são os limites desse campo... e no nível interno, como funciona tal recurso e porque funciona..."

Guy Brousseau (1987) fala destes dois níveis como dos *dois componentes da compreensão:*

— um se expressa melhor em termos de semântica. "Compreender" é ser capaz de reconhecer as ocasiões de utilizar o conhecimento e de aplicá-lo em novos domínios;
— o outro se expressa em termos de necessidades lógicas ou matemáticas ou, de maneira mais geral, sintáticas. O aluno que pode

compreender, pode "raciocinar" a respeito de seu saber, analisá--lo ou combiná-lo com outros.

Algumas das perguntas que podem ser formuladas são, por exemplo: qual é o sentido da divisão, ou seja, que significado atribuem os alunos a este conceito? Como reconhecem que um problema é de divisão, ou melhor, como concluem que formulando e resolvendo uma divisão se resolve o problema (nível externo), ainda quando se trata de problemas em princípio tão diferentes como a lista que se inclui a seguir? O que têm em comum estes problemas? Como funciona a divisão? Como se relaciona com a multiplicação, a soma e a subtração? Que outras propriedades a caracterizam e às vezes a distinguem das outras operações? (nível interno).

Alguns problemas de divisão (Peault, 1988):

1. Se dispomos de 47 azulejos para a parede do banheiro e colocarmos 6 azulejos em cada fila, quantas filas poderão ser feitas?
2. Se contarmos para trás de 6 em 6, a partir de 47, qual será o último número enunciado?
3. De uma vara de madeira de 47cm, quantos pedaços de 6cm se podem cortar?
4. De uma vara de madeira de 47cm se quer fazer 6 varas com o mesmo comprimento; qual será esse comprimento?
5. As caixas para fita cassete podem conter 6 fitas cada, quantas caixas são necessárias para guardar 47 cassetes?
6. Se são repartidas equitativamente 47 bolinhas de gude entre 6 crianças, dando a cada uma delas o máximo possível, quantas bolinhas teria cada uma?
7. Se repartirmos equitativamente 47 bolinhas de gude entre 6 crianças, dando a cada uma delas o máximo possível, quantas bolinhas não seriam repartidas?
8. Se repartirmos equitativamente $47 entre 6 pessoas, quanto é dado a cada uma?
9. Devemos repartir 47 litros de vinho em garrafões de 6 litros. Quantos garrafões serão necessários?
10. Seis pessoas recebem de herança um terreno de 47 hectares e decidem repartir em 6 lotes de mesma superfície. Qual será a superfície de cada lote?
11. Ao se multiplicar um número por 6, se obtém 47. Qual é esse número?
12. Em uma calculadora se pressionam consecutivamente os botões "4", "7", "÷", "6", "="; o que aparece no visor?

Todos estes problemas se relacionam de uma ou outra maneira com a divisão 47 ÷ 6, se bem que se trate de situações muito diferentes entre si.

Na prática escolar, em geral os professores realizam uma distinção entre (Brousseau, 1987):

— aquelas atividades que apontam à aquisição dos saberes institucionalizados, tais como os algoritmos de cálculo, as definições canônicas ou as propriedades fundamentais, e
— aquelas que apontam à compreensão e ao uso desses saberes.

O ensino de conhecimentos tais como algoritmos, propriedades ou definições são facilmente organizáveis na sala de aula; são identificáveis, podem ser descritos e sua aquisição é verificável de maneira simples. Assim, para avaliar se os alunos "sabem dividir" é suficiente formular-lhes várias contas e verificar seus resultados. Ademais, trata-se de técnicas conhecidas pela sociedade. Os pais podem saber se seus filhos aprenderam a dividir ou não.

No entanto, ao falar de reconhecimentos de situações de divisão, de significados de conceitos, se entra em um terreno muito mais ambíguo e difícil de identificar. Tanto os professores como os pais desejariam que o ensino conseguisse nos alunos não só o conhecimento dos saberes institucionais, como também a compreensão, porém, diante da falta de uma solução evidente, a aprendizagem dos algoritmos acaba eliminando a busca da compreensão.

Em geral, o ensino das operações matemáticas está baseado na comunicação de um procedimento de cálculo associado posteriormente a um pequeno universo de problemas que, supõe-se, "darão conta" do significado do conceito.

Porém, isolados de seu contexto, os algoritmos se convertem em respostas adquiridas para perguntas futuras a respeito das quais não se sabe muito. Os algoritmos são aprendidos sabendo-se que vão servir para resolver problemas, porém se desconhece de que problemas se trata.

No nível da pesquisa e resultados da didática da matemática, podem ser indicados dois períodos diferentes: no início se afirmava que a aquisição do sentido ficava totalmente a cargo do professor, que, com uma apropriada seleção de situações de aprendizagem e de seu concatenamento, devia construir, como único responsável, o sentido dos conhecimentos ensinados na cabeça do aluno, cuja participação se reduzia a aceitar com docilidade as propostas e resolver os problemas.

Em uma segunda etapa, primeiro foi posta em evidência a necessidade de certa institucionalização dos saberes e a seguir a existência de obstáculos de diversas origens, quer dizer, de erros que o aluno deve rejeitar explicitamente, e incluir esta rejeição em seus conhecimentos. Este aporte subentende que o sentido de um conceito deve, pelo menos, ser assumido como objetivo e, portanto, negociado, consentido e explicitado.

Fica ainda por determinar: que situações formular?, que estratégias de ensino?, com que modificações das concepções dos professores e pais?

Na atualidade, as pesquisas começam a questionar se uma atividade reflexiva (qual, em que condições, etc.) pode melhorar a compreensão das noções e a eficiência das aprendizagens (e como verificá-las...).

Variáveis pertinentes

Quando os alunos se defrontam com uma situação-problema, conscientemente ou não buscam determinados índices ou condições que identifiquem tal situação como pertencente a alguma classe que saibam resolver. Por exemplo, diante de um problema, com frequência buscam pistas para determinar qual é a operação que devem utilizar.

Como já dissemos, o ensino tradicional está geralmente centrado não no raciocínio dos problemas, mas em determinar qual é a operação correspondente.

Algumas dessas condições não mudam com variações no enunciado ou nas situações apresentadas, porém outras fazem variar o procedimento utilizado ou o reconhecimento do problema como sendo problema de divisão. Trata-se do que Brousseau chama "variáveis pertinentes" de um conceito: quer dizer, características cujo valor, presença ou ausência influem sobre as possibilidades de reconhecimento ou de resolução de um problema de divisão. Esta influência pode representar um bloqueio do reconhecimento, uma mudança total da maneira de resolução ou uma modificação significativa na confiabilidade do cálculo ou na convicção do aluno.

Entre as variáveis pertinentes que Brousseau (1987) identifica para o conceito da divisão e que consideramos em nosso estudo se encontram:

1. *Os números:* estrutura mobilizada (naturais, decimais, etc.), sua expressão (fracionária ou decimal), seu tamanho (menores que 1, entre 1 e 2, etc.), sua função matemática (cardinal, medida, etc.).
2. *Os tipos de grandeza:* domínios físicos, dimensões, etc.

3. *As técnicas de cálculo* ensinadas anteriormente (manipulações de repartição, subtrações repetidas, produtos, ensaio e erro, adivinhação, enquadramento sistemático, transformação aos naturais, apresentação dos cálculos, etc.).

ANÁLISE DOS PROBLEMAS

Neste estudo realizado para analisar, junto aos professores, as dificuldades das crianças no tema da divisão, foram apresentados cinco problemas, selecionados entre os habituais, de quarta ou quinta série. A lista dos problemas se inclui no anexo (página 189-190).

Como foi mencionado no item anterior, podem determinar-se para os diferentes conhecimentos variáveis pertinentes, quer dizer, características cujo valor, ausência ou presença, por exemplo nos enunciados dos problemas, influem nas possibilidades de reconhecimento ou de resolução de um problema de divisão, provocando um bloqueio do reconhecimento ou uma mudança total do modo de resolução ou uma modificação.

Entre as variáveis pertinentes indicadas por Brousseau, se levaram em conta só algumas:

1) Em relação aos números envolvidos:
   — foram tomados números naturais nos enunciados dos problemas I, II, IV e V, e números decimais no III.
   — divisores de 1, 2 ou 3 algarismos (problemas III e V; problemas I e II; problema IV, respectivamente).
   — resto nulo ou não (problemas II, III, IV e V; problema I, respectivamente).

2) Em relação ao tipo de grandezas:
   — utilização das grandezas: comprimento (problema III) e tempo (problema V), e quantidades discretas nos outros três problemas.

3) As técnicas de cálculo ensinadas com antecedência não foram levadas em conta, já que em geral se desconhece qual ou quais foram os processos de aprendizagem prévia dos alunos envolvidos. Pode-se, no entanto, observar em parte os hábitos da aula ou as exigências do professor; fazer ou não o enunciado, importância dada a escrever a resposta, etc.

Os problemas foram intercalados com os cálculos e formulados às crianças em duas sessões diferentes. A ordem de apresentação não foi sempre a mesma e nem todas as crianças responderam a todos os problemas e a todos os cálculos.

A análise realizou-se sobre:

— as diferenças entre os grupos distintos;
— o reconhecimento ou não do problema como sendo de divisão;
— a resolução ou não do problema;
— sua resolução correta.

Para facilitar a leitura inclui-se uma tabela com os valores de porcentagens globais, para cada problema, nos três últimos itens assinalados:

Problemas	1 Sem fazer %	2 Reconhecimento %	3 Procedimentos inadequados %	4 Cálculo correto %	5 Cálculo incorreto %	6 Resposta correta %
I Pães	6,70	82,42	10,80	67,80	14,60	0,00
II Contas	9,16	77,52	13,33	51,00	26,50	51,00
III Comprimento	32,00	58,18	9,81	38,50	19,68	38,50
IV Vinho	6,00	88,88	5,05	19,20	69,68	19,20
V Tempo	19,19	76,76	4,04	62,60	14,16	0,00

Para estes dados unificamos os alunos de quinta e sexta série e entre os alunos que reconheceram o problema como sendo de divisão, separamos os cálculos corretos dos não corretos. Por exemplo, dentro de 82,42% dos alunos que reconheceram que se tratava de uma divisão no problema dos pães, 67,80% a realiza corretamente e 14,60% incorretamente. Quer dizer, a soma das colunas 4 e 5 corresponde aos totais da coluna 2.

Diferenças notáveis

Uma primeira análise dos trabalhos das crianças nos fornece uma informação que poderíamos considerar surpreendente.

Não se pode, pelo menos neste grupo de crianças, falar em termos gerais, dizendo, por exemplo: "na sexta série os alunos sabem tal ou qual coisa"; "na quinta série ainda não são capazes de utilizar corretamente tal procedimento, porém na sexta série sim", etc., visto que existem grandes diferenças entre grupos da mesma série e entre a quinta e sexta séries, inclusive dentro de um mesmo estabelecimento educacional.

Por exemplo, no problema sobre comprimentos, em uma quinta série se encontram 56% de respostas corretas e 21% de problemas sem resolver, enquanto em uma sexta série só 3% de respostas corretas junto a 85% sem realizar, com a indicação "não entendi".

Observação

As condições de aplicação dos problemas e exercícios ficaram sob inteira responsabilidade de cada professor e não foram discutidas na aula. Alguns professores seguramente deram como instrução que, diante de um problema que não compreendessem, seguissem adiante com os demais, o que pode explicar tão alta porcentagem de "não entendi" em um dos grupos.

Reconhecimentos e resolução

Consideramos que um aluno reconhece que um problema é de divisão quando tenta formular uma operação deste tipo, ainda que seu resultado não seja correto. No grupo de 300 alunos, só três deles tentam a resolução com algum procedimento diferente da utilização do algoritmo clássico, adicionando 17 (no problema II) várias vezes e tentando obter 221, ou realizando multiplicações de aproximação 24 x 12 =; 24 x 13 =; etc.; no caso do problema I, só um dos três alunos obteve um resultado correto.

Ao analisar o reconhecimento dos problemas como problemas de divisão, encontramos as mesmas diferenças que as mencionadas anteriormente entre alunos da mesma série ou diferenças invertidas em alunos de séries diferentes.

As porcentagens de reconhecimento e de não resolução nos diferentes problemas foram incluídas no quadro, o que permite realizar a hierarquização entre eles para os dois aspectos:

Reconhecimento		Não realização	
1) Vinho (problema IV)	88,88%	1) Vinho	6%
2) Pães (problema I)	82,42%	2) Pães	6,7%
3) Contas (problema II)	77,50%	3) Contas	9,16%
4) Tempo (problema V)	72,76%	4) Tempo	19,19%
5) Comprimento (problema III)	58,18%	5) Comprimento	32%

A análise destes dois aspectos pode realizar-se conjuntamente porque os resultados são semelhantes.

Tanto no reconhecimento como na não resolução, os dois problemas com maiores porcentagens são os que envolvem grandezas.

No caso de não realização, a diferença entre esses dois problemas e o resto é total; a utilização de grandezas no enunciado provoca um aumento considerável na porcentagem dos alunos que deixam de resolver o problema.

Entre os que não reconhecem o problema como um problema de divisão, incluímos aqueles alunos que realizam outras operações como somas, subtrações ou multiplicações.

As porcentagens de procedimentos inadequados nos cinco problemas são as seguintes:

1) Contas (problema II)	13,33%
2) Pães (problema I)	10,87%
3) Comprimento (problema III)	9,81%
4) Vinho (problema IV)	5,05%
5) Tempo (problema V)	4,04%

Os dois problemas referentes à busca do número de interações possíveis, ou, o que significa o mesmo, à busca do número de partes, como quantos tabuleiros são necessários, ou quantos colares, se encontram entre os problemas que provocam um maior número de procedimentos inadequados. Estes problemas não são reconhecidos da mesma maneira que os "de repartição", quer dizer, aqueles onde se procura o valor de cada uma das partes.

De toda maneira, o problema sobre comprimento, que envolve números decimais, apesar de tratar-se de um problema de repartir não é reconhecido como tal. Não se repartem horas da mesma maneira que são repartidas garrafas...

Entre os procedimentos inadequados, o mais frequente é sem dúvida a multiplicação, que representa 80% deles.

Encontramos novamente diferenças notáveis entre os grupos; por exemplo, no problema de comprimento, na quinta série, as porcentagens de reconhecimento da divisão vão desde 12,5% até 96,66% e na sexta série de 22,2% até 93,93%, incluindo novamente seções da mesma escola.

Resoluções corretas

No quadro também podemos observar as porcentagens de respostas corretas e incorretas dentro da porcentagem de crianças que reconheceram a divisão como operação pertinente a realizar nestes problemas.

Ordenando os problemas da maior até a menor porcentagem de cálculo correto se obtém:

1) Pães	67,8%
2) Tempo	62,6%
3) Contas	51,0%
4) Comprimento	38,5%
5) Vinho	19,2%

É necessário esclarecer que falamos de cálculo correto e não de resposta correta, já que, por exemplo, no problema dos pães (I), a resposta que foi dada pela divisão é 12 e a resposta correta é 13, número de tabuleiros necessários para assar "todos" os pães como indica o problema.

Nenhum aluno dos 300 deu como resposta 13.

Este problema é reconhecido como problema de divisão por 82,42% das crianças, e o cálculo é resolvido corretamente pela maior parte delas (67,8%), porém, *nenhuma* das crianças questionou se 12 tabuleiros é a solução do problema.

Da mesma maneira, o problema do tempo (V) tem como resposta correta 7 horas e 15 minutos, e não 7 horas, ou 7,2 horas ou 7,25 horas, como se obtém da divisão de 29 por 4, que são as respostas que aparecem com maior frequência.

É provável que muitos desses alunos ainda não tenham aprendido a "dividir" com medidas de tempo. Classicamente, os números "compostos" e as operações com eles são concentrados na sétima série. No entanto, neste caso, era suficiente "pensar" o problema, envolver-se em uma situação que fosse além da simples busca da operação.

A tendência à economia, seja no ensino como na aprendizagem, favorece o recurso dos "automatismos" (aplicação de algoritmos) que em geral são acompanhados por uma perda de *sentido*, pela incapacidade de imaginar diferentes opções, de controlar o resultado, etc.

"Repartir" 29 horas em 4 dias é uma situação consideravelmente simples para qualquer aluno, inclusive de quarta série, associando, por exemplo, 7 horas a cada dia e a hora restante pensá-la como 60 minutos, o que permite dar 15 minutos a mais a cada dia.

A aplicação "cega" do algoritmo leva a encontrar como resultado 7 horas ou melhor 7,25 horas.

Notemos também que este problema é reconhecido como problema de divisão por 76,76% dos alunos, e é o que tem mais baixa porcentagem de procedimentos inadequados (4,04%).

Tudo isto nos fala de um possível reconhecimento como problema de divisão, a partir de indícios ou palavras indutoras do texto, o que é suficiente para selecionar a operação e realizá-la, porém sem nenhum controle sobre o procedimento e sem envolver-se no problema, o que permitiria ao menos que a criança comprovasse se o número dado corresponde ou não à resposta do problema.

A maior parte das crianças realiza a prova da divisão (prova dos 9), porém, ninguém faz a "prova do problema", quer dizer, ninguém verifica se o resultado obtido é a solução do problema formulado.

Como veremos mais adiante ao analisar os algoritmos, a falta de controle sobre as produções estende-se aos diferentes passos do algoritmo.

Os três problemas restantes obtêm uma porcentagem de respostas corretas de 51%, 38,5% e 19,2%.

Claramente, estas porcentagens indicam um baixo nível de aprendizagem. O problema do vinho é reconhecido como problema de divisão por 88,88% dos alunos; no entanto, só 19,2% do total das crianças dá uma resposta correta, devido às dificuldades no algoritmo da divisão por três algarismos.

O problema de comprimento é bastante esclarecedor do tipo de resultados que são obtidos.

Dos 275 alunos aos quais foi formulado, 32% não o resolveu, 9,81% utilizou procedimentos inadequados, 38,5% o resolveu corretamente e 19,68% incorretamente.

Isto significa que, se supomos que os alunos não o resolveram por falta de conhecimentos apropriados, chegamos a 61,5% de alunos entre quinta e sexta série que não podem resolver este tipo de problema que envolve medidas de comprimento.

Além disso, expressar as respostas sem indicar a unidade correspondente não foi, neste caso, considerado incorreto.

RESUMO

Os alunos não atribuem significado ao algoritmo que aplicam, portanto não podem interpretar o que obtiveram nas diferentes etapas do cálculo, em termos do problema formulado.

O algoritmo ensinado aparece como um puro trabalho sobre os números, independente dos dados da situação enunciada.

Eles mostram uma relação superficial com o conhecimento. Colocam distância entre si e a situação formulada, desembocando em ações estereotipadas, puramente didáticas, quer dizer, centradas na situação escolar da aprendizagem, sem mobilização dos esquemas intelectuais próprios que, no entanto, têm à sua disposição.

As crianças carecem de recursos para reconhecer se sua solução é errada ou não. Na realidade, não chegam a analisar se o número obtido é o resultado do problema. O quociente obtido pela aplicação do algoritmo nem sempre coincide com o número procurado: a partir dele é necessário proceder a uma escolha levando em conta o problema concreto por resolver (caso do problema do padeiro).

Tudo é isso é provocado por um ensino de resolução de problemas reduzido a "adivinhar" qual é a operação adequada e a aplicar o algoritmo correspondente.

Frequentemente, a partir do discurso do professor — "Que operação fizeram?", "Que operação vocês deveriam fazer?" ou "Você lembra que já fizemos problemas como este..." — se impõe a busca do "método" que se aprendeu e que é necessário aplicar, "método" que se converte em: que operação se tem de fazer ou, qual é a operação que acabamos de aprender?

A representação da divisão não pode reduzir-se ao conhecimento de uma estratégia de solução acompanhada de um suposto "sentido" ou significado da operação que permita aplicá-la, porém, implica a capacidade de controlar várias estratégias, passando de uma a outra, segundo as circunstâncias.

A resolução dos problemas e, em particular, a utilização de tal procedimento no lugar de outro, dependem do significado que o aluno atribui à situação que lhe é proposta.

> A compreensão é na realidade a possibilidade de restaurar determinados recursos de controle e de gerar as alternativas a serem rejeitadas (Brousseau, 1986).

Os problemas específicos nos desenvolvimento do algoritmo serão tratados mais adiante.

A RESPEITO DA ORGANIZAÇÃO DO RACIOCÍNIO

Um parágrafo especial pode ser dedicado à "organização do raciocínio", tradição amplamente arraigada na escola primária argentina.

Todo problema "bem" resolvido ou que se considerava como tal devia ter: o "raciocínio", os cálculos auxiliares e a resposta.

O "raciocínio" tinha em suas origens um objetivo de clareza no pensamento, de identificar corretamente os dados e "ajudar" o aluno a resolver o problema.

Trata-se, em geral, de problemas com uma estrutura bastante rígida, com três dados, sendo necessário encontrar o quarto, quer dizer, basicamente, um problema de "regra de três", que se inicia com a multiplicação e divisão na segunda e terceira séries, continuando com a proporcionalidade simples na quarta e quinta séries e finalmente com a proporcionalidade composta na sexta e sétima séries, onde o número de dados se eleva a cinco e é necessário obter o sexto.

Alguns professores levaram a exigência da estruturação do raciocínio também a outros problemas, por exemplo os de soma e subtração, onde na realidade trata-se de resumir os dados do problema a um formato especial.

Por exemplo, no problema:

Maria poupou $20 para o dia das mães, porém o presente que quer dar à sua mãe custa $35. Quanto lhe falta poupar?

A estruturação, em princípio, se reduz a escrever uma síntese do problema:

tem .... $20   quer 35
quer .... $35   ou   tem 20
lhe falta .... 35 − 20 = 15   lhe falta .... 35 − 20 = 15

Logicamente, pode haver outras versões.

Classicamente, as estruturações do raciocínio possuem duas linhas: em uma vão os dados e na outra a incógnita, especialmente nas séries do terceiro ciclo, e, então, se separa a estrutura da solução, que, por sua vez, segue uma série de passos rígidos.

1 caixa .... 12 bombons
8 caixas .... 12 x 8 = 96 bombons

No caso dos problemas sobre proporção, deve-se incluir um "x" no lugar da incógnita, sobretudo em séries do 3º ciclo, e então separar a proposição da solução, a qual, por sua vez, deve obedecer a uma série de passos.

É fácil perceber que existem muitos problemas interessantes para resolver na escola primária, que não podem ser reduzidos a um formato de estruturação desse tipo e que, fundamentalmente, este formato não pode ser pensado antes de se haver "quase resolvido" o problema. A resolução de um problema no qual seja necessário analisar os dados, estabelecer relações entre eles, determinar os que são pertinentes, antes de poder dizer qual ou quais operações realizar e que às vezes seja necessário comprovar por diferentes caminhos, antes de resolvê-lo, não poderá provavelmente iniciar-se com esta estruturação.

A estruturação do raciocínio, como requisito indispensável de todo problema, vem perdendo vigência ao longo dos anos, junto à divulgação da importância da resolução de problemas, ainda que às vezes esta se veja reduzida ao *slogan:* "não importa o procedimento, o que importa é a solução".

É possível encontrar na atualidade em uma mesma escola, um grupo de determinada série com a exigência, por parte da professora, de incluir uma estruturação de raciocínio em "todos" os problemas e uma professora equivalente (da mesma série) não exigi-lo de nenhuma criança.

De toda maneira, não se tem podido detectar, a partir dos trabalhos das crianças, a realização na escola de um *trabalho de análise* destas estruturações.

No caso do grupo de crianças e professores com os quais se trabalhou (12 grupos de quinta e sexta série),

— em três deles nenhum aluno realizou a estruturação, só o cálculo, e alguns escreveram a resposta;
— em um dos grupos, algumas crianças escreveram a estruturação e outras não; e
— nos restantes sete grupos, "todas" as crianças realizaram a estruturação.

ALGUNS EXEMPLOS DE ESTRUTURAÇÃO DO RACIOCÍNIO

Transcrição do texto

Muitas estruturações ou enunciados resumem os dados, com um formato mais ou menos livre:

Colocar .... garrafas 1872
há .... caixas 104
$$1872 \div 104 = 18$$

1872 garrafas .... quero colocar em 104 caixas
1 garrafa .... 1872 ÷ 104 =

Dado unitário

No caso dos problemas onde é necessário encontrar o valor unitário (problemas III, IV e V), os enunciados não refletem tal busca.

29.......... horas   29 horas..................... toda a semana
4............. dias   quer trabalhar........... 4 dias = 29 ÷ 4 = 7,25 horas

Mesmo nos problemas em que o valor unitário é um dado (problemas I e II), este aparece nas estruturações:

Tabuleiros........... 24 pães
Pães...................... 293 ÷ 24 =

Ou é colocado erroneamente:

1 tabuleiro........... 24 pães
293 pães............... 293 ÷ 24 =

Em resumo, a demanda ou informação sobre o valor unitário não parecem ser percebidos como tal a partir das expressões: "cada caixa", no problema do vinho; "por dia", no problema do tempo; "cada um", no problema do padeiro, etc.

A estruturação do raciocínio como suporte

Embora geralmente as estruturações sejam incorretas, não parece haver uma relação entre escrever o enunciado do problema e a resolução correta.
Existem algumas estruturações que poderíamos dizer que não acrescentam "nada" ao raciocínio do problema, ou inclusive são errôneas e, no entanto, os alunos formulam a divisão correta e encontram o resultado correto; só se trata de uma exigência escolar.

180   *Parra & Saiz*

Todo o esquema que seja realizado pelas crianças para apoiar o raciocínio deveria ser bem-vindo nas aulas de matemática.

Mais ainda, a aprendizagem da utilização de esquemas, tabelas e gráficos constitui um dos objetivos mais importantes da aprendizagem da matemática na escola primária.

Uma adequada apresentação dos dados pode contribuir para esclarecer as relações existentes entre eles.

Porém, estamos falando de esquemas, gráficos ou tabelas que contribuam à compreensão do problema ou à comunicação de resultados, constantemente sob o controle do próprio aluno, evitando assim a escrita de estruturas rígidas e carentes de significado para ele.

EM RELAÇÃO AO ALGORITMO

Como foi dito anteriormente, foram dados cinco problemas e quatro "contas" de divisão aos alunos, cujos textos podem ser vistos no "anexo".

Já analisamos a dificuldade na resolução de problemas. Neste item se fará referência às dificuldades na execução do algoritmo, encontradas nos problemas ou nas "contas" apresentadas.

Os resultados das divisões por um só algarismo são aceitáveis em ambas as séries, porém ao passar a 2 ou 3 algarismos, também se duplicam ou triplicam as dificuldades...

Redução a um algarismo

Frequentemente, uma divisão de 2 ou 3 algarismos é resolvida erroneamente, utilizando um algoritmo "inventado" que a reduz a uma divisão de um algarismo, reencontrando desta maneira esquemas conhecidos anteriormente.

Tentaremos reproduzir o pseudo-algoritmo, tal como é realizado:

```
293 | 24
 09   126
  13
   1
```

"2 dividido por 2 dá 1 e sobra zero; baixo o 9, 9 dividido por 4, dá 2 e sobra 1; baixo o 3, 13 dividido por 2 dá 6 sobra 1."

Dividindo alternativamente por 2 e por 4 se obtém então: 126 como quociente e 1 como resto.

Este raciocínio e alguns outros foram confirmados por entrevistas orais com seus autores, ou pelos "numerozinhos" auxiliares que colocam para ajudar nos cálculos mentais. Se trata, em geral, de alunos que o utilizam para todas as divisões que realizam, ainda que um mesmo aluno possa realizar um tipo de algoritmo em uma determinada divisão ou problema e utilizar um diferente em outro cálculo. Pode-se considerar que as variáveis que influem no reconhecimento do problema como um problema de divisão também influem no tratamento e na resolução do algoritmo.

A operação citada anteriormente e o mesmo recurso pode supostamente fornecer um resultado diferente, por exemplo 125, e nesse caso o resto é 3; ou 123, se a última divisão se realiza por 4 no lugar de dividir por 2; portanto, este tipo de algoritmo nem sequer assegura um resultado único.

Às vezes, ele se combina com resíduos de propriedades matemáticas. Em 1872 ÷ 104, as crianças riscam primeiro o 0 de 104 (não tem valor?), e realizam depois a divisão por 14, alternando entre dividir por 1 e por 4.

```
1872 | 1Ø4
 08    1818
  07
   32
    0
```

"1 dividido por 1 dá 1 e sobra 0, baixo o 8 que divido por 1, dá 8 e sobra 0; baixo o 7 que divido por 4, dá 1 e sobra 3; baixo o 2, 32 dividido por 4 dá 8 e o resto é 0."

Finalmente, uma divisão por 3 algarismos pode reduzir-se a 1, para algumas crianças, ignorando os outros 2. Por exemplo:

```
9706 | 215
 47    1941
  20
   06
    1
```

em que só se divide por 5.

Análise do resto

Ainda para crianças que realizam corretamente o algoritmo para quantidades de 2 ou 3 algarismos, no sentido de dividir por um número de 2 algarismos e não por dígitos tomados independentemente, a exigência de que os restos sucessivos sejam menores que o divisor não parece estar presente. Na realidade, o problema é: não buscar como quociente o maior número possível.

Por exemplo, em:

```
1872 | 104
0832   1
```

Uma criança realiza corretamente os dois primeiros passos do algoritmo, dividir 187 por 104 e baixar o 2, porém ao dividir 832 por 104 coloca como quociente 7 (no lugar de 8) e obtém como resto 104, que volta a dividir por 104, obtendo como quociente final 171, no lugar de 18.

```
1872 | 104
0832   171
 104
   0
```

A falta de controle sobre o algoritmo provoca uma grande dúvida nos cálculos intermediários: saber se a quantidade a ser dividida é menor que o divisor e então "se acrescenta 0 no quociente" ou se se trata do resto que é necessariamente menor que o divisor. Por exemplo:

```
1872 | 104
0832   12123
 634
 530
 322
  10
```

A operação é correta até obter 832 como resto, porém, ao dividi-lo por 104, a criança coloca como quociente 2 no lugar de 8; os restos seguintes, todos maiores que 104, são divididos sucessivamente.

Sem chegar a situações tão extremas, vejamos outro exemplo:

```
1872 | 104
0832   1071
 104
   0
```

A criança divide 187 por 104 e obtém como quociente 1 e um resto 083; sem baixar o 2, divide 83 por 104, obtém 0, baixa 2, divide 832 por 104; não busca o maior quociente, mas sim o que dá resultado 7, obtendo por resto 104 que, ao ser dividido por 104 obtém 1 e resto 0.

Dificuldades com o zero

Já mencionamos um exemplo onde as crianças "riscam" o 0 de 104 e dividem por 14. Outro dos exercícios propostos tinha por enunciado:

Calcular 340 ÷ 10 =

Mencionemos primeiro que a maior parte das crianças (ao redor de 80 ou 90%), escrevem a "conta" com a disposição clássica para aplicar o algoritmo; consideramos que provêm do contrato escolar habitual, que determina "escrever todas as contas na folha" (não fazê-lo é frequentemente sinônimo de *cola*).

Porém foi encontrada, especialmente em uma das sextas séries, a regra sistemática de "riscar" os zeros de 340 e 10 antes de efetuar a divisão.

Desta maneira a divisão é reduzida a:

```
34 | 1
```

que, de toda maneira, realizam de modo convencional.

Para dar uma ideia de porcentagens, em uma das sextas séries, dos 36 alunos 22 riscaram somente os dois zeros, 12 escreveram como quociente 34 e resto 0, e os 10 restantes realizaram o algoritmo completo:

```
34∅ | 1∅
 04   34
  0
```

E ainda há sete alunos que não riscam os zeros; encontram o resultado correto (34), porém realizando completamente o algoritmo:

```
340  | 10
040    34
 00
```

Os sete alunos restantes encontram resultados diferentes de 34.

Outro dos problemas provocados pelos zeros pode observar-se no cálculo

70 ÷ 30 =

Este exercício foi formulado a 215 alunos de sete grupos escolares de 5ª e 6ª séries. As porcentagens de acertos vão desde 18%, o menor, até quase 87%, o maior.

A disparidade entre os grupos é muito grande, disparidade que se encontra em quase todos os exercícios apresentados, e que já foi comentada.

Em outra das sextas séries, 31 alunos, dentre os 37 da sala de aula, riscam os zeros, efetuam a divisão e obtêm 2 como quociente e 1 como resto no lugar de 10, como obteriam com o cálculo correto.

Neste caso, também encontramos os erros anteriores. Por exemplo,

```
70  | 30
10    23
 1
```

se só se divide por 3 (primeiro 7 dividido por 3 dá 2 e sobra 1, baixa o zero, posteriormente, 10 dividido por 3, dá 3 sobra 1).

Ou então:

```
70  | 3 0
10    2 0 3
 1
```

que se interpreta da seguinte maneira: 7 dividido por 3, dá 2 e sobra 1; 0 dividido por 0 dá 0 e resto 0 (obtendo o quociente parcial 20, sem "baixar" nenhum número); o resto 10 só é dividido por 3 e obtém 3 com resto 1.

Frequentemente, nos trabalhos das crianças, encontramos as setas desenhadas, que indicam qual número se divide por qual. Esta é uma das tradições escolares da aprendizagem da divisão por 2 algarismos, ao apresentar o algoritmo correto da divisão. As setas induzem a erros frequentes ao dividir cada número pelo seu correspondente, sem levar em conta o divisor na sua totalidade.

Finalmente, outra das dificuldades que envolvem o zero é acrescentá-lo ao finalizar a divisão, por exemplo:

```
9706  | 213
1186    450
 121
```

A criança realiza a divisão corretamente, porém, ao obter 121 como resto (talvez um número muito grande para ser resto...), volta a dividir por 213 e acrescenta um zero ao quociente.

Se bem que a presença de tais algoritmos "inventados" não seja uniforme em todos os grupos, sua presença foi testemunhada em todos eles, em maior ou menor quantidade de alunos, e em maior ou menor diversidade.

No quadro de porcentagens apresentado anteriormente, pode-se observar a influência negativa que exerce a necessidade de resolver o algoritmo nas porcentagens de resolução correta.

Assim, na divisão por três algarismos (agravada pela presença de um zero intermediário), a porcentagem de resolução correta do algoritmo é de 19,2%, o mais baixo dentre todos os problemas.

Na divisão por dois algarismos, as porcentagens são melhores, porém ainda assim há 26,5% de respostas incorretas.

O algoritmo nos livros escolares

O algoritmo tradicional da divisão passou a constituir-se na atualidade em um exemplo de transmissão oral. É muito difícil encontrar nos livros ou manuais de matemática os diferentes passos do algoritmo.

Uma redação que mostra em toda sua complexidade os passos do algoritmo pode ser lida no livro de Diaz de Rueda (1850). Este livro, a partir de perguntas, pretende dar a conhecer todos os termos de todas as disciplinas do primeiro grau.

No capítulo de "aritmética" se formula, entre outras, a pergunta: Como se divide um número composto[2] por um dígito? Resposta:

> Depois de colocar o divisor à direita do dividendo separados por meio do sinal correspondente, se averigua quantas vezes o primeiro algarismo deste, começando pela esquerda e o separando com uma vírgula, contém aquele ou, se tal algarismo é menor, o número de vezes que os dois primeiros estão contidos no divisor; e o resultado se coloca embaixo deste. Depois se multiplica tal resultado pelo divisor, e colocando o produto embaixo do dividendo parcial, subtrai-se um do outro. Em seguida, se separa com uma vírgula outro algarismo do dividendo, que é acrescentado ao resultado da subtração, se é que o há; vê-se às vezes, que contém o divisor, e se procede da mesma maneira que no caso anterior e sucessivamente até terminar a operação. Finalmente, se houver algum resíduo (resto) por não sair quociente exato, se escreve diante deste em forma de número quebrado.

Expõe a continuação o exemplo de dividir 87.349 por 5, com a escrita do algoritmo e o relato dos passos necessários.

A seguinte pergunta se refere a como dividir um número composto por outro número composto. A resposta é:

> Da mesma maneira que no caso anterior, segundo se vê nos exemplos seguintes.

Neste ponto há uma chamada ao pé da página: "ao professor compete fazer algumas advertências especiais para facilitar a divisão de um composto por outro"(!!!).

Uma nova pergunta e sua correspondente resposta indica como abreviar as operações de dividir:

> não escrevendo os produtos que resultam de multiplicar o quociente pelo divisor e conservando-os na memória para fazer a subtração. Para que se compreenda melhor, apresentaremos abreviada uma das operações precedentes...

---

[2] "Números com mais de um algarismo, 10 ou maior que 10" (Dias de Rueda).

Esta descrição altamente complexa de ser compreendida por uma criança de escola primária não inclui, na realidade, as multiplicações parciais que se realizam em "nosso" algoritmo tradicional.

Por exemplo, em:

1898 | 26
      6

a partir do 6, no quociente, nosso algoritmo diria: 6 vezes 8 é 48, do 48 ao 49 é 1 (coloca 1 embaixo do 9) e guarda mentalmente o 4 do 49; 6 vezes 2 é 12, mais os 4 são 16, para 18 são 2 (coloca o 2 embaixo do 8), etc.

Já o algoritmo dado pelo livro espanhol faria o produto do 6 por 28, se escreveria o resultado 168 embaixo do 189 e procederia a efetuar a subtração. Inclusive o algoritmo abreviado que propõe, consiste em lembrar de memória o número 168 e subtraí-lo mentalmente de 189. (Fácil neste caso...)

  1898 | 28
− 168   67
  ─────
   218
− 196
  ─────
    22

Alguns livros atuais como *Assim aprendemos* da Editora Hachette para quarta série, *Matemática 4* da Editora Aique, *Objectif Calcul de CM1* (quarta série) ou *Apprentissages mathématique à l'école élémentaire CM*, propõem chegar ao algoritmo da divisão a partir da evolução de procedimentos espontâneos das crianças, porém conservando, como no caso do livro espanhol, a multiplicação pelo divisor em sua totalidade e não como dois algarismos justapostos que são operados independentemente.

Em geral, eles relacionam o algoritmo com o sistema de numeração decimal, esclarecendo em cada momento se estão dividindo centenas, dezenas ou unidades.

Em alguns destes livros, insiste-se no cálculo prévio do número de algarismos do quociente, o que possibilita o controle do cálculo efetuado; porém, além disto, insistem na necessidade de dominar o cálculo mental, com exercícios de enquadramento, de aproximação e de estimação, assim como no domínio dos resultados elementares que dizem respeito à multiplicação.

Em geral, trata-se de algoritmos mais vagarosos, menos econômicos, menos elegantes, porém que exigem uma carga mental menor, e que sobretudo permitem manter o significado do cálculo através dos passos sucessivos e um determinado controle sobre a produção.

O algoritmo clássico não aparece na escola como o último passo de um processo de evolução de procedimentos. No caso de fracasso em sua utilização, os alunos não podem apoiar-se em procedimentos mais primitivos, porque se produziu um "curto circuito" entre suas próprias representações e procedimentos e o algoritmo padronizado,

Os alunos não têm clara a relação entre este algoritmo de resolução e outros mais simples aprendidos anteriormente, que poderiam ser usados como controle. O único recurso de controle à disposição dos alunos é "acreditar" que é assim que se executa o algoritmo.

CONCLUSÃO

Não é possível tirar conclusões gerais para todas as situações; o trabalho foi realizado com um grupo de alunos de algumas escolas, com professores interessados em mudar a situação de falta de aprendizagem em matemática.

A intenção ao escrever este artigo foi analisar as dificuldades das crianças neste tema tão "clássico" cujo interesse é indiscutível, e de proporcionar, aos professores interessados, recursos para analisar as produções de seus alunos, que frequentemente lhes parecem tão incompreensíveis.

A didática da matemática ainda não tem uma solução prática e eficiente para assumir com responsabilidade o ensino do sentido da divisão além do algoritmo, porém inúmeras pesquisas estão sendo feitas.

No entanto, nas atuais condições, podemos pelo menos, procurar fornecer aos alunos recursos de controle e análise de suas produções.

Seria necessário conceber situações que permitam dar apoio sobre o que cada aluno sabe realizar no momento em que se inicia a aprendizagem da divisão, e fazer evoluir progressivamente os procedimentos iniciais até outros mais complexos. Temos que permitir que as crianças comprovem seus próprios procedimentos, suas próprias soluções, antes de conhecer os algoritmos tradicionais.

Isto porque compreender o enunciado de um problema não é só "interpretar" as palavras que ali estão contidas, mas também imaginar uma maneira de responder ou uma solução ao menos parcial, com ajuda do que já se sabe, e poder construir assim uma estratégia de base (Douday, 1984).

Pode-se organizar um trabalho de reconstrução, de análise e de comparação de procedimentos, o que permitirá às crianças avançar e elaborar (ou aderir) a outra solução a partir desse reconhecimento, obrigando-as a assumir uma atitude reflexiva e comprometida na procura da solução das situações formuladas.

O cálculo mental (veja-se o capítulo 7 de C. Parra, 1993) também pode ajudar os alunos a contar com ferramentas de avaliação de resultados, de aproximação e de utilização de propriedades das operações.

Existe uma forte correlação entre as dificuldades apresentadas pelas crianças no cálculo mental e as encontradas durante a resolução do problema. Em particular, se os alunos não conseguem calcular mentalmente, não podem ter uma ideia da ordem de magnitude dos números que vão intervir.

A atribuição de um significado a cada uma das etapas do cálculo, em termos da situação de referência, lhes permitirá resolver os problemas com o controle suficiente para determinar sua validade.

As dificuldades dos alunos com os algoritmos, frequentemente constatadas, deveriam obrigar os professores a "enfrentá-las" na aula, analisá-las e corrigi-las. Os erros que aparecem, como "reduzir a um algarismo", "dividir novamente o resto", etc., devem ser rejeitados pelos alunos explicitamente e esta rejeição incluída dentro de seus conhecimentos.

Não se pode deixar de lado com um simples "Você deve exercitar mais as divisões" ou "prestar mais atenção"...; estes erros se constituem em obstáculos que impedem a aprendizagem, obstáculos que não são superados somente com maior atenção, nem com mais exercícios.

ANEXO

Problemas

I. O padeiro coloca os pães no forno em tabuleiros de 24 pães cada um. Hoje amassou 293 pães. Quantos tabuleiros precisará para colocá-los todos no forno?

II. Para o carnaval foram feitos colares de 17 contas cada um. Quantos colares iguais se podem fazer com 221 contas?

III. Um fio de 8,70m de comprimento foi cortado em 6 pedaços de mesmo comprimento. Qual é esse comprimento?

IV. Um vendedor de vinho quer colocar 1872 garrafas em 104 caixas. Quantas garrafas terá que colocar em cada caixa?

V. João tem que trabalhar esta semana 29 horas. Quantas horas precisa trabalhar por dia se quer ir à firma somente 4 dias e permanecer cada um deles a mesma quantidade de horas?

Cálculos

a) 1365 ÷ 3 =
b) 70 ÷ 30 =
c) 9706 ÷ 213 =
d) 340 ÷ 10 =

BIBLIOGRAFIA

A.P.M.E.P. (Associação de Professores de Matemática do Ensino Público) (1975): *Mots, réflexions sur quelques mots-clés pour l'école élémentaire*, tomo II, Lyon.

Bergada, M. y Musante, M. (1989): *Así aprendemos*. Matemática 4, Buenos Aires, Editorial Hachette.

Brousseau, Guy (1988): "Los diferentes roles del maestro", palestra proferida na UQAM de Quebec, Canadá (corresponde ao capítulo 4 deste livro).

_____ . (1987): "Representations et didactique du sens de la division", en *Didactique et Acquisitions des connaissances scientifiques*, Paris, Actes du Colloque de Sévres.

_____ . (1986): "Teorización de los fenómenos de enseñanza de la Matemática", tese de graduação, Universidade de Bordeaux.

Charnay, Roland (1988): "Aprender (por medio de) la resolución de problemas", *Grand N* n. 42, Grenoble (corresponde ao capítulo 3 deste livro.)

Clavier, Y., Bia, J. e Marechal, C. (1987): *Objectif calcul CM1*, Paris, Editorial Hatier.

Díaz de Rueda, R. (1850): *La escuela de instrucción primaria*, Imprenta de Cuesta y Companía, Valladolid, España.

Douady, R. (1984): "Jeux de cadres et dialectique outil-objet dans l' enseignement des mathématiques. Une réalization dans tout le cours primaires". Tese de graduação, Universidade de Paris VII.

ERMEL (1982): *Apprentisages mathématiques à l' école elementaire. Cycle Moyen*, tomo I, Editorial Sermap-Hatier, Paris.

INRP (1986): "En mathématiques peut mieux faire... L'éleve face à la difficulté en mathématiques", *Rencontres pédagogiques*, n. 12, Paris.

_____ . (1987): "Apprentissage et resolution de problèmes: la division au CM1", *Rapport de Recherches*, n. 12, Paris.

IREM (1988): "Didactique des Mathématiques et Formation. Evaluation des apprentissages", *Actes du Colloque de Rouen*, Rouen.

Peault, H. (1988): "Division en formation initiale", *Actes du Colloque de Rouen*, Rouen.

Perelman, Y. (1975): *Aritmética Recreativa*, México, Ediciones de Cultura Popular.

Sadovsky, P. (1990): *Matemática 4*, Buenos Aires, Editorial Aique.

7

Cálculo mental na escola primária

Cecilia Parra

"Cálculo mental" é uma expressão que pode ter muitos siginificados, dividindo opiniões, provocando dúvidas e expectativas.

Para algumas pessoas, está associada à repetição de memória das tabuadas de multiplicação; para outras, representa uma capacidade admirável que possuem algumas pessoas. Diretamente ligadas a aspectos da vida cotidiana, são muitas as situações vinculadas ao cálculo mental: a estimativa dos gastos em uma compra de supermercado para não exceder o dinheiro que se leva, o cálculo dos ingredientes de uma receita para o dobro de pessoas, ou a elaboração de um orçamento global para uma festa ou viagem, arredondando quantidades e preços, etc.

Estes exemplos associam cálculo mental com cálculo não exato; no entanto, há situações em que se requer uma resposta exata que, ainda assim, resolvemos mentalmente, seja porque dispomos do resultado memorizado (8 + 8), ou nos é fácil e direto obtê-lo (215 x 10) ou reconstruí-lo por um procedimento confiável; assim, para a operação 34.000 + 19.000, é frequente pensá-lo como 34000 + 20000-1000.

Podemos constatar que são conhecimentos permanentemente em "uso", e sua praticidade pode ser um argumento na hora de discutir sua incorporação como conteúdos a serem tratados na escola, a respeito dos quais deveriam ser definidos os objetivos a alcançar.

Neste capítulo, aceitando a finalidade prática, buscaremos definir seus limites na sociedade atual, porém, sobretudo, tentaremos desenvolver argumentos que dizem respeito a uma demanda matemática relativa ao ensino do cálculo mental na escola. Será necessário, portanto, sermos explícitos no que se refere à perspectiva didática, a partir da qual defenderemos o ensino do cálculo mental na escola, já que o sentido desta inclusão tem marcadas diferenças em relação ao sentido que representava em práticas escolares anteriores. Esta perspectiva didática inclui o fornecimento de orientações para o trabalho e a discussão entre professores, assim como sugestões para o tratamento do cálculo mental na aula.

AS NECESSIDADES SOCIAIS ATUAIS

Quando a educação primária se estende a uma parcela mais ampla da sociedade, definem-se três capacidades básicas que todos os alunos devem adquirir: ler, escrever e calcular. Isto era considerado suficiente para os requisitos de trabalho da maioria e os níveis mais elevados dos conhecimentos se reservavam para poucos.

A concepção tradicional sobre o que significa competência matemática básica dos trabalhadores tem sido amplamente ultrapassada pelas expectativas cada vez mais altas de habilidades e conhecimentos requeridos pela difusão mundial da tecnologia.

A capacidade para desenvolver problemas, tomar decisões, trabalhar com outras pessoas, usar recursos de modo pertinente, fazem parte do perfil reclamado pela sociedade de hoje (levando em conta que o mundo enfrenta uma grave crise, entre outros aspectos, pela falta de trabalho para milhões de pessoas, as características mencionadas não parecem perder valor, mesmo vistas de uma perspectiva não ingênua).

As mais diferentes perspectivas afirmam que o centro do ensino de matemática deva ser a resolução de problemas. Ao mesmo tempo parece evidente que a capacidade progressiva de resolução de problemas demanda um domínio crescente de recursos de cálculo.

Neste sentido, responder à necessidade social indica uma aproximação com o cálculo que torne os alunos capazes de escolher os procedimentos apropriados, encontrar resultados e julgar a validade das respostas.

Estas decisões podem esquematizar-se da seguinte maneira (cf. *National Council os Teachers of Mathematics*):

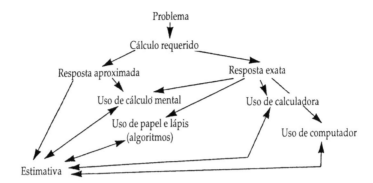

Este esquema sugere que a estimativa pode e deve ser usada junto com os procedimentos com os quais se produz a resposta, de modo a antecipar, controlar e julgar a confiabilidade dos resultados.

Ainda que mais adiante sejam dadas definições mais precisas, queremos esclarecer que a concepção de cálculo mental que transmitimos inclui a estimativa como um de seus processos e funções.

Ainda que nossa argumentação se apoie somente na demanda social, ela já faz aparecer aspectos que não costumam estar presentes como objetivos a alcançar nas atuais práticas de ensino. Estamos nos referindo, por exemplo, à discussão a respeito da pertinência de um recurso diante de uma situação, a prática da estimativa, a responsabilidade, por parte dos alunos, do controle sobre seus processos e resultados, etc.

Nestes aspectos estão comprometidos conhecimentos, porém também atitudes e valores, e estamos convictos de que consegui-los deve ser algo assumido através da definição de objetivos e atividades específicas.

Acreditamos pertinente diferenciar as demandas sociais e as demandas matemáticas, porém, como é possível incorporá-las em um enfoque global, postergaremos as propostas específicas até ter completado nossa argumentação.

Previamente, torna-se necessário explicitar definições dos termos que usaremos.

ALGUMAS DISTINÇÕES NO TERRENO DO CÁLCULO

Com frequência, fazemos a oposição *cálculo escrito* e *cálculo mental*. Neste sentido, queremos esclarecer que a concepção de cálculo mental que vamos desenvolver não exclui a utilização de papel e lápis, particularmente no registro de cálculos intermediários em um processo que é, essencialmente, mental.

Parece mais clara e fundamental a distinção entre o cálculo no qual se emprega de maneira sistemática um algoritmo[1] único, sejam quais forem os números a serem tratados, e o cálculo no qual, em função dos números e a operação formulada, seleciona-se um procedimento singular adequado a essa situação, e que pode não sê-lo para outra.

O primeiro costuma ser chamado de *cálculo automático ou mecânico*, e se refere à utilização de um algoritmo ou de um material (ábaco, régua de cálculo, calculadora, tabela de logaritmos, etc.).

O segundo é chamado *cálculo pensado ou refletido*. É em relação a este significado que vamos considerar o cálculo mental.

Entenderemos por *cálculo mental* o conjunto de procedimentos em que, uma vez analisados os dados a serem tratados, estes se articulam, sem recorrer a um algoritmo preestabelecido para obter resultados exatos ou aproximados.

Os procedimentos de cálculo mental se apoiam nas propriedades do sistema de numeração decimal e nas propriedades das operações, e colocam em ação diferentes tipos de escrita numérica, assim como diferentes relações entre os números.

Para muitas pessoas, cálculo mental está associado a cálculo rápido. Na perspectiva que adotamos, a rapidez não é nem uma característica nem um valor, ainda que possa ser uma ferramenta em situações didáticas nas quais, por exemplo, permita aos alunos distinguir os cálculos que dispõem os resultados na memória dos que não dispõem.

Não estamos propondo trocar ou descartar o cálculo escrito e exato no qual são utilizados algoritmos. Todas as crianças devem poder realizar qualquer cálculo escrito que lhes seja proposto.

Os algoritmos têm a vantagem de poder aplicar-se mecanicamente sem refletir a cada passo. Em troca, podem ser muito difíceis (ou complicados) de realizar em algumas situações. Em tais situações, é conveniente que os alunos saibam usar outros recursos, como as calculadoras ou computadores.

O fato de que os algoritmos cheguem a se tornar automáticos não significa que para sua aprendizagem deva ser sacrificada a compreensão.

Voltaremos a abordar esses aspectos mais adiante.

---

[1] Se entende por algoritmo "uma série finita de regras a serem aplicadas em uma ordem determinada a um número finito de dados para chegar com certeza (quer dizer, sem indeterminação ou ambiguidades) e em um número finito de etapas, a determinado resultado, e isso independentemente dos dados" (Bouvier, citado em Castro Martinez e outros, 1989).

UMA ABORDAGEM HISTÓRICA

As distinções realizadas não são definições "assépticas", nem independem do enfoque geral que assumimos.

Consideramos que, para caracterizar um enfoque, é conveniente, e mesmo necessário localizá-lo em uma perspectiva histórica, já que as reflexões sobre as teorias e as práticas são um dos motores da evolução das concepções.

Explicaremos brevemente como temos considerado o ensino do cálculo (e o cálculo mental em particular), sob a influência de diversas concepções pedagógicas.

O domínio das quatro operações básicas constituía-se em um pilar da chamada escola tradicional. Realizavam-se sistematicamente exercícios destinados a memorizar resultados de cálculos numéricos. Eram valorizadas positivamente a eficácia e a velocidade no cálculo (cálculo rápido).

O desenvolvimento de novas ideias pedagógicas, particularmente as vinculadas à escola ativa, começou a colocar em evidência, ao menos no discurso educativo, determinadas práticas qualificadas de rotineiras e passivas. A memória se desvaloriza ao enfrentar o problema que começou a ser crucial: a compreensão. Estes dois aspectos aparecem como antagônicos.

A reforma trazida pela matemática moderna, originada na tentativa de fazer ingressar na escola o grande desenvolvimento que a disciplina havia experimentado, não conseguiu abalar a importância outorgada ao cálculo escrito (ainda que o tenha isolado da resolução de problemas), porém, provocou o esquecimento, a desconsideração pelo cálculo mental. Isto pode ter-se devido, como o formula a equipe ERMEL, ao fato de noções novas (conjuntos, relações...) ocuparem tempo e exigirem importância nas aulas; porém também pode ser devido a uma insuficiência de reflexão que não permitiu explicitar outros objetivos, mais que o simples domínio de regras.

A transposição à escola dos primeiros aportes da teoria de Piaget (já que os desenvolvimentos posteriores tiveram escassa difusão) colocou ênfase nos aspectos estruturais do pensamento, a despeito dos aspectos comportamentais. Alguns autores argumentaram diretamente contra as aprendizagens comportamentais.

Em nosso país, a difusão dos trabalhos de Monserrat Moreno e Genoveva Sastre provocou uma centralização no problema da representação e da construção do significado dos sinais aritméticos, diluindo-se a importância do domínio de fatos e relações numéricas.

Já foi destacado em múltiplas publicações (Brun, 1980; Coll, 1982) que esta transposição acrítica de aportes psicológicos provocou uma dissolução de especificidade dos conteúdos do conhecimento (problema que tem sido fonte de múltiplas pesquisas), um "desfiguramento" da função da escola como transmissora de saberes e uma diminuição da confiança no papel do professor.

Os momentos apresentados podem ser olhados como dominados por antagonismos (memória/compreensão, significado/técnicas, até o ensino e a aprendizagem pareciam antagônicos) o que não acontece quando se observa a partir de enfoque mais perceptivo.

ALGUNS APORTES QUE PERMITEM HOJE UMA NOVA PERSPECTIVA

Mencionaremos, em primeiro lugar, o aporte da psicologia, e logo indicaremos os aspectos centrais da formulação didática atual.

Nos últimos vinte anos, muitos pesquisadores têm se interessado por conhecer os procedimentos das primeiras somas e subtrações e, sobretudo, como evoluem os procedimentos durante o período escolar até a idade adulta.

Groen e Parkman (citados por Fayol), para estudar a resolução mental de somas simples consideraram, *a priori*, que estas operações podiam ser abordadas seguindo duas grandes categorias de procedimentos. O primeiro consistiria em recuperar diretamente da memória, a longo prazo, os resultados (por exemplo, 6 para 4 + 2); tratar-se-ia então, de um método *reprodutivo*. O segundo exigiria uma reconstrução do resultado por meio de um cálculo, e o procedimento seria *reconstrutivo*.

Fayol (1985), em um trabalho de síntese do conjunto destas pesquisas, formula que está comprovado

> que as crianças utilizam sistematicamente, ao menos na primeira série e muitas vezes mais adiante, um procedimento espontâneo para a resolução de somas simples: procedimento que se apoia no contar e, em particular, na contagem um a um.

Por outro lado, os adultos,

> confrontados a somas ou multiplicações que envolvem números de 0 a 10, procedem a uma recuperação direta da memória, a longo prazo, dos resultados. [...]

Ashcraft e Fierman (1982) estudaram o período de transição no transcurso do qual se efetua a passagem do método *reconstrutivo* ao método *reprodutivo* e o localizaram entre a primeira série e a finalização do primeiro grau. Na altura da terceira série, as crianças dividem-se claramente em dois subgrupos: por um lado, os que se comportam como alunos de primeira série e por outro lado os que atuam como maiores.

Atualmente se concebe a necessidade de recorrer gradativa e cada vez mais frequentemente à recuperação direta na memória remota como um resultado de caráter muito limitado da capacidade de manipular informações. Temos constatado, de fato, que a memória de trabalho (ou memória de curto prazo) não pode conter e tratar mais do que um número restrito de elementos durante um tempo relativamente curto. Isto se verifica principalmente nas crianças menores, que dispõem tanto de uma capacidade menos extensa, como de menor velocidade de trabalho... O fato de que a memória de trabalho fica muito rapidamente sobrecarregada, inclusive no adulto, obriga o indivíduo a apelar ao máximo à própria memória de longo prazo, pois esta se caracteriza por uma capacidade quase ilimitada.

Tais constatações têm levantado o problema da *organização* das informações numéricas na memória. A partir das pesquisas realizadas com adultos, se procurou saber se a representação mental dos números nas crianças tem a mesma organização. Mais precisamente, se a aquisição de novas operações determinava modificações na estruturação da memória de dados numéricos.

Os trabalhos de muitos psicólogos tendem a mostrar que existe uma evolução na relação com a prática escolar de operações.

Por outro lado, os trabalhos pertinentes à memória de longo prazo levaram os psicólogos a formular as hipóteses de uma representação análoga em relação aos números. Segundo Fayol, "tratar-se-ia de uma espécie de linha mental numérica sobre a qual interviriam efeitos ligados à distância simbólica". Por exemplo, 5 + 3 = 14 é mais rapidamente considerado falso que 5 + 3 = 9. As comparações levam menos tempo quando os termos ocupam posições distanciadas uns em relação aos outros.

A representação da série numérica de longo prazo teria grandes semelhanças na criança e no adulto. Pouco a pouco, em função do desenvolvimento e da prática escolar, esta representação vai ficando mais complexa e se organiza em uma "rede mental".

Fayol assinala que a evolução se caracteriza por um recurso cada vez mais frequente ao armazenamento de fatos numéricos na memória (resultados disponíveis que é suficiente recuperá-los tal qual), por uma automatização crescente de algoritmos de resolução, porém também por uma flexibilidade adquirida na utilização de diversas estratégias disponíveis.

Poucas pesquisas têm sido realizadas sobre o cálculo mental no âmbito escolar. No entanto, determinados trabalhos fazem formulações a serem consideradas na prática educativa.

Fisher (1987) diz que:

> somente uma automaticidade — ou, no mínimo, um processo reprodutivo mais que um processo reconstrutivo — ao evocar fatos numéricos, conduzirá os alunos a estimar a ordem das grandezas e visualizar certos erros obtidos com calculadoras ou computadores, quer dizer, a exercer um controle mínimo.

Ele formula, retomando os resultados de Posner (1978),

> que uma ativação automática é muito econômica na medida em que não somente é rápida, mas também não consciente, sem esforço, e não interfere na atividade mental em curso.

Alguns autores têm chegado à conclusão de que crianças sem problemas do ponto de vista cognitivo, mas que têm dificuldades em matemática, mostram dificuldades específicas na assimilação de fatos numéricos. Neste sentido, e considerando que (Resnick, 1983) as habilidades procedurais não são incompatíveis com a compreensão, mas que poderiam inclusive subjazer a ela, surgem reflexões a respeito do papel da escola nestas aprendizagens. Fisher formula que é por um trabalho regular e sistemático, e não pelo acaso de alguns cálculos não intencionais e não controlados, que os alunos alcançarão o domínio requerido. Como produto de suas pesquisas, este autor sublinha, entre outras conclusões, que os alunos fracassam muito nas subtrações e que têm grandes dificuldades para "passar à dezena". Ao analisar os livros escolares, considera muito baixa ou nula a presença de exercícios relativos à passagem da dezena e indica, apoiando-se em trabalhos de Leontiev, que uma aprendizagem muito tardia faz perdurar procedimentos onerosos e inoportunos e por esta razão recomenda a inclusão da aprendizagem de procedimentos de cálculo mental na escola.

Muitas das antinomias e polarizações formuladas na resenha histórica ganharam nova significação nas formulações didáticas que se desenvolveram nos últimos 20 anos.

As didáticas de área se têm construído a partir do reconhecimento da especificidade dos conteúdos nos processos de ensino e aprendizagem. Ainda que tenham alcançado diversos níveis de desenvolvimento, compartilham alguns aspectos.

Centram-se no estudo dos processos de transmissão e aquisição dos conteúdos de cada disciplina, particularmente na situação escolar. Buscam incluir os conhecimentos que os alunos elaboram fora da escola, porém sublinham, ao mesmo tempo, que sem a ação sistemática da escola não é possível para os alunos adquirir e estruturar adequadamente as diversas áreas de conhecimento.

Estas didáticas reconhecem a originalidade e complexidade dos processos de ensinar e aprender, e para seu estudo situam-se em um contexto sistemático centrado sobre três componentes fundamentais: o saber — o aluno — o professor e as relações mantidas entre eles.

A didática da matemática, em particular, experimentou um fortíssimo desenvolvimento que não é possível sintetizar aqui. De fato, a intenção da totalidade deste livro é trazer ao leitor algumas de suas formulações atuais.

Mencionaremos somente duas de suas formulações básicas, para logo voltar ao objetivo deste capítulo, o cálculo mental.

> ... é principalmente através da resolução de uma série de problemas escolhidos pelo professor que o aluno constrói seu saber, em interação com os outros alunos (Charnay, ver capítulo 3).

> Nossa hipótese de base coloca a atividade reflexiva do aluno sobre suas produções e seus conhecimentos, mais precisamente, sobre seus significados e relações (Brousseau, ver capítulo 4).

O cálculo mental, em particular, tem sido pouco teorizado, e fica muito a pesquisar em relação a seu papel na construção dos conhecimentos matemáticos. No entanto, acreditamos que o trabalho neste terreno permite incorporar alguns aspectos importantes do enfoque didático atual, aspectos que serão explicitados nas hipóteses e propostas que apresentaremos a seguir.

POR QUE ENSINAR CÁLCULO MENTAL NA ESCOLA PRIMÁRIA?

Nossas hipóteses didáticas principais são:

1. *As aprendizagens no terreno do cálculo mental influem na capacidade de resolver problemas.*

Frente a um problema, os alunos têm de construir uma representação das relações que há entre os dados e de como, trabalhando com estes dados, poderão obter novas informações que respondam a uma pergunta já formulada ou formulável por eles mesmos.

O enriquecimento das relações numéricas através do cálculo mental facilita para os alunos, frente a uma situação, serem capazes de moldá-la, por antecipação, por reflexão.

Os professores, através de suas experiências, notam que há alunos que diante de um problema são capazes de estabelecer relações entre os dados, antecipar seu comportamento, controlar o sentido do que obtém. Outros alunos, no entanto, tentam aplicar um algoritmo atrás do outro sem poder fazer nenhuma previsão ou poder argumentar por que fazem uma determinada escolha.

Temos certeza de que as capacidades, às quais nos referimos, podem generalizar-se se as assumirmos como objetivo de ensino, para o qual o cálculo mental tem um papel preferencial.

Queremos, entre outras coisas, que os alunos possam estabelecer relações e tirar conclusões a partir destas relações. Por exemplo, se propomos este problema:

o quilo do peixe custa $ 6, 85.
3/4 de quilo de peixe poderá custar aproximadamente $3?

Este é um problema que se responde com uma afirmação ou uma negação, possível de ser determinada a partir de uma análise de dados. Concretamente, os alunos podem pensar que 1/2 quilo custa algo mais que $3, portanto 3/4 devem custar bem mais (inclusive podem estimar que tem que custar mais que $4,5).

Neste exemplo, não se requer um cálculo exato para dar a resposta, e são muitas as situações nas quais é suficiente trabalhar sobre as relações e aproximações para responder ao problema.

Ao mesmo tempo, com um trabalho assim, esperamos que os alunos aprendam a estabelecer este tipo de relação para que tenham meios de controle diante das situações em que utilizam algoritmos e procuram respostas exatas.

O enriquecimento de relações numéricas se refere também a que os alunos possam "pensar" um número a partir de diferentes decomposições (e não só 243 = 2c + 4d + 3u).

Por exemplo, 24 pode, segundo as situações ou cálculos a resolver, ser considerado como:

20 + 4, se temos que dividi-lo por 4, por 2 ou por 10;
12 + 12, se se quer a metade;
25 – 1, se se quer multiplicar por 4;
21 + 3, se se quer saber que dia da semana será 24 dias mais tarde; próximo a 25%, se se quer fazer uma estimativa em um problema de porcentagem;
6 x 4, se se quer prever quantos pacotes de seis sabonetes podem ser feitos; etc.

Estamos nos referindo a uma análise dos números que pode ser manipulada a partir do significado dos dados, no contexto da situação, ou a partir das facilidades que trazem ao cálculo ou a seu controle.

As relações numéricas que os alunos são capazes de estabelecer atuam, sem dúvida, no tratamento dos dados do problema e comprometem o significado das situações. Sem dúvida, na atualidade, é muito difícil precisar essa relação, ainda que "se possa avançar, pelo menos, na direção que leva a fornecer aos alunos recursos de controle e de análise sobre as produções" (Ver capítulo 6, de I. Saiz).

Com frequência, se escuta dizer que "os alunos não raciocinam", geralmente referindo-se às dificuldades que têm com a resolução de problemas.

É muito o que tem que ser feito para poder mudar esta situação. Não pretendemos neste trabalho dar uma resposta cabal, nem queremos que seja supervalorizado o cálculo mental, já que não é uma panaceia.

Tentaremos desenvolver uma ideia de que se pode propor aos alunos "raciocinar" acerca dos cálculos, e que isto influi sobre sua capacidade para resolver problemas, além de permitir-lhes avançar em direção a aprendizagens matemáticas mais complexas, aspecto ao qual nos referiremos em seguida.

2. *O cálculo mental aumenta o conhecimento no campo numérico*

Em nosso enfoque, as noções matemáticas (números, operações) devem atuar, em princípio, como ferramentas úteis para resolver problemas. Só então elas poderão ser estudadas em si mesmas, tomadas como objetivo.

Neste sentido, as atividades de cálculo mental propõem o cálculo como objetivo de reflexão, favorecendo o surgimento e o tratamento de relações estritamente matemáticas.

Por exemplo, quando em diferentes séries se propõe buscar a maneira mais rápida de resolver mentalmente cálculos como os seguintes, aparecem, entre outros, procedimentos que colocam em jogo as propriedades das operações.

$5 + 3 + 4 + 7 + 6 =$
$5 + 10 + 10 = 25$

$4 \times 19 \times 25 =$
$19 \times 100 = 1900$

$125 + 95 =$
$(125 - 5 + 95 + 5)$
$120 + 100 = 220$

$9 + 7 =$
$(9 + 1 + 7 - 1)$
$10 + 6 = 16$

As ditas propriedades permanecem em princípio implícitas, e mais tarde serão reconhecidas e formuladas.

Dissemos anteriormente que os alunos podem ser convidados a "raciocinar" a respeito dos cálculos. Vejamos um exemplo. O enunciado é o seguinte:

"Preencher as lacunas, sem fazer as contas, com o sinal correspondente: >, < ou =."

$47 + 28$ ....$47 + 31$
$24 + 75$ ....$25 + 74$

$77 - 31$ ....$71 - 37$
$145 - 68$ ....$145 - 74$

Busca-se provocar raciocínios do seguinte tipo:

"77 – 31 é maior que 71 – 37 porque de um número maior estou subtraindo um número menor."
"145 – 68 é maior que 145 – 74 porque do mesmo número estou subtraindo menos."

A nível de 4ª série, pode-se questionar, por exemplo, qual é a quantidade de algarismos do quociente de 35842 ÷ 129.

A intenção é que as crianças produzam raciocínios do seguinte tipo:
"Deve haver mais que 2 algarismos porque 129 x 100 = 12.900, (100 é a menor quantidade de 3 algarismos) e este número é inferior ao dividendo; tem que ser menor que 1000, já que 129 x 1000 é 129.000, e este número supera ao dividendo. Portanto, a quantidade de algarismos do quociente deve ser necessariamente 3, já que está compreendido entre 100 e 1000."

Frequentemente, ao realizar divisões, as crianças esquecem de colocar os zeros intermediários do quociente, e esta estimação prévia do resultado pode ajudá-los a controlar autonomamente suas operações, sem necessidade de recorrer ao professor.[2]

Com atividades deste tipo, se busca que os alunos encontrem uma maneira de fazer matemática que não se reduza a usar algoritmos e produzir resultados numéricos, mas que inclua analisar os dados, estabelecer relações, tirar conclusões, ser capaz de fundamentá-las, provar o que se afirma de diversas maneiras, reconhecer as situações em que não funciona, estabelecer os limites de validade do que se encontrou.

3. O *trabalho de cálculo mental habilita para uma maneira de construção do conhecimento que, a nosso entender, favorece uma melhor relação do aluno com a matemática*

Uma vez que a perspectiva através da qual propomos o cálculo mental se define principalmente pelo fato de que, frente a uma situação e a partir da análise dos dados, os alunos devem buscar os procedimentos que lhes pareçam mais úteis, discutir suas escolhas e analisar sua pertinência e sua validade, acreditamos que, através disto, inserimos no âm-

---

[1] O exemplo foi tomado da fundamentação de cálculo mental elaborada por Irma Saiz para o programa de matemática da província de Corrientes.

bito do cálculo o que constitui o desafio central de toda didática: que os alunos possam articular o que sabem com o que têm que aprender.

Para que os alunos possam confiar em seus procedimentos, devem ter oportunidade de articulá-los com as situações de trabalho que lhes são propostas e, ao mesmo tempo, para que avancem na construção de seus conhecimentos, devem participar de sessões de análise e reflexão, nas quais sejam alcançadas novas produções.

O cálculo mental favorece, ainda que não seja o único meio usado pelos alunos, o estabelecimento de uma relação mais pessoal com o conhecimento, em oposição ao frequente sentimento de alienação que a maioria das pessoas tem em relação à matemática. Para muitos alunos, ela se reduz a um conjunto de técnicas complexas que permanecem arbitrárias enquanto ainda não possam compreender suas condições de produção e uso.

Como propõe a equipe ERMEL:

> O cálculo mental é o domínio privilegiado no qual se deve deixar que os alunos assumam sua individualidade e utilizem a fundo o grupo, para oferecer a cada um a oportunidade de aderir às soluções propostas pelos outros.

Longe de ser um conhecimento fechado, totalmente construído, a matemática pode ser vista como uma aventura de conhecimento e compromisso que vale a pena empreender, porque todos têm seu espaço e podem reconhecer a finalidade do que fazem.

4. O trabalho de cálculo pensado deve ser acompanhado de um aumento progressivo do cálculo automático

Talvez possa parecer que aqui exista uma contradição de termos. Tentaremos esclarecê-la.

Em nossa perspectiva, o cálculo mental é uma via de acesso para a compreensão e construção de algoritmos.

Assim, alunos de 2ª série, antes de aprender o algoritmo da soma, podem resolver 28 + 23 de diferentes maneiras, por exemplo:

$$20 + 8 + 20 + 3 =$$
$$40 + 11 = 51$$

$$28 + 20 + 3 =$$
$$48 + 3 = 51$$

Não é de esperar que as crianças produzam estas escritas, ainda que usem estes procedimentos. Voltaremos a este ponto mais adiante.

Estas maneiras de resolução, nas quais a reflexão a respeito do significado dos cálculos intermediários é preponderante, facilitam a assimilação posterior dos algoritmos.

Ao mesmo tempo, devemos ter como objetivo que os conhecimentos que se colocam em ação (neste exemplo, soma de dígitos, soma de dezenas inteiras) estejam disponíveis aos alunos, porque só neste caso, poderão realizar estimativas e ter algum controle sobre os algoritmos que estão aprendendo ou que já utilizam.

Neste sentido o cálculo mental, que é uma via de acesso ao algoritmo, é ao mesmo tempo sua ferramenta de controle. Para que isto seja possível, determinado nível de cálculo deve ter-se tornado automático.

O que em um momento é um desafio, uma situação diante da qual as crianças trabalham, propõem respostas, explicitam procedimentos (por exemplo, em primeira série 8 + 4), mais tarde deverá fazer parte do que as crianças têm disponível, pois, se não for assim, ficam comprometidas outras aprendizagens.

Por exemplo, se um aluno tem que resolver:

$$\begin{array}{r} 348 \\ + 274 \\ \hline \end{array}$$

há uma tarefa de maior complexidade que inclui três vezes a soma de dígitos. Se cada uma destas somas é muito difícil para um aluno, é altamente provável que cometa erros e que perca o controle sobre a tarefa maior. Já apresentamos, anteriormente, aportes de pesquisas que fundamentam estes aspectos.

Sem dúvida, um bom domínio do repertório aditivo é condição necessária, porém não suficiente para a aquisição do algoritmo da soma. Se o salientamos é porque, como esboçamos no resumo histórico, houve momentos em que qualquer pretensão de memorização apareceria como contraditória com uma concepção construtivista.

Nosso posicionamento é que a memorização de fatos numéricos, se bem que não constitua jamais a via de ingresso a uma operação, aparece como produto necessário, a determinada altura da aprendizagem e, devido ao fato de que este processo não se cumpre da mesma maneira nem no mesmo ritmo em todos os alunos, consideramos que deverá fazer parte da atividade de aula o diagnóstico do nível de procedimentos que os alunos estão empregando, procurando que tenham consciência de qual é o nível de cálculo disponível e formulando, a partir disso, atividades que busquem um avanço nestas aquisições.

Quanto à resolução de problemas, diversos estudos formulam que, devido a que a memória de trabalho seja limitada, o fato de que os alunos possam apelar ao cálculo automático libera espaço mental para que se centrem nos aspectos mais complexos (e provavelmente mais importantes) do problema a ser tratado.

Incorporando estes dados, reconhecemos que se o objetivo central do trabalho do cálculo mental fosse o acréscimo do cálculo automático (para liberar espaço mental), não se envolveria nisso a lenta e detalhada aprendizagem de cálculo mental que estamos propondo. Bastaria centrar-nos na aprendizagem das tabelas e na automatização dos algoritmos.

Esperamos haver desenvolvido suficientemente os outros argumentos pelos quais defendemos o trabalho de cálculo metal em seu amplo sentido, do qual se destacam, como benefícios secundários, aspectos como "liberar espaço mental".

CÁLCULO MENTAL, UM CAMINHO PARTICULARIZANTE

O cálculo *pensado* é eminentemente particularizante: cada problema é novo e a aprendizagem vai consistir essencialmente em compreender que para uma mesma operação determinados cálculos são mais simples que outros, e que pode ser útil escolher um caminho aparentemente mais longo, porém menos difícil.

Pode parecer paradoxal, para quem não pratica a matemática, considerar como matemática ou matematizante uma atividade que consiste, para cada aluno diante de um problema específico de cálculo, em levar em consideração o que sabe que sabe e dispõe, ao buscar um procedimento eficaz; algo que talvez seja impossível de utilizar em outro cálculo. Este modo engenhoso de tatear, errático, heurístico, parece ser antípoda da conduta matemática garantida, "direta ao objetivo", elegante, simples (ERMEL, 1981).

O professor que deseja recuperar para suas aulas esta concepção do que é fazer matemática, ver-se-á frente ao desafio de conseguir por este caminho, para cada aluno singular e pessoal, o avanço de todos, garantindo a aquisição dos conhecimentos.

Neste sentido, o professor necessita:

— ter bem claro para si quais são os conhecimentos que a cada nível devem estar disponíveis para cada aluno, a fim de tornar possível a abordagem e a aquisição de novos conhecimentos;
— dispor de ferramentas que lhe permitam diagnosticar os conhecimentos de seus alunos;
— conhecer propostas didáticas através das quais consiga inserir em suas aulas, os avanços dos conhecimentos de seus alunos.

CÁLCULO MENTAL, UM PROJETO ARTICULADOR

Estamos convencidos de que um elemento central para a melhoria do ensino em geral e da matemática em particular, passa pela constituição, nas escolas, de equipes docentes que possam articular um projeto comum, que discutam responsabilidades, estabeleçam critérios e enfoques, avaliem os sucessos e as dificuldades, produzam retificações.

Estamos conscientes de que para isto se requer condições de trabalho e institucionais, porém também aportes específicos a cada área, que permitam maior precisão nas discussões e nas definições que sejam alcançadas.

Neste sentido, vamos apresentar agora uma formulação curricular relativa ao cálculo mental, terreno que nos parece particularmente propício a um projeto articulador.

O CÁLCULO MENTAL NOS CURRÍCULOS

O cálculo mental não costumava ser mencionado explicitamente nos planos e programas de alguns anos atrás. Atualmente, faz parte de diversos currículos, ainda que com um novo sentido a respeito das práticas preexistentes.

O *Diseño Curricular Base. Educación Primaria* da Espanha, que recentemente entrou em vigência, determina:

A construção progressiva do conhecimento matemático trafegará por uma via indutiva, tomando como dado primordial a própria atividade do aluno e utilizando suas intuições, tentativas e aproximações heurísticas — estratégias pessoais elaboradas pelos alunos para enfrentar as tarefas e situações formuladas — como ponto de partida para uma reflexão que conduza, de maneira progressiva, a formulações mais formais e dedutivas. A aquisição de uma atitude positiva para com a matemática, de gosto por ela e de confiança na própria capacidade para aprendê-la e utilizá-la, é outro aspecto básico que deve ser levado em conta para conseguir a funcionalidade do restante das aprendizagens.

[...] a formulação exposta aconselha:

— dar prioridade ao trabalho prático e oral, incorporando unicamente as atividades fora de contexto e o trabalho escrito (utilização de notações simbólicas) quando os alunos mostrem uma compreensão dos conceitos matemáticos;
— conceder prioridade ao trabalho mental (e, em especial, ao cálculo mental) com a finalidade de aprofundar os conhecimentos matemáticos intuitivos antes de passar a sua formalização;
— utilizar amplamente atividades grupais de aprendizagem que favoreçam os intercâmbios, a discussão e a reflexão a respeito das experiências matemáticas;
— prestar atenção especial ao desenvolvimento de estratégias pessoais de resolução de problemas, potencializando a incorporação dos conhecimentos matemáticos que vão sendo adquiridos (representações gráficas e numéricas, registro das alternativas exploradas, simplificação de problemas...);
— utilizar os diferentes âmbitos de experiência dos alunos: escolares (outras áreas do currículo: conhecimento do meio, atividades físicas e esportivas, atividades artísticas, etc.) e extracurriculares, como fonte de experiências matemáticas.

Entre os Objetivos Gerais selecionamos os que são mais pertinentes a este trabalho:

Ao finalizar a Educação Primária (término do primeiro grau), como resultado das aprendizagens realizadas na área matemática, os alunos deverão ter desenvolvido a capacidade de:

5. Utilizar instrumentos de cálculo (calculadora, ábaco) e medida (régua, compasso, etc.), decidindo, em cada situação, sobre a possível pertinência e vantagens que representa sua utilização e submetendo os resultados a uma revisão sistemática.

6. Elaborar e utilizar estratégias pessoais de cálculo mental para a resolução de problemas simples, a partir de seu conhecimento

das propriedades dos sistemas de numeração e das quatro operações básicas.

7. Valorizar a importância e utilidade das medições e cálculos aproximados em determinadas situações da vida cotidiana, utilizando seu conhecimento dos sistemas de numeração e dos sistemas de medida para desenvolver estratégias pessoais para tal finalidade.

Em objetivos desta natureza estão envolvidos conhecimentos (conceitos, procedimentos, técnicas), assim como atitudes e valores. Para alcançar tais objetivos será necessário projetar atividades específicas orientadas a tal finalidade. Mais adiante, daremos alguns exemplos.

O *Programa de Matemática* da província de Corrientes e o *Diseño Curricular* da província de Rio Negro incluem uma distribuição de conteúdos de cálculo mental elaborada pela licenciada Irma Saiz.

Tal distribuição de conteúdos permite precisar, para cada ciclo e série, o nível de cálculo que os alunos devem dominar.

É conveniente que os professores analisem a relação entre estes conteúdos e os que se encontram determinados nos próprios documentos curriculares, buscando explorar, ou eventualmente determinar, os condicionamentos internos entre conteúdos. Em algumas situações, se propõe o domínio de determinados cálculos porque são os mais frequentes na vida cotidiana, porém também, porque são organizadores para o controle de outros cálculos. Por exemplo, a nível de 4ª e 5ª séries se propõe:

— comparação de frações com os números inteiros (maior, menor ou igual a 1 ou 2, etc.).
— soma de frações mais usuais (1/2 + 1/4 =; 1/2 + 3/4 =; 2/3 + 1/6 =).

Utilizando estes conhecimentos, os alunos poderão, por intermédio da aproximação e da comparação, estimar e controlar o resultado de operações com frações para as quais utilizam algoritmos.

Por exemplo, estimar que o resultado de 5/6 + 9/11 *é* próximo a 2 porque cada uma das frações é próxima a 1; considerar que 4 + 2/5 não pode ser 6/5 porque 6/5 é um pouco mais que um e já havia 4 inteiros; assim como prever que 3/6 + 12/15 tem que ter um resultado entre 1 e 2, eventualmente comparando com o resultado de 1/2 + 3/4, que faz parte dos cálculos que se espera que possam resolver mentalmente.

Quando dizemos que o trabalho sobre o cálculo mental tem caráter articulador, o formulamos em dois sentidos: por um lado, porque ele torna possível o intercâmbio entre os professores de diferentes séries sobre o nível de procedimentos que os alunos estão utilizando, e que cada professor se propôs que dominem (e não só em termos de "ensinar a soma"). Por outro lado, se postula uma articulação horizontal entre os conteúdos a serem ensinados, tanto no sentido de estabelecer quais aprendizagens facilitam o acesso a outras, como na busca explícita de relações entre conteúdos. Por exemplo, no nível de 6ª-7ª séries:

— cálculo de porcentagens mais usuais: 10%, 25%, 75%, 100%.
— relações mais usuais entre frações e porcentagens, como por exemplo: 1/4 e 25%, 3/4 e 75%, 1/2 e 50%, 1 + 1/2 e 150%

Parece-nos interessante que este material seja analisado nos dois sentidos. O professor que quer incluir esta perspectiva, deve diagnosticar o nível de domínio de seus alunos dos conteúdos de cálculo mental propostos para as séries anteriores e iniciar o trabalho a partir daí, já que tais conteúdos têm um forte concatenamento interno.

Sendo uma formulação tão abrangente, só nos resulta possível sugerir algumas orientações e mostrar exemplos de atividades relativas aos diferentes ciclos da escola primária.

Os professores interessados podem encontrar propostas nos livros do professor e do aluno de E. Bergadá, entre outras.

PRIMEIRO CICLO: DA CONTAGEM AO CÁLCULO

Tivemos oportunidade, no contexto da Direção de *Curriculum* da Secretaria de Educação do Município da Cidade de Buenos Aires, de levar adiante o projeto de Desenvolvimento Curricular de Matemática — Primeiro ciclo. O produto desse trabalho, do qual participaram 20 professores do município e no qual fomos acompanhados por Adriana Castro e Haydeé Mosciaro, foi publicado em Parra, C. e Saiz, I., *Los niños, los maestros y los números*.

Vamos reproduzir neste capítulo uma parte do documento porque nos parece pertinente, mas também porque não é uma publicação disponível ao público (edição restrita aos professores do município).

1° Ciclo: Conteúdos de Matemática. Cálculo Mental
(Província de Corrientes)

Distribuição de conteúdos realizada pela licenciada Irma Saiz para o prograa de matemática.

1ª série
Somas da forma: $a + b = 10$;
Subtrações da forma: $10 - a = b$;
Subtrações da forma: $a - b = 1$;
Somas da forma: $a + a = $ com $a \leq 10$;
Complementos de 10: $a + ... = 10$;
Somas da forma: $10 + a = ...; 20 + a = ...$;
Somas da forma: $a + b = 100$ com a e b múltiplos de 10
(exemplo: $20 + 80 = 100$);
Complementos de 100: $a + = 100$ com a múltiplo de 10 (exemplo: $70 + = 100$);
Expressões equivalentes:
$34 = 30 + 4 \qquad 9 = 5 + 6 - 2$
$34 = 10 + 24 \qquad 9 = 4 + 5$
$34 = 10 + 10 + 10 + 4$
$9 = 2 + 2 + 2 + 2 + 1$
$34 = 40 - 6 \qquad 9 = 10 - 1$
etc.
Propriedades comutativa e associativa.

2ª série
Subtrações da forma: $a - b = 10$;
Somas da forma: $100 + a =$;
Subtrações da forma $100 - a =$ com a múltiplo de 10 (exemplo: $100 - 30 ....$);
Complementos de 100: $a + = 100$ (exemplo: $28 + = 100$);
Somas da forma: $a + b = 100$ (exemplo: $75 + 25 = 100$; $32 + 68 = 100$);
Dobros e metades ;
Expressões equivalentes:
$147 = 50 + 50 + 47$
$147 = 100 + 47$
$147 = 40 + 60 + 30 + 17$
$147 = 200 - 50 - 3$
Distância entre dois números
(exemplo: distância entre 50 e 76);
Escalas crescentes e decrescentes do 2, 5 e 10.

3ª série
Escalas ascendentes e descendentes do 10,20,...100,200...;
Enquadramento de números como dezenas, centenas, etc.
(exemplo: $20 < 28 < 30$;
$140 < 145 < 150$;
$100 < 145 < 200$);
Subtrações da forma: $a - b = 1$; $a - b = 10$;
$a - b = 100$; etc.;
Expressões equivalentes:
(exemplo: $1359 = 500 + 500 + 300 + 59$;
$1359 = 1000 + 300 + 50 + 9$;
$1359 = 2000 - 600 - 40 - 1$);
Somas e subtrações com medidas do tipo: ano, dia,
mês, semana, hora, 1/4 hora, etc.;
Multiplicações da forma $a \times b$ com $a < 10$;
Divisões e multiplicações especiais:
$\times 2; \div 2; \times 4$ (multiplicar duas vezes por 2);
$\times 8$ (multiplicar três vezes por 2);
$\div 4$ (dividir duas vezes por 2); $\times 5; \div 5$; etc.;
Dobros e metades;
Triplos e terços;
Propriedades comutativa e associativa.

2º Ciclo: Conteúdos de Matemática. Cálculo Mental

4ª série
Enquadramento de um número na casa das dezenas, centenas, unidades de mil, etc.;
Contar de 100 em 100 a partir de qualquer número (exemplo: 741, 841, 941...).
Números equidistantes entre outros dois (no meio de...).
Distância entre dois números quaisquer.
Metade e dobros de números de 3 ou 4 algarismos.
Expressões equivalentes (utilizando as 4 operações).
Diferentes maneiras de encontrar um produto:
$8 \times 14 = 2 \times 4 \times 14$
$ = 8 \times 2 \times 7$
$ = (8 \times 10) + (8 \times 4)$
Cálculo da quantidade de algarismos de um quociente;
Estimativa de resultados de divisão de números naturais;
Comparação de frações com números inteiros (maior, menor ou igual a 1 ou a 2, etc.).
Múltiplos dos primeiros números: 2, 3, 4, 5,...
Divisores de alguns números: 10, 12, 16, 15, 20,...
Cálculos com moedas e notas em uso.
Aproximação e arredondamento de resultados das quatro operações.

5ª série
Somas da forma:
$2000 + 5300$; $25000 + 2850 = ...$
Subtrações da forma: $807000 - 3000 = $;
$807400 - 10 = ...$
Frações mais comuns de números inteiros:
1/4 de; 1/2 de; 1 + 1/2 de; 3/4 de; etc.
Dobros e metades de frações
(dobro de 1/3, metade de 6/4, metade de 3/4, etc.).
Somas de frações mais usuais
$(1/2 + 1/4 = ; 1/2 + 3/4 = ; 2/3 + 1/6 = ;$ etc.)
Somas de decimais da forma: $a + b = 1, a + b = 10$, etc.
Subtrações de decimais da forma: $1 - 0,25 = $;
$10 - 1,50 = $; etc.
Enquadramento de decimais entre dois inteiros:
$31 < 31,24 < 32$;
Estimativa e aproximação de resultados de medições de comprimento (ou distância), capacidade, peso e tempo.
Estimativa da medida dos ângulos mais usuais:
45° (metade de 90°); 30° (terça parte de 90°);
135° (90 + 45); 60° (dobro de 30°); etc.

3º Ciclo: Conteúdos de Matemática. Cálculo Mental

6ª e 7ª séries
Representação de números de três ou mais algarismos na reta numérica com escalas de 100 em 100, de 1000 em 1000, etc.
Cálculo de porcentagens mais usuais: 10%, 25%, 75%, 100%;
Relações mais usuais entre frações e porcentagens (exemplo: 1/4 e 25%; 3/4 e 75%; 1/2 e 50%, 1 + 1/2 e 150%; etc.).
Escalas crescentes e decrescentes de 0,1 – 0,5 – 10,10 – 2,5.
Complementos de decimais do inteiro mais próximo (exemplo: 25,6 + ... = 26).
Dobros e metades de números decimais.
Estimativa das raízes não exatas de números naturais.
Estimativa de comprimentos ou distâncias e superfícies de objetos, lugares e espaços da vida diária.
Unidades de tempo, escalas ascendentes e descendentes (ou crescentes e decrescentes) de 15 em 15 minutos a partir de uma hora determinada. Cálculo de horários e durações de tempo.

EVOLUÇÃO DE REPRESENTAÇÕES, EVOLUÇÃO DE SOLUÇÕES

Estamos convencidos da importância de fornecer aos alunos oportunidades de enfrentar os problemas com seus próprios recursos, de buscar um caminho pessoal para a solução, porém, ao mesmo tempo... — e aqui o duplo desafio — é necessário que os alunos avancem em seus procedimentos e que todos cheguem a dominar os procedimentos "eficazes", aqueles que o professor (e a comunidade) reconhecem como os que permitem dominar a situação, qualquer que seja o âmbito numérico ou a dimensão com que esteja formulada.

Trabalhar sobre um exemplo nos vai permitir ter uma ideia mais clara a respeito da evolução da qual estamos falando: "subiram 8 pessoas no ônibus. Agora há 45 pessoas nele. Quantas pessoas estavam no ônibus antes da parada?"

Pode-se descrever vários tipos de soluções corretas ao problema apresentado:

— *Solução 1*: O aluno desenha 45 tracinhos, risca ou apaga 8 e conta os restantes.
— *Solução 2:* O aluno não reconhece nenhuma operação vinculada ao problema, porém constrói uma representação do problema em função da qual pode escolher um procedimento, por exemplo,

descontar 8 de 45, de um em um, eventualmente sendo auxiliado com os dedos; de certa maneira, é como se mentalmente fizesse descer um a um aos passageiros que subiram para reencontrar a situação inicial.
— *Solução 3* (muito perto da eficaz): O aluno imagina o problema como uma adição na qual se desconhece um dos termos e busca resolver aquilo que em uma equação seria expresso assim:
... + 8 = 45
— *Solução 4* (a *expert* ou canônica): O aluno reconhece este problema como sendo de subtração (45 – 8) e a desenvolve mentalmente ou por escrito.

Estes quatro alunos "fizeram matemática", no sentido de que articularam seus conhecimentos disponíveis e as significações que lhes dão, com a representação que fazem do problema. De fato, tanto a contagem (solução 1) como a subtração (solução 4) são ferramentas matemáticas, porém o problema, que para o aluno 4 é de subtração, não o é para o aluno 1.

Fica demonstrado que a solução correta de um problema de subtração (do ponto de vista do professor) não supõe *a priori* o domínio da subtração.

É possível distinguir, nas soluções dadas como exemplo, dois grandes pólos:

— o polo das *soluções que apelam a uma representação figurativa da situação*, pelas quais os alunos simulam o real mentalmente (como na solução 2) ou desenhando, ou usando objetos (como na solução 1);
— o polo das *soluções que apelam a uma representação matemática da situação*, nas quais os alunos formulam de alguma maneira o problema, em uma equação, para poder trabalhar unicamente no nível dos números (como nas soluções 3 e 4).

A passagem do primeiro ao segundo polo se acompanha frequentemente de uma mudança nas técnicas utilizadas: no primeiro caso, os alunos utilizam as que provêm da contagem; no segundo caso, fundamentalmente, são utilizadas técnicas de cálculo. Esta distinção não dá conta, no entanto, de todos os níveis de representação da situação que podem existir nos alunos. Assim, a solução 3 mostra que o aluno produz uma escrita que traduz uma determinada simulação da realidade evocada, particularmente em seu desenvolvimento temporal "... + 8 = 45", sendo "..."

(os passageiros que estavam no ônibus) "+ 8" (os que subiram), "= 45" (os que estão agora no ônibus).

É necessário aceitar que, em cada categoria de problemas, a passagem da utilização de procedimentos ligados à contagem e vinculados a uma representação figurativa da situação para o reconhecimento de um modelo de resolução que envolve o recurso de técnicas de cálculo *experts* é com frequência demorado, raramente definitivo para o aluno e nunca simultâneo para todos os alunos.

Esta observação implica em muitas consequências:

— É preciso aceitar, e inclusive favorecer, em sala de aula, a pluralidade de procedimentos de resolução porque isso não só estimula os alunos a elaborar sua própria resolução, como também pode ser fonte de progresso, de aprendizagem a partir das confrontações que se podem organizar entre eles.
— É preciso aceitar também que, para situações aparentemente análogas, algumas crianças dão a impressão de retroceder. A aprendizagem está cheia de dúvidas, de retrocessos, de aparentes paralisações até que as aquisições se estabilizem.
— Uma exigência precoce de formalização de soluções (reconhecimento do cálculo a ser efetuado e produção da escrita matemática correspondente) pode ser uma fonte de obstáculos para muitos alunos que vão tentar produzir a escrita matemática diretamente a partir do enunciado, apoiando-se em palavras-chave, e poderiam produzir 45 + 8 no problema enunciado, sem envolver-se na fase essencial de tentar compreender a situação proposta.
— O meio de que dispõe o professor para favorecer a passagem de um polo a outro é, fundamentalmente, ir mudando as situações que propõe aos alunos (para os problemas aditivos e subtrativos o "tamanho" dos números é uma variável decisiva) de modo a ir exigindo novos procedimentos e mostrando os limites ou a inutilidade dos meios anteriores. Outra ferramenta fundamental de que dispõe o professor é organizar os intercâmbios e as discussões entre os alunos, assim como garantir a difusão das "descobertas" dos alunos entre todos eles. Chega um momento no trabalho em que determinados procedimentos e, particularmente, determinadas formas de escrita são "oficializados".

DA CONTAGEM AO CÁLCULO

Acabamos de mostrar, no contexto da resolução de um problema, um "leque" de procedimentos que vão desde os que se apoiam na contagem até os que trabalham no nível do cálculo.

Formularemos como é que se pode favorecer a passagem da contagem ao cálculo. Ainda que nos centremos em metas por conseguir no nível de procedimentos, queremos sublinhar que o sentido das propostas continua sendo ajudar os alunos a resolver melhor os problemas que lhes são formulados.

A contagem

No âmbito das pesquisas provenientes da psicologia e da didática, se tem revalorizado o papel da contagem nas aprendizagens numéricas.

As crianças necessitam enfrentar múltiplas situações nas quais possam reconhecer a utilidade de contar e a necessidade de ser precisas (não contar nenhum número duas vezes, não pular nenhum).

Ao início da primeira série, para resolver um problema no qual se aumenta ou se diminui uma quantidade, o procedimento mais utilizado pelas crianças é o de materializar as quantidades (objetos, desenhos, dedos, etc.) e resolver por contagem.

Nós vamos pleitear, então, o melhoramento da contagem em duas direções:

   a) no que diz respeito à contagem utilizada para resolver situações;
   b) no que diz respeito ao domínio e extensão da série numérica oral.

   a) Inicialmente, para resolver 6 + 3 as crianças contam de novo desde 1, 2, 3, 4, 5, 6, 7, 8, 9.

Procuramos, então, conseguir que utilizem a *sobrecontagem* 6... 7, 8, 9.

Quer dizer, que partam de um dos números e acrescentem a outra quantidade contando.

Muitas crianças começam a usar, implicitamente, propriedades da soma. Por exemplo, a comutatividade. Assim, para resolver 3 + 9, fazem 9... 10, 11, 12.

Não estamos propondo que o professor "ensine" esta propriedade, mas que favoreça o intercâmbio entre os alunos de maneira que os "jeitos de resolução" de cada aluno se convertam em terreno comum.

Para uma situação de diminuição, como 12 − 4, muitas crianças fazem 12 marcas, riscam 4 e contam as que restam.

É necessário realizar atividades para que possam *descontar* (contar "para baixo", "para trás").

Além do interesse imediato, estes procedimentos encontrarão posteriormente sua continuidade, particularmente no cálculo mental. Por exemplo, para calcular 23 + 17, um aluno de segunda série poderá partir de 27 e agregar sucessivamente 3 e depois 10.

> b) Estes procedimentos, para que possam ser colocados em ação, requerem por parte do aluno uma boa disponibilidade da série numérica oral, particularmente a capacidade de:
>
> — dizer diretamente o número seguinte e o anterior de um determinado número sem recitar a série desde o início;
>
> — continuar a série oralmente a partir de um número determinado, em um sentido e em outro;
>
> — enunciar, por exemplo, quatro números a partir de um determinado número, em um sentido ou outro;
>
> — dizer, por exemplo, os números entre 7 e 11, podendo especificar, ao terminar, quantos números foram ditos;
>
> — poder contar de 2 em 2, de 5 em 5, de 10 em 10, demonstra ser particularmente importante como apoio fundamental ao cálculo.

Para garantir este domínio em todos os alunos, será necessário que se realizem múltiplas atividades e jogos, a partir de situações cotidianas e planificadas anteriormente. Trata-se de que o ato de contar ocupe um lugar na aula. Os dois aspectos que formulamos sobre o melhoramento da contagem se devem desenvolver simultaneamente.

As crianças têm que ter oportunidade de comprovar o que sabem e reconhecer, ao mesmo tempo, as metas a serem alcançadas. Nossa experiência nos mostra que são muito capazes de comprometer-se, se podem saber com o quê e para quê.

Os procedimentos mentais de resolução

Consideramos que um objetivo fundamental de primeira e segunda série é o desenvolvimento de procedimentos mentais de resolução no âmbito dos problemas referidos anteriormente.

Trata-se, ao mesmo tempo, de favorecer a representação mental das situações e a construção, por parte dos alunos, de soluções desprovidas da própria ação, quer dizer, que permitam antecipar os resultados de uma ação ainda não realizada.

Mais tarde, se privilegiam os procedimentos escritos que se apoiam nas regras de escrita dos números (numeração de posição). Porém, para que os alunos possam trabalhar neste nível, têm que ser capazes de construir uma representação mental correta da situação e dispor da possibilidade de obter mentalmente determinados resultados.

Estes procedimentos mentais funcionam a princípio para os alunos de maneira muito localizada, para determinados números. Procuraremos estender progressivamente seu domínio de funcionamento e sua disponibilidade para poder dar-lhe um caráter mais geral. Por exemplo, um aluno pode ser capaz de resolver mentalmente um problema que envolve os números 2 e 3, e não poder fazê-lo com os números 4 e 6.

Os professores com experiência em 1ª e 2ª séries constatam que, entre seus alunos, existem os que memorizam com facilidade e os que sempre devem reconstruir tudo; há outros alunos que elaboram diversas maneiras de resolver o problema e, também, os que dispõem de muito poucos recursos.

No entanto, consideramos fundamental conseguir que todos os alunos disponham de procedimentos mentais de resolução e construam compreensivamente os algoritmos; o que vamos defender é que estes avanços devem ser assumidos como metas de ensino.

Há um primeiro objetivo, o de que, no final da segunda série, os alunos têm que saber produzir rápida e quase que instantaneamente uma boa resposta ao que se costuma chamar de repertório aditivo: encontrar um dos termos a, b ou c em a + b = c, quando a < 10 e b < 10, o que não exclui o conhecimento de outros resultados, porém condiciona sua produção. Esta é a base do cálculo, seja escrito ou mental.

Enunciemos sucintamente as metas que podemos desejar neste processo.

a) Memorização de cálculos simples

Constance Kamii (1986) faz observações baseadas neste ponto:
Depois de definir como objetivo a construção de somas por parte das crianças, o professor necessita estabelecer uma sequência entre as atividades que coloca à disposição das crianças para uma escolha. Evidentemente, o nível de dificuldade não pode ser o mesmo em março, julho e novembro.

Como foi dito anteriormente, a maioria dos programas de aritmética de primeira série que existem na atualidade, começam a adição definindo como objetivo as somas que dão como resultado 5 ou 6, para continuar até 9 ou 10, 12 e 18. Assim sendo, a sequência de objetivos continua estabelecendo-se de acordo com a magnitude da *soma*, apesar de que as pesquisas têm demonstrado que a dificuldade depende do tamanho das *parcelas*. Por exemplo, 5 + 1= 6 é mais fácil de lembrar que 3 + 2 = 5.

A sequência de objetivos que vem em seguida baseia-se na magnitude das parcelas, que corresponde à maneira de aprender das crianças. Esta informação deveria ajudar os professores a decidir que jogos devem colocar à disposição dos alunos na aula (páginas 66 e 68).

Esta autora sugere:

— adição de parcelas até 4;

— adição de parcelas até 6 (pela utilização de dados);

— adição de dobros (2 + 2, 3 + 3, etc.), até 10.

Diversas pesquisas afirmam que os dobros e as combinações nas que se acrescenta 1 a uma quantidade são mais facilmente memorizadas que outras combinações. Kamii assinala que entre os dobros, 2 + 2 é a primeira a ser memorizada, seguida de 5 + 5. Esta última, apesar de ser uma soma maior, é mais fácil de lembrar do que 3 + 3 ou 4 + 4. Igualmente, 10 + 10 é mais fácil de lembrar do que 9 + 9. Por outro lado, 2, 5 e 10 são apoios fundamentais na organização do repertório e no tratamento das quantidades. Os dobros, além de serem fáceis de memorizar, se convertem na base para resolver outros cálculos. Assim, 5 + 6 pode ser pensado como 5 + 5 + 1.

b) Resolução de cálculos utilizando outros mais simples

Como sugerimos no parágrafo anterior, buscamos facilitar para os alunos a utilização de seus conhecimentos para tratar as situações a respeito das quais não dispõem de resultados memorizados.

Por exemplo, dispor dos pares de parcelas que resultam em 10, permite aos alunos tratar diversos cálculos. Assim, para fazer 8 + 6 muitas crianças pensam em (8 + 2) + 4. Ou em cálculos de subtração, por exemplo, 14 – 6, o convertem em (14 – 4) – 2.

É importante favorecer a busca e a explicitação de distintas maneiras de tratar um cálculo. Por exemplo, para 7 + 8:

(7 + 7) + 1   reagrupamento em torno de um dobro;
(7 + 3)+ 5   reagrupamento em torno de 10;
(8 + 2)+ 5   reagrupamento em torno de 10;
(5 + 5)+ 2 + 3   reagrupamento em torno de 5.

Não se trata, sem dúvida, de "ensinar" estas diferentes alternativas, nem de que cada aluno deva "conhecer" cada uma delas. Trata-se de que cada aluno encontre suas maneiras preferidas, valendo-se do grupo de colegas para ter oportunidade de aderir às soluções propostas pelos outros. O recurso da imitação é inteligente na medida em que supõe o reconhecimento do valor do proposto por outro colega. Sabemos que existem crianças às quais parece que nunca lhes ocorre nada, porém nossa experiência nos mostra que se este trabalho é assumido desde a perspectiva do ensino e como meta para toda a turma, essas crianças deixam de estar isoladas para enfrentar a grande empresa e se envolvem na tarefa, alcançando metas definidas.

A utilização de cálculos simples para resolver outros mais complexos se vincula, de maneira imediata, ao trabalho que se faz em relação à extensão da série numérica, à compreensão das regularidades de seu funcionamento, à interpretação de sua codificação escrita, etc.

Como pode o professor organizar o ensino para alcançar as finalidades propostas?

A construção paralela e vinculada do cálculo pensado e do cálculo autônomo requer que sejam executadas, sistematicamente, dois tipos de atividades:

— um trabalho de memorização de repertórios e regras, à medida que é construído, e
— um trabalho coletivo, lento e detalhado, de aprendizagem do cálculo mental pensado, que se apoia na comparação de diversos procedimentos utilizados por diferentes alunos para tratar o mesmo problema.

A reconstrução e a tomada de consciência

No começo, a memorização não entra em cena. Frente às situações e atividades que lhes são propostas, os alunos produzem resultados pelos seus próprios meios. O professor seleciona e propõe cálculos que favorecem procedimentos reconstrutivos. Os alunos buscam recursos para resolvê-los, interagindo nos pequenos grupos e utilizando, quando necessário, papel e lápis. Posteriormente, são analisados os diferentes recursos e se discute a aplicabilidade e eficiência de cada um deles no cálculo formulado.

Isto permite aos alunos reconhecer gradativamente a utilidade de usar resultados conhecidos para resolver outros cálculos. Vai-se construindo um repertório coletivo, visível na aula e utilizável como recurso.

Como dizem os membros da equipe ERMEL, em seu documento curricular: "O cálculo mental é um assunto de trabalho (saber e treinamento), de memória e, sobretudo, de confiança em si mesmo".

Ainda que não seja conquistado por completo em primeira e segunda série, devemos ter esta meta desde o início. É a relação com o saber que está em jogo e devemos cuidá-la desde os primeiros contatos.

Um exemplo de atividades de reflexão sobre os cálculos: fáceis e difíceis

Um dos primeiros requisitos é que os alunos comecem a tomar consciência dos procedimentos que utilizam; eles necessitam saber o que é que sabem (no sentido de ter disponível este conhecimento) e como podem apoiar-se no que sabem para obter outros resultados.

Para consegui-lo, teremos que propor atividades de outro caráter. Vejamos um exemplo.

Nas primeiras séries que trabalhamos, os alunos produziram um conjunto de cálculos (no contexto do jogo da caixa). Estes cálculos foram registrados em um cartaz. Foram então retomados, porém, para serem analisados e classificados.

Os cálculos que eram uma ferramenta para resolver situações e expressar o que havia sido feito, tornam-se objeto de reflexão. O desafio que dá início a esta atividade é classificar os cálculos em fáceis e difíceis.

Os cálculos não têm, necessariamente, que ser produto de uma atividade anterior. O professor pode selecioná-los em função de dados como os que apresentamos (os que se adquirem mais cedo que os outros) ou em função de reflexões que lhe interessa provocar, por exemplo 1 + 8, porque muitos alunos recorrem à comutatividade (ainda que não possam nomeá-la o que não lhes faz falta!), e pelo papel do +1 vinculado ao sucessor. Logicamente, incluirá alguns números que imagina que sejam considerados difíceis para desenvolver um trabalho como o que mostraremos.

Um conjunto de cálculos trabalháveis é o seguinte (ainda que o número seja excessivo para ser analisado em aula):

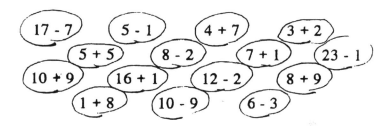

Um trabalho semelhante pode ser formulado acerca do repertório subtrativo ou do repertório multiplicativo nas séries seguintes.

A aula está organizada em grupos de 4 ou 5 alunos (que têm que ter experiência de trabalho em pequenos grupos). Cada grupo recebe um conjunto de cartões nos quais estão anotados os cálculos sobre os quais vão pensar.

Proposta: "Hoje vamos trabalhar sobre os cálculos, porém, o que vocês vão fazer é pensar se se tornam fáceis ou difíceis e porquê. Vão olhar cada um dos cartões e vão decidir se consideram o cálculo fácil ou difícil. Mas atenção, é necessário estar de acordo em equipe e decidir entre todos vocês. Se não estão de acordo, coloquem um 'mais ou menos' ou 'duvidoso' e depois conversaremos. Na atividade que fazemos hoje não há ganhadores nem perdedores."

Todos os professores do projeto, ao analisar a proposta, duvidaram de que fosse possível para os alunos um trabalho deste tipo, e de fato, quando o iniciaram, na maioria dos casos, lhes foi difícil conduzir a atividade e aos alunos se absorverem nela.

Era de se esperar que isto acontecesse. Professores e alunos estavam entrando em uma modalidade de tarefa na qual não tinham experiência. Juntos tinham que dar significado à proposta. Os professores estão acostumados a avaliar se algo vai ser fácil ou difícil para seus alunos (o fazem o tempo todo, quando decidem que propostas dar aos alunos), porém, neste caso, deviam acompanhá-los na tarefa de "julgar" por si mesmos a facilidade ou dificuldade, e na tarefa, ainda mais complicada, de explicitar os critérios pelos quais as classificaram.

De fato, em muitos casos, aconteceram no princípio indiscriminações e as respostas costumavam ser "porque sim", "porque são fáceis...".

A partir do que se determina a dificuldade? Este aspecto fica muito bem explicitado no comentário de uma aluna da Escola n° 22.

Alguns alunos perguntavam à professora se tal cálculo era fácil ou difícil e ela insistia em que o que importava era que eles o decidissem, e essa aluna disse: "certo, para você são todos fáceis porque é grande, porém, para nós, algumas contas não sabemos, porque são difíceis".

Que critérios usaram os alunos para classificar os cálculos?

Fáceis	Difíceis
Escola nº 15	
— Porque sabemos resolvê-lo rápido;	— Porque são mais lentos, temos que fazer tracinhos e contar;
— Porque na hora sabemos;	— Porque os dedos não são suficientes;
— 7 + 1, que fácil!;	— Estas outras não sabemos;
— Porque contamos com os dedos.	— Temos que pensar, são grandes demais.
Escola nº 24	
— 10 + 9 já me diz o número; — 10 + 6; — 5 – 2 sabemos de memória; — 6 – 3	— 45 + 29 são números altos; — 35 + 40; — 8 + 5 podemos fazer de cabeça, porém não rápido; — 4 + 7.
Escola nº 4	
	— Não tínhamos essa conta na cabeça;
	— Se três de nós não o sabiam é difícil;

Fáceis	Difíceis
Escola nº 16	
— Se para a maioria parecem fáceis; — Quando os números são pequenos; — Se se soma 1 é fácil.	— Números muito grandes; — Se soma, é mais difícil.
Escola nº 7	
— Porque o fizemos rápido com a cabeça; — Porque não usamos os dedos; — Porque não precisa fazer a conta.	— Porque são muitos números; — Porque ninguém o sabia.

Basicamente as crianças levam em conta:

— o "tamanho" dos números: pequenos e grandes;
— os recursos: contar, usar os dedos, não usar os dedos, usar a cabeça, fazer tracinhos, fazer a conta;
— o consenso: quantos o sabiam;
— a velocidade de resposta.

O mesmo critério é usado em alguns casos como critério de facilidade e, em outros, de dificuldade.

Sem dúvida, uma vez que nossa intenção não é uma classificação, mas sim que se coloque em discussão os critérios e se procurem vinculações entre cálculos e procedimentos, o sentido da atividade se sustenta no que provoca, no que desencadeia (não há uma aula na qual se "ganha").

Retomaremos depois alguns exemplos de prolongamento da atividade e apresentaremos uma proposta destinada a garantir para todas as crianças que a classe dos fáceis "porque já sabemos" seja a mais ampla possível.

O que é fácil para alguns é difícil para outros

Como é de se esperar, tanto na discussão dentro dos grupos como nas posições em comum acontecia com frequência que um mesmo cálculo fosse classificado como fácil e difícil.

Quando alguém queria que um cálculo passasse da lista de difíceis à de fáceis, normalmente explicava como tinha feito para resolvê-lo, e mesmo que isto não implicasse que os demais se apropriassem imediatamente destas ideias, se produzia a circulação de "boas ideias". É o professor quem se ocupará de propor situações, cálculos e jogos que serão oportunidades de usar e colocar à prova os procedimentos formulados.

Escola nº 24
Um grupo tinha proposto 49 — 9 como difícil. Outros disseram que era fácil: "quarenta e..., nove..., você tira nove..., fica quarenta...".

É uma boa ocasião para pedir às crianças que pensem e proponham outros cálculos nos quais aconteça o mesmo. Poderão propor 39 — 9, 38 — 8, 27 — 7, 26 — 6, e tantos outros... com o que estarão colocando em jogo um importante aspecto do sistema de numeração.

Nessa mesma classe apareceu como difícil 40 + 20, e uma menina explicou que era fácil: ela fazia 4 + 2 = 6 e acrescentava 0 a 6. Esta é uma ideia muito importante, porém, para a maioria, ainda estava longe.

As descobertas não são generalizadas de imediato; as que são convenientes são construídas pouco a pouco

Escola nº 4
A proposta de trabalho era: "Escrever cálculos fáceis que não estão no cartaz".

Frequentemente, as crianças procuram fazer funcionar determinadas regularidades. Um grupo descobriu que acrescentando 0 a qualquer número obtinha cálculos fáceis. Ficaram muito contentes com sua descoberta e o comentavam em voz baixa (para que outras crianças não copiassem sua descoberta).

Escreveram desde 0 + 1 até 0 + 14.

O mesmo grupo, mais tarde, parte de 5 + 1= 6; 5 + 2 = 7, e chega a 5 + 5 = 10 dizendo-o como quem repete uma tabuada, com a intervenção de todos.

Ao chegar a 5 + 5 pararam, talvez porque esse cálculo fizesse parte do cartaz.

Na aula seguinte, os mesmos grupos tinham que pensar e escrever cálculos difíceis que não estivessem no cartaz.

Foram incorporando a prática de consultar-se entre todos antes de escrever um cálculo.

A equipe que tinha "descoberto" o "+ 0" para formar os fáceis está discutindo se 30 + 0 é fácil ou difícil.

Aluno: "Você não vê que é 30?".
Aluno: "Para mim é difícil".

Outro integrante diz que para ele também é difícil, e o primeiro, de má vontade, anota 30 + 0 como difícil. Quando foi feita a colocação em comum, muitos disseram que era fácil.

Aluno: "Porque o 0 é nada e se se coloca 1, se obtém 1, se se coloca 30, se obtém 30".

Todos se mostraram convencidos, inclusive as duas crianças que o tinham proposto como difícil.

A categoria dos fáceis que se vai constituindo mostra que os alunos reconhecem os pontos de apoio

Na fundamentação do projeto, no parágrafo "da contagem ao cálculo", esboçamos o percurso que podem fazer os alunos para conseguir o domínio do repertório aditivo. Os pontos de apoio são reconhecidos por eles mesmos, porém o professor tem o papel de, ao mesmo tempo, favorecer esta explicitação e dar oportunidade de colocá-los em jogo.

Escola n° 16
Os alunos classificaram os cálculos provenientes do jogo da caixa em fáceis e difíceis. Em uma aula posterior, analisam os fáceis, explicam porque o são e dão outros exemplos.

11 + 1 "Se você coloca 1 é o número seguinte";
12 –1 "Se você tira 1 é o número anterior".

Fica claro para todos que acrescentar 1 e tirar 1 é fácil. Como isto se apoia no conhecimento da série numérica, é importante realizar atividades para garantir a evolução da contagem oral durante o ano todo (assim como variações: de 2 em 2, de 5 em 5, de 10 em 10).

10 + 10 "Você tem 10 dedos e então já não os conta, segue com os outros". "10 a gente pode saber de cabeça".

Os dois procedimentos envolvem sobrecontagem.
Quando as crianças precisaram propor outros cálculos fáceis como este, apareceram:

10 + 7   20 + 20
10 + 9   40 + 20
10 + 2

Lembremos que crianças de outra escola diziam que 10 + 9, 10 + 7 "já diz o número", o que quer dizer que apoiavam-se em seu conhecimento da série numérica.

O domínio de ambos os cálculos, dezena + dígito e soma de dezenas inteiras, é considerado o objetivo a ser alcançado. Entre 1ª e 2ª séries, todos os alunos devem ser capazes de dar uma resposta imediata. Faz parte da distribuição de conteúdos de cálculo mental que apresentamos e constitui parte do trabalho que foi proposto na 2ª série.

Os mesmos alunos da Escola n° 16 analisaram em outra aula os cálculos que eram difíceis para todos, e foram propondo maneiras de resolução nas quais utilizavam o que sabiam.

Alguns exemplos:

8 + 11. Noélia: "Eu ao 8 somei... Não! Do 11 tirei 1 e ao 8 somei 1 e então fico com 9 + 10 que é 19".

A professora escreveu no quadro-negro:

8 + 11 = 9 + 10

20 – 7 = 20 – 10 + 3, "10 – 3 é 7 então tiro 10 porém acrescento 3 e é 13".

Como argumentamos na fundamentação, temos que garantir que todos os alunos aumentem seu domínio do repertório aditivo e que reconheçam a utilidade de se apoiar no que sabem para resolver outros cálculos.

OS RECURSOS PARA O TRABALHO DE CÁLCULO MENTAL

Dissemos anteriormente que a construção paralela e vinculada do cálculo pensado e do cálculo autônomo requer que sejam levadas adiante, sistematicamente, dois tipos de atividades:

— um trabalho de memorização de repertórios e regras, na medida que foram sendo construídos, e
— um trabalho coletivo, lento e detalhado de aprendizagem de cálculo mental pensado, que se apoia na comparação de diferentes

procedimentos utilizados por diferentes crianças para abordar o mesmo problema.

Neste sentido, é importante analisar quais são os recursos e tipos de atividades que podem ser propostos em função dos objetivos que são definidos para cada tipo ou período de trabalho.

Os jogos representam um papel importante. Por um lado, permitem que comece a haver na aula mais trabalho independente por parte dos alunos: estes aprendem a respeitar as regras, a exercer papéis diferenciados e controles recíprocos, a discutir, a chegar a acordos. Por outro lado, proporcionam ao professor maiores oportunidades de observação, a possibilidade de variar as propostas de acordo com os níveis de trabalho dos alunos e inclusive trabalhar mais intensamente com aqueles que mais o necessitam.

Estes jogos (com baralhos, dominó, dados, loterias, memória, etc.) utilizados em função do cálculo mental, podem ser um estímulo para a memorização, para aumentar o domínio de determinados cálculos.

A utilização de jogos permite possibilidades, porém tem limitações que devemos reconhecer.

No transcurso dos jogos, a atividade de cada criança fica vinculada a sua capacidade e interesse. Ainda que as crianças se envolvam, é muito difícil reconhecer nos jogos alguma coisa que "é necessário" aprender, ou mais amplamente, qual a utilidade ou importância do conhecimento colocado em jogo.

Neste ponto, o professor tem um papel que não pode ser evitado, propondo atividades de outra natureza que permitam aos alunos:

— tomar consciência do que sabem;
— reconhecer a utilidade (economia, segurança) de utilizar determinados recursos (resultados memorizados, certos procedimentos, etc.);
— ter uma representação do que se deve conseguir, e do que precisa saber;
— "medir" seu progresso;
— escolher, entre diferentes recursos, os mais pertinentes;
— serem capazes de fundamentar suas opções, suas decisões.

É o professor quem, através de suas intervenções, conduzirá os alunos para que estabeleçam vínculos entre os diferentes aspectos que estão trabalhando.

Um dos instrumentos de que dispõe o professor para produzir relações entre algumas formas de atividades e outras é o *jogo simulado*. Este consiste em que, tomando como contexto de referência um jogo ou situação com a qual se trabalhou, o professor elabore "exercícios", enunciados que tomam dados do jogo, porém diante dos quais os alunos trabalham como se estivessem diante de um problema, sem a rapidez do jogo e com oportunidade de explicitar e/ou discutir suas opções (o que, nos jogos, nem sempre é necessário).

Daremos um exemplo em relação ao jogo que denominamos "O mais perto possível" e que consiste no seguinte:

O objetivo é formar um número que esteja o mais próximo possível de outro número dado.

Para isso, cada aluno ou equipe, segundo o modo como se tenha organizado a atividade, recebe três cartas com dígitos. A cada rodada há um número do qual se deve tentar aproximar.

Proposta: "Com os três números dados vocês devem dizer o número que lhes pareça que está mais perto de... Quando cada um de vocês tiver o seu, devem olhar os de seus colegas e estabelecer quem ganhou".

É uma atividade na qual se coloca em jogo o conhecimento do sistema de numeração e se realiza uma comparação de quantidades na qual *às vezes* se faz necessário *medir a distância* de um número com outros, já que frequentemente se pode estabelecer quem é o ganhador por comparação global.

Por exemplo, se o número a aproximar é 400 e foram levantados 512, 326, 408, 473, 589, não há discussão.

No entanto, e sempre no caso de 400, tendo sido anotados 609, 467, 352, 501, 361, há maior necessidade de medir a distância entre os dois números.

Estas são as situações que mais interessam, já que colocam em questão o problema de como medir a distância. Deste modo, além de diferentes formas de interação na aula, o professor pode propor exercícios para serem resolvidos individualmente, como estes:

		500		
567	478	461	519
Luis	Ana	Laura	Julian

Quem ganhou?
Todos formaram os números mais próximos possíveis segundo suas cartas?
Qual você trocaria?

	600		
571	498	634	550
Luis	Ana	Laura	Julian

Luis e Laura dizem que ganharam. Para você, quem ganhou?...
Como se pode demonstrar que esse é o ganhador? Explique.

	425		
321	567	298	601
A	B	C	D

Que equipe ganhou?
O que você fez para saber?

Na terceira série, por exemplo, é muito provável que a maioria das crianças utilize o complemento para medir de forma aproximada ou exata a distância entre dois números.

Assim, de 571 a 600, procedem da seguinte maneira: 571 + 9 = 580, 580 + 10 = 590, 590 + 10 = 600; acrescentaram 29.

O complemento é em muitas situações bastante útil, porém existem outros casos em que a subtração é o procedimento mais econômico. No entanto, muitos alunos não reconhecem esta situação como uma em que a subtração seja um procedimento eficaz.

Para favorecer a discussão entre os alunos a respeito dos procedimentos, o professor pode apelar a um recurso que é central no trabalho de cálculo mental: *a organização da aula*, variando e combinando em pequenos grupos os momentos de trabalho coletivo e os de trabalho individual.

Continuando com o exemplo, havendo jogado *dentro* da equipe "O mais perto possível", o professor pode propor jogar *entre* equipes.

Cada uma delas recebe três naipes com dígitos e se estabelece um número a aproximar. As equipes discutem que número propor.

O professor escreve no quadro-negro os números propostos por cada equipe, porém não se diz quem é o ganhador. As equipes trabalham para estabelecê-lo. Quando lhes corresponde a vez de responder, explicam como averiguaram.

Provavelmente, estejam coexistindo o complemento e a subtração. Isto se retoma em uma aula centrada nos procedimentos. O professor proporá pares de números para medir a distância entre eles, e os alunos decidirão que procedimento lhes resulta mais útil. O objetivo não é "desacreditar" o complemento, mas reconhecer os limites de sua utilização. Espera-se que todos os alunos reconheçam a subtração como uma ferramenta útil, definindo também as situações nas quais é mais útil o complemento.

Quando se trabalham repertórios (aditivo, subtrativo, multiplicativo), é importante favorecer a tomada de consciência individual de quais são os cálculos disponíveis para cada aluno e, ao mesmo tempo, provocar diminuição dos repertórios, a respeito dos quais são propostas atividades tendentes a que *todos* os alunos dominem tais cálculos. Existe em tudo isto uma interação entre os sucessos individuais e os sucessos com que se busca envolver a classe toda.

Por exemplo, na terceira e na quarta serie, quando se trabalha com a tábua pitagórica de produtos, vai-se completando, analisando e paralelamente propondo o desafio de ir memorizando os produtos.

É interessante que cada aluno disponha de uma tabela na qual possa ir escrevendo os produtos que "já sabe", pois assim, quando o professor ou os colegas lhe perguntam os resultados de produtos, podem responder segundo o que figura na tabela.

Ao mesmo tempo, na aula se discute quais são os produtos que mais importa saber, para que seja capaz de encontrar facilmente aqueles que não se memorizou, assim como as diferentes maneiras de obter um produto (x 8 é o mesmo que x 2 x 2 x 2).

Estes recursos são fixados no mural da sala para serem lembrados. Confeccionam-se cartazes que atuam como "dicionários", arquivo, memória de trabalho ou referência do que se tem que alcançar, dos compromissos estabelecidos. Voltamos a eles, que são modificados ou trocados por outros novos.

SEGUNDO CICLO: A ORGANIZAÇÃO DE UMA AULA DE CÁLCULO MENTAL

Em nosso trabalho com professores a respeito do cálculo mental, frequentemente estes comentam que lhes é simples imaginar momentos breves de atividades; no entanto, lhes parece mais difícil organizar uma aula ou sequência de aulas completas.

Ainda que concordássemos em que muitos momentos podem ser propícios para análise como os propostos, acreditamos que é conveniente planificar um trabalho sistemático e proporcionar-lhe um tempo semanal. Estes comentários são válidos para as diferentes séries.

Vamos apresentar agora a organização de uma aula com a ideia de que sejam, como formula Gimeno Sacristán, exemplos de tentativas adotáveis pelos professores, suficientemente concretos, e para que sejam "exemplos imitáveis" ou utilizáveis na prática.

Sequência didática[3]
Objetivo: Encontrar critérios de arredondamento para realizar cálculos mentais aproximados com medidas de comprimento, capacidade, peso, etc.

Organização da aula: Os alunos trabalham em grupos de 4 ou 5. Numeram-se os membros de cada grupo. Assim, para cada exercício o professor escolhe um número, e o aluno que tiver esse número será o que responderá inicialmente. Por exemplo, para este exercício respondem os "número 3".

O professor escreve no quadro-negro o seguinte cálculo:

3 /4kg + 270g + 0,680kg

e os resultados: $\boxed{1kg}$ $\boxed{1\frac{1}{2} kg}$ $\boxed{1\frac{3}{4} kg}$

Proposta: As crianças escolhidas escrevem em um papel o resultado escolhido entre os três dados, que consideram mais aproximado ao resultado exato e o entregam.

É importante salientar aos alunos que nesse momento não deve haver comentários nas equipes, já que depois haverá tempo para a discussão. O professor toma nota dos resultados de cada equipe no quadro-negro.

Trabalho em grupo:
1) Em cada equipe se discute a aproximação empregada e sua justificativa, no caso em que estejam de acordo, ou as argumentações pelas quais as trocaria.

---
[3] Adaptada de uma sequência elaborada por Irma Saiz.

2) O professor pergunta às equipes se mantêm ou não a aproximação escolhida e as razões.

3) São dadas as pontuações das equipes, conferindo-se dois pontos a (ou às) equipes que tenham oferecido a aproximação mais correta. A que deu uma aproximação errada, porém após a discussão a mudou, ganhará um ponto.

4) Volta-se ao trabalho sobre outros cálculos, por exemplo:

782g + 2,5kg + 427g

| 3kg | | 4kg | | 5kg |

ou, por exemplo, trabalhando com outras grandezas:

63cm + 0,22m + 3/4m =

| 1m | | 1,75m | | 2,2m |

5) Depois de terem jogado o número de vezes que o professor julgue conveniente, pode-se pedir aos alunos que comentem os critérios de aproximação que lhes foram mais úteis. Pode também ocorrer que o professor tenha detectado um critério interessante usado por alguns alunos, porém não muito difundido na aula. É o momento de recuperá-lo para todos.

Trabalho individual, controle grupal
São retomados os exercícios trabalhados.

1) Cada criança encontra o resultado exato, compara na equipe e todos se colocam de acordo quanto ao resultado correto.

2) As crianças calculam a diferença entre a aproximação e o resultado exato.

Algumas considerações

1) É conveniente acumular as pontuações das equipes ao longo de várias estimativas; desta maneira, se estabelece uma competição entre as equipes para conseguir melhores aproximações nos cálculos mentais.

2) É importante que os alunos tenham tempo suficiente para prever seu resultado e discutir na equipe. A pontuação maior, de qualquer maneira, é atribuída à primeira produção, para favorecer os alunos que assumem sua responsabilidade e se comprometem em fazer a melhor escolha possível.

3) O momento de confrontação entre as diversas propostas das equipes é importante, e estas equipes têm que ser capazes de argumentar, de justificar porque sustentam ou trocam o proposto. Aparecem, então, critérios utilizados para aproximar os dados que eventualmente podem ser construídos, em "acordos" que são mantidos de uma aula para outra.

4) O professor deve promover a formulação de critérios que foram produzidos no transcurso do trabalho, mas que não estejam esclarecidos ou presentes para todos. Por exemplo, em uma série que trabalhamos com esta sequência, a maioria dos alunos pensava quantidades como 682g, 703g, como 1/2kg e...g, o que, às vezes, os levava a diminuir importância à diferença com 1/2kg. Alguns alunos começavam a aproximar as ditas quantidades a 3/4kg, o que os levou a melhores estimativas do resultado. Há nisto um critério, que é importante que seja formulado e reutilizado em outras situações.

5) O professor continuará com exercícios do mesmo tipo aplicados a outras grandezas ou com outros exercícios segundo os temas que esteja trabalhando: operações com números naturais, fracionários, decimais, etc.

Comentários

Na organização desta aula, se previu momentos individuais, trabalho dentro da equipe e confrontação entre equipes. Sem dúvida, os alunos serão capazes de aceitar as condições de cada momento e de produzir com respeito e responsabilidade se tiveram oportunidade de aprender a trabalhar com outros, a assumir papéis diferenciados, a justificar suas ideias, etc. Neste sentido, um professor que deseja propor um trabalho assim terá que começar por propor jogos e atividades que, formulados sobre conteúdos de interesse, permitam ir gerando as condições de trabalho referidas.

Nesta sequência, em particular, há uma desafiante "interação" entre as ideias de um aluno, as dos outros membros da equipe e as das demais equipes. É importante que os alunos sejam capazes de sustentar suas ideias e de apresentar argumentos para defendê-las, assim como deixar-se convencer diante de argumentos melhores.

Em uma série aconteceu o seguinte: para o cálculo com que iniciamos esta sequência, dos cinco alunos designados, quatro propuseram $1\frac{1}{2}$kg como o resultado mais aproximado e só um propôs $1\frac{3}{4}$ (que é o mais aproximado).

Era então o momento de discutir dentro das equipes: que desafio para o aluno que propôs o correto! Tinha que sustentá-lo diante de seus colegas, apesar da coincidência da maioria das demais equipes ("a maioria" costuma ser considerado critério de verdade).

O recurso que utilizou foi explicar porque tinha descartado $1\frac{1}{2}$kg, de fato quando o apresentou diante de todos disse: "Eu, no começo, tinha pensado $1\frac{1}{2}$, porém...".

As demais equipes tinham revisado sua proposta inicial e concordaram todos com a aproximação mais correta.

Conseguir que os alunos se envolvam em trabalhos como estes é difícil. Estão sendo mudadas as "regras do jogo" que habitualmente regem as aulas. Os alunos estão aprendendo a poder determinar se algo é correto ou não, se é a melhor solução ou se existe outra melhor. O professor deixa de ser o único capaz de determinar a verdade ou a falsidade.

É uma mudança muito grande para ele trabalhar a cada vez, já que nunca será definitiva, porém ao menos é possível pretender que os alunos tenham, em sua história de aprendizagem, algumas experiências de debate sobre o conhecimento, que lhes mostrem que a verdade pode ser o produto de um trabalho responsável.

Apresentamos a seguir, um jogo (tomado de Castro Martinez e outros, 1989) sem realizar a análise correspondente. Para sua utilização é importante definir o objetivo, prever os diferentes momentos de trabalho e, eventualmente, um prolongamento em exercícios escritos individuais que permitam aos alunos colocar em ação os critérios e conhecimentos elaborados, e aos professores avaliar em que medida cada aluno se apropriou do trabalho realizado.

Roleta da estimativa

A figura representa dois discos de papelão com números: ambos os discos estão fixados pelo centro em um painel e podem girar.

Depois de fazer girar os dois discos, cada jogador deve estimar a soma (ou a operação que creia conveniente) dos dois números que coincidam, indicando em que intervalo está o resultado.

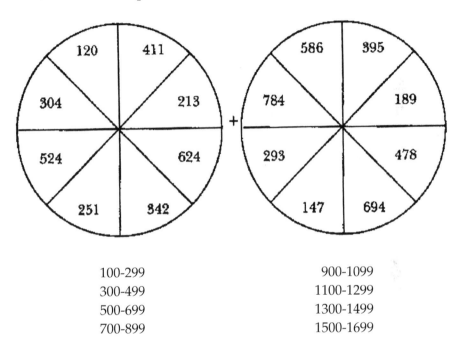

100-299	900-1099
300-499	1100-1299
500-699	1300-1499
700-899	1500-1699

TERCEIRO CICLO: ALGUNS EXERCÍCIOS INTERESSANTES

Apresentamos agora alguns exercícios que, ainda que possam ser formulados para um trabalho individual, só mostrarão todo seu potencial a partir dos intercâmbios e das reflexões que provoquem. Para isso, é necessário prever formas de organização da aula que permitam que todos os alunos participem das diferentes etapas e se envolvam em atividades de caráter distinto, já que não é o mesmo escolher um resultado entre vários, e ter que justificar uma escolha; como não é o mesmo resolver uma situação e provar se funciona para outras ou para todas as situações.

a) Criticar e justificar a inexatidão dos seguintes resultados:

1813	para	1547 + 268
16422	para	27432 − 10510
24624	para	4230 x 57
36360	para	630 x 72
107	para o quociente de 5421 : 67	
31	para o quociente de 4519 : 15	

Estamos nos referindo a justificativas do seguinte tipo: "24624 não pode ser o resultado de 4230 x 57, porque 4000 x 60 é 240.000" ou "porque 4000 x 6 já é 24000, então vezes 60 tem que dar um resultado de 6 dígitos" ou "está errado porque o primeiro dígito tem que ser zero (7 x 0)".

Algumas justificativas incluem instrumentos de análise úteis para controlar algoritmos e merecem ser retidas (formuladas como um produto de trabalho, retomadas em outras situações) para que todos os alunos as utilizem. Por exemplo, as relativas ao número de dígitos de um produto ou de um quociente.

b) A professora propôs uma série de contas e os alunos deram como resultados os seguintes. Sem resolver as contas, indicar o resultado que consideram correto.

6543 + 2721	964; 9200; 8704; 9264; 10433
8723 − 1695	8128; 7028; 7122; 7172
237 x 18	4324; 4266; 4936; 3596; 2986
437 x 7,3	3190,1; 28291; 3171; 31910

Na análise do trabalho se dará ênfase aos critérios que lhes permitiram descartar alternativas e, correlativamente, encontrar o resultado concreto.

Por exemplo, em 237 x 18, 4324 não pode ser porque o primeiro dígito tem que ser seis. Para estimar a grandeza do resultado pode se fazer mentalmente 237 x 20 = 4740, o qual elimina 4936 e, ajustando a estimativa, se pode subtrair 500 (resultado aproximado de 237 x 2) aos 4740, com o que se obtém 4240, próximo de 4266, e assim se eliminou 3596 e 2986.

Certamente, outros raciocínios são possíveis e resulta interessante a confrontação.

Em alguns casos, o conhecimento de uma regra permite reconhecer diretamente o resultado correto. Por exemplo, para 437 x 7,3 se pode antecipar que o resultado deve ter um número decimal e só 3190,1 cumpre com essa condição.

No entanto, nem todos os alunos usaram este conhecimento, e a discussão será uma situação propícia para que o levem em conta, assim como para trabalhar a fundo os raciocínios errados. É importante que as ideias equivocadas sejam explicitadas e se fundamente sua rejeição, sobretudo por parte daqueles que as têm utilizado.

Ao mesmo tempo, é interessante formular o problema dessa "regra" para todas as situações.

Sempre que multiplicar um número inteiro por um número decimal, obtenho um resultado com um dígito decimal?

Se pode propor aos alunos que busquem outros exemplos; a regra deixa de ser geral ao se encontrar uma situação na qual isto não funciona. Por exemplo, o que acontece com 435 x 7,2? Será necessário precisar, então, em que condições funciona e em quais não.

c) Você poderia obter todos os números do 0 ao 10 usando quatro vezes o número 4 e pelo menos uma das operações: soma, subtração, multiplicação e divisão?

Algumas das soluções que os alunos podem apresentar, por exemplo, para obter 1, são:

$4 \div 4 \times 4 \div 4 = 1$ $\qquad$ $4 \div 4 + (4 - 4) = 1$

$$\frac{4+4}{4+4} = 1 \qquad \frac{4 \times 4}{4 \times 4} = 1$$

ou, por exemplo, para obter 4:

$(4 - 4) \div 4 + 4 = 4$ $\qquad$ $4 + 4 \times (4 - 4) = 4$

É interessante envolver os alunos em uma pesquisa para estabelecer se com outros dígitos, usados quatro vezes e com as operações mencionadas, é possível obter os números de 0 a 10 (por exemplo, como 3 e 7).

Este trabalho é uma boa ocasião para precisar as regras da escrita matemática (uso de parênteses, precedência de sinais), assim como as propriedades das operações, em particular o papel do 0 e do 1 em cada uma das operações.

Uma atividade mais simples vinculada a essa pode ser:

dados os números 11; 4; 6; 23 e utilizando as quatro operações, tentar aproximar-se o máximo possível do número 460.
Exemplo: (6 + 4) x (11 + 23) = 340

BIBLIOGRAFIA

Bergada Mugica, E. e otras (1985-1990): *Asi aprendemos matemática 1, 2, 3, 4, 5*, Libro del alumno, Libro del maestro, Buenos Aires, Hachette, Edicial.

Brun, J. (1980): "Pedagogía de las matemáticas y psicología: analisis de algunas relaciones", *Revista Infancia y Aprendizaje*, n 9, Espanha.

Butlen, D. y Pezard, Mo. (1990): "Calcul mental, calcul rapide", *Gran N*, n° 47, pp. 35 a 59, França.

_____. (1992): "Calcul mental et resolution de problèmes multiplicatifs. Une Expérimentation du CP au CM2", *Recherches en Didactique des Mathématiques*, vol. 12, n° 2-3, pp. 319-368, França.

Castro Martínes, E.; Castro Martínez, E.; e Romero, L. e Segovia, I. (1989): *Estimación en cálculo y medida*, Ed. Síntesis, Espanha.

Coll, C. (1983): *Psicología genética y aprendizajes escolares*, Siglo XXI, Espanha.

Conne, F. (1985): "Calculs numériques et calculs relationnels dans la résolution de problèmes d'arithmétique", *Recherches en Didactique des Mathématiques*, vol. 5, n° 3, pp. 269-332, França.

Ermel (1981): *Apprentissages mathématiques à l'école élementaire*, 1ª a 5ª série, Haitier, França.

(1991): *Apprentissages numériques et résolution de problèmes*, C.P., Haitier, França.

Fayol, M. (1985): "Nombre, numération et dénombrement: que sait-on de leur acquisition?", *Revue Française de Pédagogie*, n° 70, pp. 59-77.

Fisher, J.P. (1987): "L'automatisation des calculs elémentaires à l'école", *Revue Française de Pédagogie*, n° 80, pp. 17-24.

Gómez Alfonso, B. (1988): *Numeración y cálculo*, Síntesis, Espanha.

Kamii, C. (1986): *El niño reinventa la aritmética*, Visor Libros, Espanha.

_____. (1992): *Reinventando la aritmética II*, Visor Distribuciones, Espanha.

Parra, C. e Saiz, I. (1992): *Los niñas, los maestros y los números*, Secretaria de Educação, MCBA, Buenos Aires.

Posner, M.L. (1978): *Chronometric explorations of mind*, Hillsdale, Erlbaum.

Resnick, L.B. (1983): "A developmental theory of number understanding" en Guinsburg H.P. (comp), *The development of mathematical thinking*, Nova York, Academic Press.

Saiz, I. e Fregona, D. (4984): "*Quién adivina el número? Representación de los números naturales en la recta numérica*", Laboratorio de Psicomatemática, DIE-CINVESTAV, México.

Documentos curriculares

Consejo General de Educación: "Matemática", 1990, Corrientes.

Consejo Provincial de Educación: "Diseño Curricular Nível Primario", Matemática, Rio Negro.

Department of Education and Science: *Mathematics from 5 to 16*, Curriculum Matters 3, Crown, Londres, 1987, 2ª ed.

Ministerio de Educación y Ciencia: "Diseño Curricular Base-Educación Primaria", España, 1989.

National Council of Teachers of Mathematics: "Curriculum and evaluation standards of school mathematics", EUA., 1989.

8

A geometria, a psicogênese das noções espaciais e o ensino da geometria na escola primária*

Grecia Gálvez

A GEOMETRIA

A história da geometria localiza sua origem no Egito, relacionada a um problema prático: a reconstituição dos limites dos terrenos após as enchentes do Nilo. Dali é exportada à Grécia, possibilitando a Thales de Mileto voltar ao Egito para calcular a altura da grande pirâmide, a partir da medição de sua sombra. A geometria surge, então, como uma ciência empírica, em que os esforços de teorização estão a serviço do controle das relações do homem com seu espaço circundante. "O plano de Thales de Mileto é o deserto, onde a luz faz todos os desenhos possíveis" (Serres, 1981).

Esta geometria empírica, ou física, constitui uma teoria da estrutura do espaço físico, que "não pode nunca, logicamente, dar-se por válida com certeza matemática, por amplas e numerosas que sejam as provas experimentais a que seja submetida; como qualquer outra teoria da ciência empírica, só pode conseguir um grau maior ou menor de confirmação" (Hempel, 1974).

---

* Capítulo II da tese "A aprendizagem da orientação no espaço urbano. Uma proposta para o ensino da geometria na escola primária", apresentada pela autora, para obter o grau de Doutor em Ciências na Especialidade de Educação no Departamento de Pesquisas Educacionais do Centro de Pesquisas e Estudos Avançados do Instituto Politécnico Nacional, em 1985. O orientador da tese foi o professor Guy Brousseau.

É sobre esta versão da geometria que está baseada uma série de atividades humanas que requerem o controle das relações espaciais e de cuja vigência atual ninguém duvida, entre as quais se pode mencionar o desenho e a construção de todo tipo de objetos físicos (desde produtos e máquinas industriais até prédios, cidades e estradas), a elaboração de mapas, o cálculo de distâncias astronômicas, etc.

O momento culminante no desenvolvimento da geometria como ramo da matemática se produz quando Euclides escreve Os *Elementos* (século III a.C.), sintetizando o saber geométrico de sua época. Nesta obra, se parte de um número reduzido de axiomas, postulados e definições para construir, por via de dedução, o conjunto das proposições geométricas vigentes, as que aparecem como consequências necessárias das afirmações primitivas.

A geometria euclidiana constituiu, durante muitos séculos, um paradigma para o resto da matemática e inclusive para o resto das ciências.[1] De fato, foi a primeira axiomatização na história da matemática.

Serres (1981) faz uma análise etimológica dos termos empregados na geometria euclidiana, mostrando sua origem física e dinâmica: o triângulo isósceles se chama assim porque possui "duas pernas iguais", diferentemente do escaleno, cujo nome faz menção a sua inclinação, devido a que "está manco"; o romboide deriva sua designação de um dos objetos mais dinâmicos que é possível imaginar: o pião. Haveria então uma mecânica oculta por trás do léxico utilizado por Euclides. No entanto, o fato é que na geometria grega se raciocina rigorosamente sobre quaisquer traçados; não se está falando de um desenho em particular, mas de qualquer desenho que possua as propriedades consideradas no enunciado. E, desta maneira, constitui um marco fundamental no processo de separação do sensível, da estatização (no sentido de tornar estáticos) dos conceitos geométricos. Processo que culmina já em nossa época com Hilbert, que formula os axiomas euclidianos e valoriza o sistema dedutivo, a sintaxe, afirmando que o conteúdo semântico pode ser substituído por outro qualquer.

Em síntese, a contribuição da geometria euclidiana é o uso da demonstração, que se refere às propriedades de um espaço puro, formal. "A geometria da matemática não é o estudo do espaço e de nossas relações com o espaço, mas o lugar em que é exercido um raciocínio levado à sua excelência máxima" (Laborde, 1984). Diferentemente da física, em que se busca uma aproximação à realidade cada vez mais exata (por

---

[1] Vinte séculos mais tarde Newton toma *Os Elementos* de Euclides como modelo para a organização de seus *Principia*, nos quais expõe sua teoria da gravitação.

exemplo, através de medições mais precisas), a matemática é inexata, suas verdades são abstratas, necessárias, sem referência à realidade. O que não impede o emprego de modelos matemáticos na construção de teorias físicas.

No século XVII, Descartes e Fermat substituem os pontos de um plano por pares de números e as curvas por equações. "Desta maneira, o estudo das propriedades das curvas será substituído pelo estudo das propriedades algébricas das equações correspondentes" (Piaget e Garcia, 1982)[2]. A geometria se "reduz" à álgebra e se beneficia do uso dos métodos gerais e uniformes para resolver problemas inerentes a esta última. Uma só fórmula basta para estabelecer propriedades gerais de famílias inteiras de curvas. Os raciocínios não são limitados pelas dificuldades de imaginar ou representar figurativamente suas consequências.

Porém, os geômetras não estão satisfeitos e tentam utilizar os métodos próprios da geometria para raciocinar a respeito de valores indeterminados, obtendo o mesmo grau de generalidade que a geometria analítica de Descartes. São Chasles e Poncelet, no século XIX, os que incorporam os sistemas de transformações como método fundamental da geometria com a finalidade de dotá-la da generalidade, flexibilidade e fecundidade próprias da geometria analítica. Cingindo-se ao modelo desta, aceitam, por exemplo, a existência de elementos "imaginários" em geometria.

Um momento fundamental, no desenvolvimento da geometria, se constitui no surgimento das geometrias não euclidianas. Tentando demonstrar a necessidade do V postulado de Euclides[3] por redução ao absurdo, aparecem corpos teóricos coerentes que passam a constituir novas geometrias; a de Lobatchevski, a de Riemann. A ideia de que a geometria euclidiana é o único modelo possível do espaço físico sucumbe, e os físicos começam a aproveitar os novos modelos, que adequam-se melhor à descrição de fenômenos que têm lugar em escala astronômica. O espaço, como realidade física, escapa definitivamente do controle de uma só teoria geométrica para cair em perversas vinculações com o tempo, dentro da concepção einsteniana. A geometria se fragmenta em uma pluralidade de teorias alternativas, em função dos axiomas selecionados, que podem dar conta de diferentes classes de problemas formulados no espaço físico.

---

[2] Em grande parte do que segue, nos guiaremos por este texto para resenhar o desenvolvimento histórico da geometria.

[3] Postulado que afirma que, em um plano, só se pode traçar uma paralela por um ponto exterior a uma reta.

Klein (em seu Programa de Erlangen, em 1872) consegue a síntese das geometrias, baseando-se na noção de grupo de transformações, que lhe permite introduzir distinções precisas entre os diferentes tipos de geometrias existentes. O grupo principal de transformações do espaço está constituído pelo conjunto de todas as transformações que mantém invariáveis as propriedades geométricas das figuras. Diversos grupos de transformações caracterizam as diferentes geometrias, permitindo estudar os entes que as integram desde o ponto de vista das propriedades invariáveis nas transformações de cada grupo. As geometrias ficam subordinadas a um grupo único, do que chegam a ser casos particulares.

Mas, então, a geometria morreu, absorvida pela teoria das estruturas, de natureza algébrica. Atualmente se considera que a geometria está esgotada, enquanto teoria matemática independente. Enquanto as relações da geometria com o resto da matemática tiveram um *status* claro, não existiam problemas no ensino da geometria. Freudenthal (1964), lamentando esta situação, constata um fato:

> No sistema bourbakista a geometria não existe. Nas revistas de crítica bibliográfica o que se inclui sob a denominação de geometria compreende menos de 5% do total dos artigos de pesquisa registrados. Nos programas universitários do mundo todo, a palavra geometria é apenas mencionada e os pesquisadores que poderiam chamar-se a si mesmos "geômetras" evitam o termo por parecer fora de moda.

A respeito, Revuz (1971) faz uma distinção entre situação, modelo e teoria, afirmando que muitas teorias matemáticas, importantes e em uso na pesquisa matemática atual, têm sua origem na abstração de modelos geométricos, os quais por sua vez constituem esquemas de situações espaciais. Abre-se, assim, uma brecha para a justificação do ensino da geometria, ao menos na profissionalização de novos matemáticos.

No entanto, a ausência de uma comunidade científica que identifique a si mesma como comunidade de geômetras incide, indubitavelmente, na tomada de decisões oficiais a respeito do ensino da geometria. Estas decisões não podem ser controladas (criticadas, retificadas, apoiadas) por um grupo de pressão que tome posição diante dos problemas do ensino em função das necessidades de seu próprio desenvolvimento, como acontece no restante das ciências vivas.

A PSICOGÊNESE DAS NOÇÕES ESPACIAIS

Para abordar este tema nos basearemos nos trabalhos de Piaget, que entra na velha polêmica filosófica relativa ao caráter objetivo ou subjetivo da ideia do espaço para demonstrar, por meio de estudos psicogenéticos, como é que os conceitos espaciais vão-se construindo progressivamente, a partir das experiências de deslocamento do sujeito. Poincaré afirmara: "Para um sujeito imóvel não existe nem espaço nem geometria", e também: "Localizar um objeto é representar-se os movimentos que seria necessário fazer para alcançá-lo". Com estas hipóteses, Piaget realiza um cuidadoso trabalho de observação e experimentação sobre indivíduos em desenvolvimento.

Em *A construção do real na criança* (Piaget, 1937), encontramos uma notável descrição do desenvolvimento das categorias básicas de objeto, espaço, causa e tempo nos primeiros anos de vida da criança, correspondentes ao desenvolvimento da inteligência sensório-motora. Com respeito ao espaço, Piaget mostra que, inicialmente, o sujeito elabora espaços específicos para cada domínio sensório-motor, heterogêneos e não coordenados entre si. Por exemplo, a criança não pode dirigir sua vista até os objetos que toca, nem orientar sua apreensão para os objetos que motivam sua atenção visual. O espaço está formado por feixes perceptivos, altamente instáveis e incontroláveis pelo sujeito, aos quais acomoda os escassos deslocamentos que pode realizar. Progressivamente, a criança vai conseguindo uma maior coordenação de suas atividades no espaço: pode pegar um objeto que deixou cair, reiniciar uma atividade interrompida, antecipar o deslocamento de um objeto móvel oculto atrás de um biombo, diferenciar os objetos que estão a seu alcance dos que não estão.

Piaget (1937) recorre à seguinte imagem, para ilustrar o processo de estruturação da profundidade do espaço:

> ...podemos comparar o "espaço longínquo" da criança deste estágio, quer dizer, o espaço situado além do campo da apreensão, com o que é o espaço celeste para o adulto não instruído ou para a percepção imediata. De fato, o céu se apresenta para nós como uma grande cobertura esférica ou elíptica, sobre cuja superfície se movem imagens sem profundidade que se interpenetram e se destacam alternadamente: o sol e a lua, as nuvens, as estrelas, assim como as manchas azuis, pretas ou cinzas que enchem os interstícios... O "espaço longínquo" permanece análogo ao que é o céu na percepção imediata, enquanto o "espaço próximo" se assemelha à nossa percepção do meio terrestre, no qual os planos de profundidade

se ordenam em função da ação. Porém, o ciclo deve interpretar-se aqui como rodeando de perto ao sujeito e não retrocedendo, senão muito paulatinamente. Antes da apreensão dos objetivos visuais, a criança está no centro de uma espécie de esfera móvel e colorida, cujas imagens o aprisionam sem que ele se tenha apropriado delas de outra maneira que não seja fazendo-as reaparecer graças a seus movimentos de cabeça e dos olhos. Logo, quando começa a pegar o que vê, a esfera se dilata pouco a pouco, e os objetos apanhados se ordenam em profundidade, em relação ao próprio corpo: o "espaço longínquo" aparece simplesmente como uma zona neutra na qual a apreensão ainda não se arriscou, enquanto que o "espaço próximo" é o domínio dos objetos que podem ser apanhados.

Na medida que a criança progride na possibilidade de deslocar-se e de coordenar suas ações, vai aparecendo o espaço circundante a estas ações como uma propriedade delas. Inicialmente, o sujeito não concebe os objetos como sendo dotados de trajetórias independentes de sua ação.

De maneira paulatina, a criança vai organizando seus deslocamentos: descobre caminhos equivalentes, aprende a evitar obstáculos. Chega a conceber o objeto como permanente e pode dissociar claramente seus próprios deslocamentos dos do objeto. O espaço é exteriorizado, aparece como o ambiente imóvel no qual se situam tanto o sujeito como o objeto. A seguinte observação ilustra como a criança vai sendo capaz de elaborar sistematicamente seus deslocamentos, constituindo o que Piaget denomina um grupo objetivo:

> Obs. 108
> I. (1;3 [13]) está sentado, coloca uma pedrinha diante de si, em seguida a desloca para a direita, corrige sua própria posição para colocar-se frente à pedrinha, desloca-a novamente para a direita e assim sucessivamente, até descrever quase um círculo completo (Piaget, 1937).

Finalmente, o sujeito chega a conceber-se como um objeto a mais, dentro de um espaço homogêneo, podendo representar seus próprios deslocamentos em relação aos deslocamentos e as posições dos objetos. A gênese da representação, para Piaget, passa pela interiorização da imitação da ação pessoal a respeito dos objetos, no processo geral de construção das operações intelectuais por meio da internalização das ações.

Em *A representação do espaço na criança*, Piaget e outros (1947) estudam a intuição como fator na construção da geometria objetiva do espaço. Para isso, recorrem a sua exteriorização através de representações gráficas (desenhos). A intuição geométrica é considerada como de natureza operatória, segundo uma distinção entre elementos figurativos (imagens) e operativos (ações internalizadas) no curso do pensamento. São os aspectos operativos que, progressivamente, outorgam mobilidade às imagens, permitindo a representação de suas transformações. Por exemplo, quando se pede às crianças que identifiquem objetos somente mediante o tato (percepção estereognósica), a sistematicidade dos movimentos exploratórios constitui um bom índice da qualidade da imagem que o sujeito se forma do objeto. A motricidade (seja perceptiva ou manual) aparece como um componente necessário na elaboração das imagens, já que a criança reconhece só as formas que é capaz de construir com sua própria atividade: "A intuição de uma reta surge da ação de seguir com a mão ou a visão, sem mudar de direção".

Consequentemente a esta concepção, grande parte das situações experimentais consistem em apresentar à criança uma configuração (estado inicial) e pedir-lhe que antecipe e desenhe a configuração resultante (estado final) após a aplicação de uma transformação determinada.

A tese fundamental de Piaget nesta obra é que, no domínio da geometria, a ordem genética de aquisição das noções espaciais é inversa à ordem histórica do progresso da ciência. A criança considera primeiro as relações topológicas de uma figura, e só posteriormente as projetivas e euclidianas, que são construídas quase de maneira simultânea[4]. De fato, as primeiras relações que a criança pode reconhecer e representar graficamente são as de vizinhança, separação, ordem, contorno e continuidade. Muito cedo consegue distinguir entre figuras fechadas e abertas, diferenciar o espaço interior do exterior a uma fronteira dada ou determinar posições relativas no interior de uma ordem linear. As relações topológicas permitem a constituição de uma geometria do objeto, em singular.

O domínio das relações projetivas permite a constituição de uma geometria do espaço exterior ao sujeito, que o contempla de certa distância. A descentração do sujeito a respeito de sua perspectiva atual lhe permite coordenar diferentes pontos de vista possíveis e construir uma representação do espaço com o qual está interagindo e na qual os eixos adiante-atrás e direita-esquerda deixam de ser absolutos.

A construção do espaço euclidiano, o espaço que contém tanto objetos móveis como o sujeito, é abordada por Piaget e colaboradores basicamente em *A geometria espontânea da criança* (1948). Um dos problemas fun-

---

[4] Segundo R. Garcia esta mudança é válida somente para o domínio das relações intrafiguráveis (de uma figura isolada) e não para os domínios das relações interfiguráveis (entre figuras) ou transfiguráveis, no sentido em que estas são definidas em Piaget e Garcia (1982).

damentais que Piaget tenta resolver ao longo de grande parte de sua obra é o do trânsito do conhecimento experimental, contingente, ao conhecimento dedutivo, necessário. No caso do espaço, da indução empírica e intuitiva à generalização operatória e iterável característica, por exemplo, dos lugares geométricos (onde se trata de encontrar o conjunto de *todos* os pontos que satisfazem determinadas condições).

Na base do conhecimento matemático se encontra, segundo Piaget, um processo de abstração reflexiva, que se origina nas próprias ações do sujeito sobre os objetos, à diferença da abstração empírica, que permite a apreensão das propriedades dos objetos.

Piaget distingue as operações lógicas, que envolvem a manipulação de classes e relações estabelecidas a partir de elementos discretos, e as operações infralógicas, equivalentes às anteriores, porém, cujo ponto de partida são as partes de um todo contínuo (objeto ou infraclasse). As relações espaciais são, portanto, do tipo infralógicas.

A característica fundamental do espaço euclidiano, para Piaget, é a métrica, que possibilita a estruturação de um sistema tridimensional de coordenadas e, em consequência, a matematização do espaço. A métrica envolve a utilização de duas operações que determinam a passagem da manipulação qualitativa do espaço à manipulação quantitativa: a partição de um todo em suas partes, para construir uma unidade de medida, e o deslocamento, para aplicar essa unidade de medida de maneira reiterada, cobrindo a extensão do objeto (iteração). A medição de distâncias no espaço euclidiano supõe que o comprimento de um objeto se conserva quando este se desloca, já que, em caso contrário, a unidade de medida perderia seu caráter de padrão estável.[5]

Em um volume dos *Estudos de epistemologia genética* dedicado à *Epistemologia do espaço* (1964), Piaget alude à dificuldade para diferenciar significante e significado no caso da imagem mental visual, já que ambos são de caráter espacial. Esta homogeneidade entre significante (por exemplo, a imagem de um quadrado) e significado (a ideia de um quadrado) explica a importância histórica da intuição geométrica, cujo valor heurístico segue vigente, ainda que seu valor demonstrativo tenha sido substituído pelo emprego de sistemas formais, axiomatizados. Piaget insiste na natureza operatória da intuição geométrica, que permite superar o estatismo

---

[5] No entanto, Obujova (1972) utilizou com êxito um método para acelerar a aquisição da conservação de comprimentos e outras dimensões físicas, ensinando as crianças a recorrer à medição para confrontar a impressão perceptiva de igualdade ou desigualdade de duas quantidades. Falta explicar o que significa para uma criança medir os deslocamentos na ausência da ideia de que a dimensão que está medindo não varia.

próprio das imagens. Por outro lado, diferencia o espaço físico, considerando-o como abstraído dos objetos, do espaço lógico-matemático, abstraído a partir das ações executadas sobre os objetos, ações que podem imitar e ultrapassar as configurações e transformações do objeto.

No volume sobre o pensamento matemático da *Introdução à Epistemologia Genética* (1949), Piaget faz um interessante paralelo entre operações lógico-aritméticas de classes e de relações assimétricas (seriação), que geram a noção de número, e as operações espaciais de participação e de deslocamento, que geram a possibilidade de medição (quantitativa) do espaço. Descreve uma vez mais o desenvolvimento das operações espaciais, partindo do nível perceptivo, caracterizado por espaços heterogêneos. Este é seguido pelo nível sensório-motor, no qual os deslocamentos, unidos às percepções, permitem determinadas coordenações, que se organizam em um espaço próximo, com conservação prática do objeto, porém, sem espaço representativo além dos limites da ação. Em continuação, temos o nível do pensamento intuitivo pré-operatório, no qual se constituem imagens espaciais estáticas e a imaginação de algumas ações relativas às possíveis transformações dos objetos, porém, sem conservação nem reversibilidade. O nível seguinte é o das operações concretas, no qual são organizadas as primeiras operações transitivas e reversíveis, aplicadas a objetos presentes ou imaginados. A possibilidade de se descentrar do sujeito permite a coordenação lógica do espaço a partir de múltiplos pontos de vista. Finalmente, se constitui o nível das operações formais, no qual tanto as transformações espaciais como as numéricas desaparecem no interior de sistemas formais, de natureza hipotético-dedutiva. As operações espaciais desligam-se das ações e objetos do espaço físico, podendo abranger todo o universo de possibilidades espaciais. O sujeito se move (intelectualmente) no âmbito possível, do hipotético, do infinito.

Para finalizar esta síntese faremos uma rápida referência às consequências pedagógicas que o próprio Piaget deriva de sua concepção da psicogênese das noções espaciais. Em uma intervenção sobre a educação matemática (Piaget, 1973), depois de fazer referência a como o pensamento lógico deriva de uma fonte profunda, da lógica implícita nas coordenações gerais da ação, afirmou:

> Nos alunos jovens a ação sobre os objetos torna-se totalmente indispensável para a compreensão, não só das relações aritméticas, mas também das geométricas.

O ENSINO DA GEOMETRIA NA ESCOLA PRIMÁRIA

Os programas oficiais para a escola primária mexicana (SEP, 1982) incluem os seguintes temas de geometria: propriedades e localização de objetos, propriedades de linhas, identificação e traçado de figuras geométricas, medição de comprimento, área, volume e capacidade, simetria axial e de rotação, ângulo, plano cartesiano e desenho em escala.

A breve análise que tentaremos a seguir baseia-se exclusivamente na informação obtida de textos e programas. Com certeza, a observação em aula acrescentaria valiosos elementos, porém não teve lugar no âmbito de nossa pesquisa.

A introdução de conceitos geométricos, de acordo com os programas, deve organizar-se em três momentos:

1. Apresentação do "novo objeto" aos alunos, os quais o veem, o distinguem de outros objetos que já conhecem e aprendem sua denominação científica (geométrica).
2. Exercitação no traçado deste novo objeto, seguindo a sequência: traçado sobre o piso mediante deslocamento corporal ou emprego de cordas, traçado sobre a classe manipulando objetos finos e compridos (como canudinhos) e traçado com lápis sobre papel.
3. Aplicações em atividades que supõem que o objeto novo já tenha sido assimilado.

A apresentação apoia-se nos conhecimentos prévios dos alunos (veja-se o ensino do círculo em 1ª série, Apêndice) e recorre com frequência a analogias (veja-se Apêndice, introdução da noção de retas paralelas, na 3ª série).

A ênfase da atividade dos alunos está colocada no traçado, para o qual recorrem a técnicas usadas pelos pedreiros na construção[6] e ao uso de instrumentos como régua, esquadro e compasso. A sequência sugerida, provavelmente, facilite a correção do traçado no momento em que deva realizar-se sobre o caderno, porém não garante a apropriação da significação do objeto estudado, que fica sujeita aos "vaivéns" da experiência de cada aluno, já que o traçado não esgota o conhecimento das propriedades de uma figura nem contribui necessariamente a sua adequada hierarquização.

---

[6] Às vezes, a descontextualização conduz a equívocos como na página do livro da primeira série que reproduzimos no Apêndice, onde parecia que, para fazer um trabalho qualquer, os pedreiros se dão ao trabalho de marcar com "nós"..., doze comprimentos iguais!

As aplicações podem consistir no uso de objetos que acabam de aprender como elementos decorativos, nas primeiras séries, ou na resolução de problemas, nas últimas séries.

Nos comentários metodológicos ao programa de primeira série (SEP, 1982), propõe-se que a criança "chegue por si mesma a conceitos matemáticos e os expresse em sua própria linguagem". A insistência posterior, ao longo do programa, no uso dos termos geométricos desde a primeira abordagem do objeto correspondente e quase como substituto da caracterização do dito objeto segundo suas propriedades, nos parece contraditória com a formulação metodológica inicial. Um breve exemplo: ao classificar objetos tridimensionais pela sua forma, em primeira série, são sugeridas as categorias "redondo", "não redondo", que seguramente correspondem à linguagem cotidiana da criança. Porém, ao passar ao plano, se impõe o termo "círculo" diante de figuras que, sem dúvida, continuam parecendo "redondas" para a criança. Com este comentário não pretendemos defender o uso indiscriminado da linguagem natural da criança no tratamento das temáticas escolares, mas por sua incorporação, aceitação e vinculação a uma linguagem técnica que, se supõe, adquirirão progressivamente.

Em *A epistemologia do espaço,* Piaget (1964) formula que um dos problemas básicos do conhecimento geométrico é a homogeneidade relativa entre significante e significado. As relações espaciais são representadas por meio de imagens que também são espaciais, coisa que não acontece, por exemplo, no terreno da aritmética. Esta homogeneidade leva a conceber a intuição geométrica como um produto direto da percepção[7]. Durante muito tempo, tal concepção fundamentou-se na organização do ensino escolar da geometria elementar, dotando-a de um caráter ostensivo. Basta mostrar os objetos geométricos, que os alunos os vejam, para que os conheçam; basta enunciar suas propriedades para que os alunos se apropriem delas. Porém, o que veem as crianças quando se lhes mostra, por exemplo, uma figura geométrica? Os psicólogos soviéticos comprovaram há várias décadas, que os alunos incluem aspectos não essenciais das figuras geométricas ao conceitualizá-las, em função das condições em que tem lugar sua aprendizagem. Assim, se os lados de um quadrado não são paralelos às margens do papel ou quadro-negro em que é desenhado, a figura corre o risco de ser vista como um losango, devido a que a orientação tenha adquirido o papel de atributo básico. Na atualidade, estes fenômenos continuam atraindo a atenção de pesquisadores interes-

---

[7] Piagent afirma, pelo contrário, que a imagem espacial se elabora a partir das imitações interiorizadas, que são as que possibilitam a apresentação das transformações espaciais.

sados na didática da geometria. Gallo (1984) os encontra em uma situação de comunicação entre alunos de 14 anos, associando a eles a denominação de "modelo standard" dos objetos geométricos. O programa oficial mexicano tenta superar estes problemas apresentando as figuras geométricas em múltiplas posições e sequenciando sua introdução desde o geral até o particular (primeiro o quadrilátero, então o retângulo e só depois o quadrado). No entanto, a direção oposta está tão arraigada na tradição pedagógica, que a finalidade da sequência do texto oficial provavelmente se torne de difícil compreensão, inclusive para os professores. Por outro lado, a proposta de utilizar a simetria axial ou de rotação como critério de classificação e de definição de classes de polígonos regulares resulta um tanto exótica, fazendo perder a perspectiva de uma progressão harmônica na introdução das figuras geométricas.

A complexa passagem a constatação empírica de propriedades até sua integração a um sistema dedutivo, com caráter necessário, é buscada através da reiteração de experiências de verificação de propriedades. Como exemplos, remetemos ao Apêndice, onde incluímos as atividades propostas para que os alunos aprendam a constância do raio de um círculo (ver p. 259), e as relações recíprocas entre retas paralelas e perpendiculares (p. 259). Da mesma maneira é abordada, na 6ª série, a relação entre diâmetro e circunferência.

Uma estratégia que é utilizada com frequência no texto oficial para o ensino de algoritmos é a do *fading* ou desvanecimento de algumas das características do objeto em que o procedimento se apoiava originalmente. Vejamos como se ensina a fórmula da área de um retângulo fazendo desaparecer o quadriculado (Apêndice, p. 260), com a ilusão de que isto gera a compreensão da fórmula que permite avaliar uma área (bidimensional), a partir da medida de dois comprimentos.[8]

Mencionaremos uma última característica dos livros didáticos mexicanos, que consiste em substituir a experiência direta dos alunos pela leitura do relato da experiência de outros. Por exemplo, em sexta série pretende-se ensinar por este procedimento como medir a altura de um objeto físico de grande tamanho, utilizando o teorema de Thales. Com isto, se busca a economia da explicação do professor, sob a suposição de que a comunicação autor-criança será melhor se não for perturbada pelo "ruído" da mediação do professor. No entanto, se cai na falácia de ho-

---

[8] Para uma análise das dificuldades conceituais dos alunos do ensino primário, no âmbito da medição de áreas, remetemos ao trabalho de R. Dominguez (1983).

mologar experiência vivida com experiência lida, na qual a solução do problema surge fluidamente do texto escrito.[9]

Nos programas das primeiras séries, propõe-se a realização de atividades do tipo tecnológico que bem poderiam proporcionar um contexto funcional para desenvolver o conhecimento das figuras geométricas através de processos de antecipação e de verificação. Entre estas, mencionaremos a de revestir uma caixa, construir móveis ou brinquedos, fazer a maquete de uma casa, etc. Um caso particularmente interessante é a construção de uma matraca, em 1ª série, para a qual a ilustração do livro sugere à criança revestir uma lata com papel colorido.

Provavelmente, será a professora quem cortará os papéis do tamanho adequado, já que os alunos, segundo o programa, só poderiam fazê-lo na 6ª série, após aprender a calcular a "área total" de um cilindro.[10]

A reflexão sobre o ensino da geometria na escola primária levou-nos a delimitar uma série de problemas, que nos limitaremos a enunciar:

1. Como preparar a passagem da geometria de observação, de comprovação empírica de relações para a geometria dedutiva, na qual a validade das proposições é sustentada pela coerência do raciocínio? Por exemplo, como passar da verificação de que ao justapor os três ângulos internos de um triângulo se obtém um ângulo de 180° à conclusão de que isso deve acontecer necessariamente em qualquer triângulo?

---

[9] Propusemos a alunos da 6ª série (*coors moyen* 2 na França), junto com Brousseau, um problema semelhante: estimar o terceiro lado de um triângulo do qual só era possível medir dois lados, no pátio da escola (com distâncias da ordem de 10 metros). A solução do problema não foi nada evidente. As crianças podiam conceber o translado das medidas lineares a uma representação em escala, porém não dispunham de métodos para reproduzir ângulos. Uma equipe conseguiu resolver este problema dobrando um papel para "medir" o ângulo compreendido entre os lados conhecidos do triângulo, no terreno, e transladando a continuação desta medida a seu desenho em escala, procedimento semelhante aos que encontrou Piaget nos primeiros estágios da medição espontânea de distâncias (reprodução e translado da distância a medir). Outra observação interessante foi a inaptidão de algumas crianças para esquematizar em um desenho as relações espaciais percebidas no terreno (inclusive aconteceram situações de não conservação de traçados retilíneos).

[10] Organizamos uma experiência de revestir uma lata, na 1ª série, comprovando que uma parte dos alunos era capaz de antecipar a forma retangular do forro; outros propuseram uma forma elíptica (já que se tratava de cobrir uma superfície curva, a figura também devia possuir um limite curvo) e, finalmente, tivemos crianças que limitaram-se a representar as diferentes perspectivas conhecidas do cilindro. A possibilidade de confrontar a validade destes modelos, aplicando os pedaços de papel recortado sobre a superfície da lata, constituiu um forte estímulo para fazê-las evoluir.

2. Como compatibilizar o caráter variável, aproximado, dos resultados obtidos empiricamente, com o caráter único, exato, dos resultados conseguidos através do cálculo? Por exemplo, *os* valores obtidos para a área de um triângulo contando quadrinhos, com *o* valor obtido aplicando a fórmula a partir de medidas dadas de base e altura? Dito de outra maneira, o que aqui nos questionamos é o papel da medição na verificação de equivalências matemáticas. Por exemplo, no texto oficial (2ª série) se pede às crianças que antecipem o valor de um perímetro através de um cálculo que então o meçam para verificar a exatidão de sua antecipação. Que acontece se os resultados do cálculo e da medição não coincidem? Que acontece se o cálculo se repete várias vezes? E se a medição se repete várias vezes?
3. Como garantir a compreensão dos procedimentos algoritmizados que os alunos devem aprender? É evidente que a repetição de sua execução, até memorizar a sequência de ações que contém tal procedimento, não é suficiente. Porém, pelo que substituir esta estratégia de ensino?
4. Como coordenar a conceitualização dinâmica dos objetos geométricos (vinculados, por exemplo, ao traçado de figuras) com sua conceitualização estática (vinculada a sua apresentação ostensiva)?
5. Como organizar a passagem da linguagem natural, para referir-se às relações espaciais, até a linguagem matemática, sem gerar rupturas violentas e possibilitando a apropriação sintática e semântica da linguagem matemática, de modo que os alunos possam utilizá-la para expressar seus conhecimentos?
6. Como relacionar as aquisições no âmbito das relações espaciais com as aquisições no domínio das relações numéricas? Em que medida os progressos em um destes âmbitos podem facilitar ou obstaculizar a aprendizagem dos outros?

Nossa revisão de textos e programas para o ensino da geometria na escola primária mexicana nos proporcionou uma base suficiente para avaliar as formulações de Brousseau, no sentido de que, na escola primária, não se ensina geometria para contribuir ao desenvolvimento, por parte dos alunos, do domínio de suas relações com o espaço, mas que se reduz a aprendizagem da geometria ao conhecimento de uma coleção de objetos definidos como fazendo parte de um saber cultural. Este saber cultural se opõe ao saber funcional. O primeiro, na ausência do segundo, só serve para mostrar a outros que a pessoa sabe, suprimindo termos, definições e até demonstrações acumuladas na memória, frente à demanda explícita desse saber (que também pode ser um "saber fazer", não só um "saber dizer"). O saber funcional, em troca, é aquele ao qual se recorre com a finalidade de resolver um problema; são os esquemas ou modelos que utilizamos para enfrentar uma situação e tratar de nos adaptar a ela de um ponto de vista cognitivo (procura de explicações, tentativa de previsão de resultados, análise de fatores que intervêm, esforços de controle do curso dos processos reais). Fazem parte de um saber funcional as teorias que os cientistas aplicam para dar conta dos fenômenos que estudam, sujeitas a reajustes periódicos a partir de sua confrontação com o acontecer real. Fazem parte de um saber exclusivamente cultural essas mesmas teorias, repetidas por eruditos que não recorrem a elas para orientar sua atitude prática.

> O ensino da geometria, em nossas escolas primárias, se reduz a fazer com que nossos estudantes memorizem os nomes das figuras, os mapas geométricos e as fórmulas que servem para calcular áreas e volumes...,

É o que afirma J. Alarcón (1978), com cujo ponto de vista concordamos absolutamente.

Brousseau observou como, depois que os alunos estudaram as figuras geométricas elementares durante vários anos na escola primária, ao lhes pedir que descrevam, por exemplo, um determinado quadrilátero, para que outro aluno possa, a partir dessa descrição, construir um quadrilátero que coincida com o primeiro, ao superpô-los, se comprova que têm grandes dificuldades para levar a cabo esta tarefa. Sabem designar os vértices por meio de letras (saber cultural), porém, não lhes ocorre empregar este conhecimento para simplificar sua descrição. Sabem definir o que é um ângulo, porém, não sabem explicar ao receptor de sua mensagem o que é que deve fazer para reproduzir os ângulos de sua figura. O que melhor sabem fazer é medir o comprimento dos lados (que nem sempre são chamados de lados, em algumas ocasiões têm sido descritos como *écart*, isto é, distância que separa vértices adjacentes). Com frequência, a informação que proporcionam a respeito das medidas de lados e diagonais resulta redundante. Os alunos, conclui Brousseau, não desenvolveram uma linguagem para descrever as características das figuras, nem têm aprendido a selecionar um conjunto de características pertinentes (necessárias e suficientes) para sua reprodução.

Brousseau afirma que esta aprendizagem da geometria puramente cultural, baseada na obtenção dos nomes e propriedades dos objetos geométricos, constitui um verdadeiro escândalo, que é preciso denunciar publicamente. O escândalo consiste em que, precisamente na época em que os alunos estão tentando adquirir o domínio de suas relações com o espaço, a escola não faz nada para ajudá-los. Piaget teria dito que isso está muito bom, já que é preferível deixar que a criança construa, através de sua interação espontânea com o meio, as estruturas que lhe permitirão desenvolver-se com propriedade no espaço, antes que impor-lhe exercícios escolares que não contribuirão a fazer evoluir suas concepções e que só servirão para gerar sentimentos de fracasso e de menosprezo nas crianças que ainda não estão em condições de efetuá-los corretamente. Nossa hipótese é a de que é possível, em um contexto escolar, gerar situações nas quais os alunos formulem problemas relativos ao espaço e tentem resolvê-los baseados em suas concepções "espontâneas", introduzindo-se em um processo no qual deverão elaborar conhecimentos adequados e reformular suas concepções teóricas para resolver os problemas formulados. Reconhecemos que o projeto e implementação de tais situações não é tarefa fácil, porém por isso mesmo o formulamos como objeto de nosso estudo experimental, como tema de uma intensa busca, antes de dedicar-nos a fazer propostas que serão utilizadas em condições escolares absolutamente fora de nosso controle.

Por outro lado, estamos convencidos de que há grande quantidade de adultos que, através de sua interação extraescolar com o ambiente, não conseguiram desenvolver uma concepção do espaço que lhes permita um controle adequado de suas relações espaciais, controle que lhes possibilite orientar autonomamente seus deslocamentos em âmbitos de determinada magnitude.[11]

APÊNDICE

Materiais dos programas e textos oficiais da Secretaria de Educação Pública (SEP), México (1982), sobre o ensino da geometria na escola primária.

Atividades
Deseja-se que o aluno:
Distinga e forme círculos.

— Localize na sala de aula superfícies em forma de círculo.
— Mencione outros objetos que não estejam na sala de aula e que tenham forma circular.

---

[11] E. Ferreiro e D. Taboada (comunicação pessoal), no contexto de um estudo sobre adultos analfabetos, encontraram na cidade do México empregadas domésticas de meio rural que não se atreviam a sair em seus dias livres por temor de extraviar-se.

— Repita depois do professor o nome da figura.
— Recorte um círculo, cole-o em seu caderno e escreva o nome da figura.
— Faça um exercício de dobradura de papel, utilizando um círculo (R. p. 75).
— Forme um círculo deitando-se no chão junto com outros colegas.
— Desenhe círculos no pátio, com cores distintas.
— Pule dentro dos círculos da cor que indica o professor (só poderão ser colocadas três crianças por círculo).
— Desenhe círculos alternados com figuras, colocados um em continuação de outra.
— Corra pisando unicamente nos círculos.

("Livro para o professor", primeira série, p. 159.)

Como os trilhos do trem.

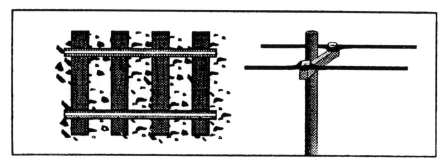

Observe nestas ilustrações os trilhos do trem e os fios de luz. Em que se assemelham?

Desenhe aqui duas retas como os trilhos do trem ou os fios da luz. As retas como estas que você desenhou são *paralelas*.
Representa retas paralelas com cordas, com canudinhos ou pauzinhos.

("Livro para a criança", terceira série, p. 99)

Como se desenha um triângulo?

Brinque de pedreiro no pátio.

("Meu livro de primeira série", parte 2, p. 338)

Com o compasso

Descubra algumas propriedades dos círculos fazendo o que se indica.

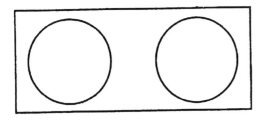

Trace seis raios no círculo azul. Meça esses raios com a régua e anote, sobre cada um, sua medida. Todos esses raios têm a mesma medida?
Trace oito raios no círculo laranja e meça. Todos esses raios têm a mesma medida?
Compare os raios dos dois círculos. Medem o mesmo os raios do círculo azul que os do círculo laranja?
Trace em um papel um círculo que tenha o mesmo raio que os dos círculos desenhados acima. Então recorte-o e coloque-o sobre cada um deles. Os três círculos são iguais?

("Livro para a criança". Terceira série, p. 172.)

Faça em cada quadro o que se indica e depois responda às perguntas.

1. Trace uma reta paralela à reta vermelha.
2. Trace uma reta verde que seja perpendicular à paralela que você traçou anteriormente.

A reta verde é perpendicular à reta vermelha?
Use o seu esquadro para comprová-lo.

Trace uma perpendicular à reta azul.
Trace outra perpendicular à mesma reta.

São paralelas as duas retas que você traçou?
Comprove-o com o seu esquadro.

("Livro para a criança". Terceira série, p. 109)

Quadrinhos em colunas

Observa este retângulo. Anota as medidas de seus lados.

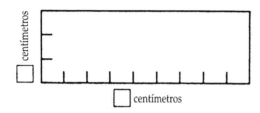

Quadricula o retângulo e pinta de cor diferente cada coluna.
Quantas colunas há?
Quantos centímetros mede a base do retângulo?
Quantos centímetros há em cada coluna?
Quantos centímetros mede a altura do retângulo?
A área deste retângulo pode ser expressa como 9 x 3, já que há 9 colunas de 3 centímetros quadrados cada uma.
Conta os centímetros quadrados que há no quadriculado para ver se há 9 x 3 ou melhor 27.

Neste retângulo faz o mesmo que no anterior. Completa o que falta.

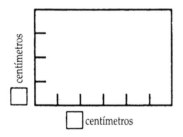

A área deste retângulo se pode expressar como ❑ x ❑ já que há ❑ colunas de ❑ centímetros quadrados cada uma.
Sua área é de ❑ x ❑, ou seja, ❑ centímetros quadrados.

("Livro para a criança", Terceira série, p. 202.)

Quadricula os seguintes retângulos. Pinta de diferente cor cada coluna de quadrinhos. Depois completa o que falta.

A base mede ❏ centímetros e a altura ❏ centímetros.
Há ❏ colunas de ❏ quadrinhos cada uma.
Há ❏ x ❏ quadrinhos no total.
A área é de ❏ x ❏, ou seja, ❏ centímetros quadrados.

A base mede ❏ centímetros e a altura ❏ centímetros.
Há ❏ colunas de ❏ quadrinhos cada uma.
Há ❏ x ❏ quadrinhos no total.
A área é de ❏ x ❏, ou seja, ❏ centímetros quadrados.

Discute com teus colegas como encontrar a área dos retângulos, sem os quadricular.

("Livro para a criança", terceira série p. 203.)

BIBLIOGRAFIA

Alarcón, J. (1978): "La geometría en la escuela primaria", I Congreso Internacional y V Nacional de la A.N.P.M., Toluca, México.

Appleyard, D. (1970): "Styles and Methods of Structuring a City", Environment and Behavior, N2.

Aragonés, I. (1983): "Marcos de referencia en el estudio de los mapas cognitivos de ambientes urbanos", Estudios de Psicología, N 14/15.

Artigue, M. (1984): "Modelisation et reproductibilité en didactique des mathématiques", Cahier de Didactique des Mathématiques, N 8, IRUM de l'Université de Paris VII.

Artin, E. (1963): "Puntos de vista extremados sobre la enseñanza de la geometría", en J. Piaget y otros, La enseñanza de las matemáticas modernas, Madrid, Alianza, 1978.

Bringuier, J.C. (1977): *Conversaciones con Piaget,* Barcelona, Granica.

Brousseau, G. (1973): "Recherches sur l'enseignement du calcul numérique", relato no Séminaire de Recherche "Mathématique Elémentaire", Orléans, INRDP-SERP, segundo as notas de M.N. Audigier.

_____. (1981): "Problèmes de didactique des décimaux", *Recherches en Didactique des Mathématiques,* vol. 2.1.

_____. (1982): "Préambule", documento apresentado ao Ministère de la Recherche, Talence, França.

_____. (1982b): "Ingéniere didactique. D'un problème à l'étude à priori d'une situation didactique", Deuxième École d'Été de Didactique des mathématiques, Olivet.

_____. (1984): "Quelques conduites determinantes en didactique des mathématiques", IREM, Université de Bordeaux I.

Brun, J. (1980): "Pedagogía de las matemáticas y psicología: análisis de algunas relaciones", *Infancia y Aprendizaje,* n° 9.

—. (1981): "Desarrollo cognoscitivo y aprendizaje por objetivos en matemáticas en la escuela primaria", em C. Coll (comp.), *Psicología genética y educación,* Barcelona. Oikos-Tau.

Chevallard, Y. (1982): "Sur l'Ingénierie Didactique", Deuxième École d'Été de Didactique des Mathématiques, Olivet.

Choquet, G. (1964): "Introducción a la enseñanza de la geometría", em J. Piaget e outros, *La enseñanza de las matemáticas modernas,* Madrid, Alianza, 1978.

De Villegas, B. (1983): "Les situations et les processus de l'enseignement du nombre", Dea, IREM, Université de Bordeaux I.

Dienes, Z.P. e E.W. Golding (1973): *La geometría a través de las transformaciones. Vol. 2: Geometría euclidiana,* Barcelona, Teide.

Dominguez, R. (1983): "Conceptualizaciones y procedimientos de medición de áreas en la escuela primaria", Tese de Mestrado, DIE, CINVESTAV, México.

Evans, G.W. (1980): "Ambiental Cognition", *Psychological Bulletin,* vol. 88, n° 2 [trad. cast. *Estudios de psicología,* n° 14/15, 1983].

Filloy, E. (1975): "La geometría y el método axiomático. Matemáticas y Enseñanza", *Revista de la Sociedad Matemática Mexicana,* n° 4.

Freudenthal, H. (1964): "The role of geometrical intuition in modern mathematics", *I.C.S.U. Review of World Science,* n° 6.

Gallo, E. (1984): "Perception; représentations mentales et 'modèles standars'; langage en géometric", Troisième École d'Été de Didactique des Mathématiques, Olivet.

Goodey, B. (1971): "Perception of the Environment: An Introduction to the Literature", *Ocasional Paper,* n° 17. University of Birmingham.

Hempel, C. (1974): "La geometría y la ciencia empírica", em *Matemática, verdad y realidad,* Barcelona, Grijalbo.

Ibarguengoitía, J. (1967): *La ley de Herodes,* México, Joaquín Mortiz.

Kaplan, S. (1973): "Cognitive maps in perception and thought", em R. Downs e D. Stea (comps.), *Image and Environment,* Chicago, Adine.

Laborde, C. (1984): "Exposé sur la géometrie", Troisième École d'Été de Didactique des Mathématiques, Olivet.

Lunkenbein, D. e outros (1981): "Genèse et développement d'idées spatiales chez l'enfant et chez l'adulte", Comunicación n° 34 Projet de Recherche du Ministère de l'Education du Québec, Canadá.

Lurçat, L. (1979): *El niño y el espacio*, México, F.C.E.

Lynch, K. (1960): The image of the city, Mass., The M.I.T. Press. [Trad. cast: *La imagen de la ciudad*, Buenos Aires, Ediciones Infinito, 1966.]

Moore, G.T. (1976): "Theory and research on the development of environmental knowing" em G.T. Moore e R.G. Golledge (comps.) *Environmental Knowing: Theories, Research and Method*, Stroudsburg, Dowden, Hutchinson and Ross.

Obújova, L.F. (1972): *Etapas del desarrollo del pensamiento infantil*, Editorial da Universidade de Moscou (em russo).

Oteisa, E (1984): "The environment as a source for the elementary mathematics curriculum", em R. Morris (comp.), *Studies in mathematical education. The mathematical education of primary-school teachers*, vol. 3.

Pailhous, J. (1970): La *représentation de l'espace urbain. L'exemple du chauffer de taxi*, Paris. P.U.F.

Pailhous, J. (1978): "La représentation de l'espace urbain: son elaboration, son rôle dans l'organisation des déplacements", colóquio sobre as representações sociais.

Pailhous, J. e P. Peruch (1980): "Localisation et orientation en mer: du terrain au laboratoire", *Bulletin de Psychologic*, XXXIII, n° 344.

Peres, J. (1982): "Utilisation de la théorie des situations didactiques en vue de l'identification des objets et des phénomènes pertinents au cours d'une activité de construction d'un code de désignation à l'école maternelle", Deuxième École d'Été de Didactique des Mathématiques, Olivet.

Piaget, J. (1937): *La construction du réel chez l'enfant*. Paris, Delachaux et Niestlé, Neuchâtel. [Trad. cast.: *La constitución de lo real en el niño*, Buenos Aires, Nueva Visión, 1979.]

_____. (1949): *Introduction à l'epistémologie génétique: La pensée mathématique*, Paris P.U.F. [Trad. cast.: *Introducción a la epistemología genética: el pensamiento matemático*, Buenos Aires, Paidós, 1975.]

_____. (1973): "Comments on Mathematical Education", em A.C. Howson (comp.), *Developments in Mathematical Education. Proccedings of the 2nd. International Congress on Mathematical Education*, Cambridge University Press. [Trad. cast.: *La enseñanza de las matemáticas modernas*, Madrid, Alianza, 1978.]

_____. (1975): *L'equilibration des structures cognitives*. Problème central du développement, Paris, P.U.F. [Trad. cast.: *El equlibrio de las estructuras cognitivas*, Madrid, Siglo XXI, 1978.]

_____. (1982): *Investigaciones sobre las correspondencias*, Madrid, Alianza.

Piaget, J. e Inhelder, B. (1947): La *représentation de l'espace chez l'enfant*, Paris, P.U.F.

Piaget, J. e Inhelder, 13. e A. Szeminska (1948): *La géometrie spontanée de l'enfant*, Paris, P.U.F.

Piaget, J. e outros (1964): *L'epistémologie de l'espace*, Paris, P.U.F. [Trad. cast.: *La epistemología del espacio*, Buenos Aires, El Ateneo, 1971.]

Piaget, J. e R. Carda (1982): *Psicogénesis e historia de la ciencia*, México, Siglo XXI.

Puffall, P.B. e R.E. Shaw (1973): "Analysis of the Development of Children's Spatial Reference Systems", *Cognitive Psychology*, n° 5.

Revuz, A. (1971): "The position of geometry in mathematical education", *Educational Studies in Mathematics*, 4. [Trad. cast.: J. Piaget e outros, *La enseñanza de las matemáticas modernas*, Madrid, Alianza, 1978.]

SEP (1982): *Planes y Programas de Educación Primaria. Libro para el Maestro y Libro para el Niño, Area de Matemáticas, de 1° a 6° grado*, México.

Serres, M. (1981): *Le passage du nord-ouest*, Paris, Editions de Minuit.

Shemyakin, F.N. (1940). *Uchenje Zapiski Gos. In-ta Psikologie*. (On the psychology of space representations), Moscou [Trad. inglesa: B.G. Ananyev e outros (comps.), *Psychological Science in the USSR*, Vol. 1, Washington, D.C.]

SPP (1981): *Guias para la interpretación de Cartografia. Topografia*, Coordinación General de los Servicios Nacionales de Estadística, Geografia e Informática, México.

Thomm, R. (1979): "Modélisation et Scientificité", *Actes du Colloque "Elaboration et Justification des Modèles"*, Paris, Maloine.

Vasconcelos, J. (1982): *Ulises Criollo* (Primeira Parte), México, F.C.E.